les nouveaux mots
"dans le vent"

la langue vivante

443 Gir.

les nouveaux mots
"dans le vent"

par

Jean GIRAUD
Pierre PAMART
Jean RIVERAIN

librairie Larousse

17, rue du Montparnasse, et boulevard Raspail, 114, Paris

ISBN 2-03-070334-6

PRÉFACE

Cet ouvrage prend la suite des Mots dans le vent, *publiés en 1971 par la Librairie Larousse. Le succès de ce premier volume nous a encouragés à poursuivre la tâche entreprise, d'autant plus que les mots nouveaux, les expressions nouvelles n'ont cessé d'apparaître depuis lors. Il convenait qu'ils fussent à leur tour recueillis, définis, commentés, assortis d'exemples. Nous réalisons donc le souhait exprimé dans la préface du précédent dictionnaire lorsque nous écrivions : « On voudrait que l'accueil qui sera réservé par le public à cet ouvrage légitime d'autres recueils analogues où les « mots dans le vent » de demain trouveraient place. Ainsi, d'année en année serait comme photographiée cette part mouvante, effervescente du langage, risées, vagues et tourmentes sur l'immobilité des profondeurs. »*

Les remarques que nous exprimions pour ce premier ouvrage demeurent vraies pour celui-ci.

Beaucoup de termes que nous avons retenus ne sont pas morphologiquement des mots nouveaux. C'est leur sens qui a changé, et ils sont bien, pour cette raison, des néologismes. Ainsi la critique moderne emploie le mot lecture *dans un sens très particulier, connu des seuls initiés. Dans de nombreux cas le terme de* laïcisation *présente un sens post-conciliaire qui peut égarer. De même l'absentéisme buissonnier n'est pas celui des écoliers — comme on l'entend d'habitude —, et l'industrie du prêt-à-porter a donné au vocable abstrait et rébarbatif de* coordonné *une signification inédite. La* fête *désigne, depuis quelques années, un phénomène bien particulier de la vie collective, etc.*

*Outre ces mots qu'on pourrait dire de « faux amis »,
parce que leur masque est trompeur, voici les vrais néologismes, où l'on retrouve toute la variété des créations
linguistiques : créations savantes, emprunts à l'étranger,
et spécialement à l'anglo-américain (le franglais n'est
pas mort...); mots archaïques, reclus depuis longtemps
dans les dictionnaires du vieux français et qui connais-
sent actuellement une nouvelle jeunesse, comme* langagier, conforter, enfeu...

Dans nos Nouveaux Mots dans le vent, *nous avons
également fait une large place à ces termes que l'actualité a fait sortir de certains vocabulaires techniques et a
rendus familiers au grand public, qui connaît toutefois
mal leur sens réel, ce qui a trait à l'environnement, par
exemple, et aux procédés modernes du commerce, à la
mode vestimentaire, à l'informatique, etc.*

*Ce petit livre se présente comme un ouvrage de
consultation, mais aussi de libre culture pour toute personne désireuse de mieux connaître son époque, et principalement dans les domaines aujourd'hui en effervescence où l'avenir de notre civilisation se joue.*

*Pour un tel recueil, il était impossible d'être « com-
plet ». Comme pour le précédent volume, notre choix a
été guidé par certains critères : actualité, fréquence du
terme en cause, importance de la notion désignée. Des
omissions étaient inévitables, et l'on pourrait dire nécessaires, quoique toujours regrettables. Quant aux mots
derniers venus et que le vent nous apporte alors que ce
livre paraît, qu'ils patientent à la porte de notre troisième
volume!*

N. B. — Chaque article est signé des initiales de son auteur :
J. G., Jean Giraud ; P. P., Pierre Pamort ; J. R., Jean Riverain.

abandonnisme n. m. *Abandonnisme bourgeois,* terme employé en pédiatrie pour désigner la situation d'un enfant de milieu bourgeois, jouissant de conditions matérielles d'existence excellentes : logement, variété et luxe de l'habillement, profusion de jouets, etc., mais qui voit peu ses parents dans la vie quotidienne et qui est confié à diverses maisons d'enfants pendant les petites et les grandes vacances. Selon le psychologue Louis Raillon, « ces enfants sont comblés parce qu'abandonnés » : *Il* [ce type d'abandon] *s'intitule abandonnisme bourgeois* (Dr Cohen Solal, *Réalités,* mai 1971).

abandonnique. Qualifie en psychologie l'enfant qui a souffert ou qui souffre d'une carence affective parentale (*G. L. E.,* Suppl.). [P. P.]

Abribus n. m. Néologisme (qui constitue une *appellation déposée*) formé à partir d'*abri,* et du suffixe *bus* emprunté à omni*bus,* puis à auto*bus.*

Dans les zones suburbaines, où la densité des habitations est très variable, la fréquence de passage des autobus est parfois assez lente, eu égard aux besoins de transport des habitants qui se rendent à leur travail. Une société de publicité a imaginé de mettre en place, à certains points d'arrêt non équipés par les sociétés concessionnaires de ces transports en commun, des abris légers destinés à protéger au moins partiellement les voyageurs en attente contre le froid, le vent et la pluie. Ces abris constituent un excellent support pour les publicités affermées par la société qui les installe. Elle leur a donné le nom déposé d'*Abribus : Il s'agit pour nous de compléter une clientèle d'annonceurs pour les emplacements d'affichage de nos Abribus* (1969, *l'Expansion*). [P. P.]

abstractocrate n. m. Néologisme formé à partir d'*abstrait, abstraction,* et du suffixe -*crate* (gr. *kratos,* pouvoir, de *krateîn,* commander). Désigne les individus dont la formation scolaire et universitaire a été fondée essentiellement sur les raisonnements abstraits, sans recours à l'observation du monde extérieur, à l'expérience ou à l'expérimentation.

Le terme a été créé par le professeur Louis Leprince-Ringuet. Celui-ci l'utilise dans une critique de l'enseignement scientifique actuel, où priorité est donnée, selon lui, aux connaissances mathématiques les plus abstraites. parfois nommées « mathématiques modernes », les sciences physiques et naturelles passant au second plan et donnant souvent lieu à des développements purement mathématiques qui éloignent leur étude de la réalité.

Une telle formation conduit, selon le professeur, à des raisonnements souvent subtils, mais qui ne sont pas enracinés « dans l'épaisseur du réel ». Tentation donc, pour ceux qui les formulent, de donner plus de crédit aux résultats de leurs cogitations qu'aux enseignements qu'ils pourraient tirer d'un contact roboratif avec le monde vivant qui les entoure : *Nous avons beaucoup à faire pour éviter d'être envahis en France par la séduisante et dangereuse race des abstractocrates* (1972, *Réalités*). [P. P.]

abyssal, e adj. Profond, caché. Mot d'origine théologique, du latin chrétien *abyssus,* sans fond : « L'amour abyssal, écrit Bossuet, c'est-à-dire, dans leur langage [celui des mystiques], l'amour intime, infini, profond. » C'est à partir de cette acception que la géographie et la géologie ont construit *abysse,* gouffre, profondeur des mers. Dans le langage de la nouvelle critique, *abyssal, abysse* s'emploient à propos des profondeurs psychiques d'un individu ou d'une collectivité, celles de l'inconscient : *À travers le langage de tous, distinguer l'abysse de la personne, c'est l'effort de la critique nouvelle.* (J. R.)

accelerator n. m. (mot angl.). Aux États-Unis, spécialiste du prêt-à-porter dont la tâche est de précipiter le cours d'une mode trop lente. (J. R.)

acronyme n. m. (du gr. *akros,* extrémité, et *onoma,* mot). Ce mot désigne les sigles prononçables du genre OTAN, RADAR, LASER, CODER, SMIG (ou SMIC), etc., constitués par les initiales d'une appellation qui fournit un mot prononçable. *Acronyme* aurait été créé entre 1945 et 1950 aux États-Unis.

L'usage des acronymes est plus ancien, puisque, à des fins d'abréviation, les militaires anglais utilisaient lors de la Seconde Guerre mondiale des écriteaux portant des appellations telles que DADOS ou CREME. Loin de désigner soit un animal exotique, soit un fournisseur de glaces « à emporter », elles signifiaient *Deputy Assistant Director Ordnance Service,* ou *Chief Royal Electrical and Mechanical Engineers.*

En 1970, un *Dictionnaire des acronymes* publié aux États-Unis renfermait 18 000 termes, et ses auteurs signalaient le risque de confusions qu'entraîne l'extension de l'usage de tels mots. Une lettre, en effet, se substitue indifféremment à l'un quelconque des mots dont elle est l'initiale, et un même sigle peut ainsi présenter des significations très différentes (Compagnie générale transatlantique ou Confédération générale du travail). Mais le danger le plus marqué réside dans la dérivation verbale à partir d'un acronyme initial : ZUP (zone à urbaniser en priorité) a donné *zuper, zupage,* et la liste est appelée à s'allonger... Le besoin de concision de notre époque y poussera ; et s'il faut prendre quelques précautions pour éviter les plaisanteries douteuses — un certain PLOFU avait initialement vu le jour sous la forme PLOUF —, réjouissons-nous en pensant que l'Aide au développement économique latino-américain répond, si l'on ose ainsi dire, au doux nom d'ADELA. (P. P.)

actuariel adj. Calque de l'anglais *actuarial :* qui concerne l'*actuaire* (n. m.), ou calcul statistique des prévisions et des probabilités intéressant les assurances sur la vie et les budgets sociaux. Le 9 décembre 1971, après examen des chiffres et discussion, les élèves du *Centre parisien d'études actuarielles* ont estimé l'incidence budgétaire d'une retraite généralisée à l'âge de soixante ans à la moitié environ du coût envisagé par le Centre national du patronat français. (J. G.)

adhérisation n. f. Néologisme formé à partir du verbe « adhérer » et du suffixe -*isation* : désigne dans l'esprit de ses créateurs la mise en œuvre de la propriété d'adhérer, d'établir un étroit contact entre deux éléments.

Le problème de la circulation automobile à grande vitesse sur routes mouillées donne une importance considérable aux capacités d'adhérence des pneumatiques. Dérapages, freinage insuffisant, phénomènes d'hydroglissage sont à l'origine de nombreux accidents, souvent fort graves. Les Ponts et Chaussées ont essayé plusieurs types de revêtement conservant une adhérence satisfaisante sous la pluie, et les constructeurs de pneumatiques ont pour leur part étudié des sculptures et des projets d'enveloppes aptes à s'accrocher à la route, même si celle-ci est humide ou franchement mouillée.

C'est ainsi que [la firme X] *a inventé les lamelles d'adhérisation qui s'accrochent à la route et permettent de freiner plus court* (1972, *l'Express*). [P. P.]

ad-hocratie ou **adhocratie** n. f. (néologisme d'origine américaine, créé par Alvin Toffler sous la forme *ad-hocraty*). Nouveau type d'institution sociale, fondée dans un dessein bien déterminé (organisme *ad hoc*) et dont la durée est liée à celle de l'objet pour lequel elle a été établie.

L'évolution rapide des techniques et des besoins implique que les hommes cherchent à prévoir les changements moraux, sociaux, techniques, biologiques, etc., qui sont de nature à affecter leur existence à court terme, afin d'être ainsi à même d'en commander — au moins partiellement — le rythme et les conséquences. De ce fait, la plupart des institutions qui ont été jusqu'ici considérées comme permanentes, ou à tout le moins très durables, risquent d'être périmées dans des délais beaucoup plus courts que ceux qui avaient été envisagés lors de leur fondation. Il convient donc de mettre en place de nouvelles « institutions » dont les buts et la durée seront fixés dès leur création, et qui disparaîtront ou se transformeront lorsqu'elles auront rempli leur objet.

Un article paru dans la revue *Réalités* de janvier 1971 donne l'exemple suivant, limité au domaine industriel : « La Lockheed Aircraft Corporation reçoit la commande de 58 avions de transport géants qui doivent être livrés dans deux ans. Elle crée un organisme neuf qui recrute 11 000 employés, passe des contrats avec 6 000 firmes afin de faire fabriquer les centaines de milliers de pièces nécessaires à cette commande. Les appareils seront livrés dans deux ans, et le complexe industriel ainsi créé sera dissous dans cinq ans. » (P. P.)

adressage n. m. Ensemble des moyens et opérations qui permettent, dans une grande entreprise, de mettre sous enveloppes correctement rédigées et réparties le courrier destiné aux nombreux correspondants de la firme.
L'*adressage* recouvre donc l'établissement des listes de diffusion, la confection et le tri préalable des plaques-adresses, le pliage et la mise sous enveloppe des documents à envoyer et, accessoirement, la ventilation des plis ainsi constitués par grandes zones de destination. (P. P.)

after shave (loc. angl. : après rasage). *Élégant étui rouge sombre, noir, argent. En coordonnés : after shave et savon* (publicité Yves Saint-Laurent, *Elle,* 1972). [J. R.]

aid-man n. m. En anglais, homme qui assiste, secourt, vient en aide. Sur le théâtre d'opérations de la guerre d'Indochine, personnage hybride, médecin, combattant, donnant des soins aux blessés, participant aux opérations de sabotage et aux interrogatoires des prisonniers. Dans une lettre à un quotidien parisien, le professeur André Roussel, sommité du monde médical, estime qu' « avec cette variété nouvelle de « médecins », médecine et science apparaissent véritablement dévoyées ». (J. G.)

allergologue n. Spécialiste du traitement de l'*allergie,* hypersensibilité des systèmes tissulaires à certaines substances nutritives ou autres. *À chaque fois qu'une maladie ne peut être expliquée, on fait appel à l'allergologue,* ironisait Martine Regnault dans *Sciences et Avenir* de juin 1963. Le praticien doit parfois interroger longuement le consultant ou la consultante pour déterminer l'origine de l'affection.

Notons que la mode a souvent dévié *allergie* et surtout *allergique* de leur sens médical. On se dit allergique au percussionnisme, au pop'art, aux crises monétaires, aux mathématiques modernes, au structuralisme, à la futurologie, au « charme hirsute » de tel chanteur, à l'orthographe, à la géographie, aux remontrances... L'adjectif devient ainsi synonyme de *rebelle,* de *réfractaire,* d'*imperméable,* et marque une insensibilité absolue qui prend le mot à contresens. *Avec ces « cas »-là l'allergologue n'a rien à voir.* (J. G.)

alternance n. f. En politique, remplacement d'une majorité par une autre à la suite d'élections législatives. L'idée de l'*alternance* a provoqué, à la veille des élections de 1973, au sein de la majorité U. D. R., certains syndromes de refus, celle-ci admettant difficilement son éviction du pouvoir et le président de la République refusant d'avance de « renoncer à ses principes ». Ainsi l'*alternance,* normale dans la plupart des pays démocratiques, pose, en France, un problème : *Au nom de l'U. D. R., M. Peyrefitte redit, répète et réplique qu'il ne croit pas à la possibilité de l'alternance à cause de l'existence d'un puissant parti communiste* (1973, *le Monde*). [J. R.]

aménagiste n. m. ou f. D'abord spécialiste de l'aménagement des forêts et des fonds d'eau pour la pisciculture. Cette acception s'est étendue à des travaux d'une tout autre ambition.

Des *aménagistes* préparent, par tranches annuelles, à partir de données minutieusement recueillies par des équipes de recherche, le destin des 356 km^2 que couvrira la « grande zone » du futur aéroport international de Sainte-Scholastique, au nord-ouest de Montréal. En adaptant à leurs fonctions à venir les ressources naturelles, agricoles, industrielles, urbaines, récréatives de cet ensemble, en « repensant » l'habitat, en dépolluant les eaux et la végétation, ils créent les conditions d'un environnement diversifié, équilibré, harmonieux et humain autour des structures aéroportuaires et des voies d'accès :

« Cette entreprise est une véritable aventure, en ce sens que cela ne s'est jamais fait ailleurs. On n'avait jamais suivi un plan qui allait de la géologie jusqu'à la psychologie sociale inclusivement » (Pierre Dansereau, directeur du Centre de recherches écologiques de l'université de Montréal et maître d'œuvre du projet, *Forces,* n° 18, 1972).

On peut ainsi définir l'*aménagiste* (angl. *developer*) comme l'architecte en plein vent de la santé, de la beauté et du respect de la nature, dans un complexe fonctionnel d'un modernisme sans précédent. (J. G.)

américanoïaque n. et adj. Néologisme formé par l'écrivain Rezvani à partir d'*Américain* et de *paranoïaque*. Cette création tend à associer dans l'esprit du lecteur les comportements qui caractérisent les Américains avec ceux des paranoïaques; il s'agit, on le sait, d'une hypertrophie du moi provoquant la méfiance et la susceptibilité, cette attitude entraînant des erreurs de jugement qui conduisent à un état de totale inadaptabilité sociale.

Le caractère polémique de ce néologisme laisse à penser qu'il a peu de chance de fixer dans la langue commune. (P. P.)

amicalisme n. m. Néologisme formé à partir d'*amicale* et du suffixe -*isme,* à l'image de *radicalisme* et de *thermalisme*. Désigne la tendance des membres d'une certaine profession, des anciens élèves d'une même école, etc., à se grouper en *amicales* dont le propos est de retrouver les souvenirs d'autrefois, embellis par l'éloignement, et de les commenter sans fin au cours d'agapes périodiques soigneusement organisées.

Le terme semble avoir pris lors de son premier usage une teinte légèrement péjorative, s'opposant aux groupements professionnels qui ont pour but de défendre les intérêts de leurs membres, d'étudier les questions techniques, politiques ou sociales susceptibles d'influencer le devenir des professions considérées, et qui constituent en fait l'amorce de ce qu'on désigne sous l'expression générique de « groupes de pression » (*lobby,* en américain). [P. P.]

année n. f. *Année zéro,* expression où le nombre symbolise le vide, l'inexistence, la valeur nulle ; peut-être lancée par le film de Roberto Rossellini : *Germania anno zero* (1948), qui montrait une Allemagne réduite à rien par les destructions subies et l'hébétude de la défaite.

Quand Richard Armand, Pierre Lattès et Jacques Lesourne signent l'ouvrage *Matière grise année zéro,* ils veulent dire, en termes abrupts, que l'utilisation rationnelle de l'intelligence est encore « au point mort » dans la société d'aujourd'hui : tout reste à faire et se fera, d'après eux, par le seul canal de la haute technique.

Notons la variante *phase zéro,* titre d'une revue qui, depuis le 1er janvier 1971, entend présenter « la première synthèse de l'innovation technologique directement utilisable par l'entreprise » et prendre date comme instrument de liaison d'un type nouveau. (J. G.)

antenne n. f. L'*antenne pédagogique* de l'Unité d'enseignement de l'architecture de Paris, implantée au voisinage de la zone industrielle de Trappes, veut être une « agence de chantier » et de stages, permettant aux étudiants d'observer les travaux de construction en cours dans la partie sud de l'agglomération parisienne comme de s'exercer à la pratique opérationnelle de leur futur métier (*Acier-Stahl-Steel,* numéro de mai 1972). Le mot *antenne* n'est pas pris au sens qu'ont rendu familier la Radiodiffusion et la Télévision, mais au figuré : le nouveau bâtiment est un poste avancé, sorte d' « appendice » fonctionnant en liaison avec son centre ; grâce à lui le lieu principal de formation a maintenant des *antennes* hors la ville. (J. G.)

anthropogénie n. f., **anthropogène** adj. Néologismes (du gr. *anthropos,* homme, et *genos,* origine). Caractère d'une entreprise, d'un ensemble, d'une structure économique ou sociale qui tend à épanouir et à satisfaire ceux qui travaillent en son sein ou à son bénéfice.

Le terme a été créé par une société de conseils aux entreprises privées : *Les Structures d'accueil, de réflexion, d'incita-*

tion et d'assistance (SARIA) s'intéressent à des personnes sélectionnées en raison des réalisations qu'elles ont menées à bien dans le sens d'une modification anthropogénique des structures (1971, *le Figaro*). [P. P.]

anthropogogie n. f. Néologisme formé à l'image de *pédagogie*, à partir d'*anthropos*, mot grec (homme, adulte), et de la désinence -*gogie*. Désigne l'ensemble des méthodes et moyens qu'il convient d'utiliser en vue d'instruire ou de « recycler » des adultes.

L'accélération du développement des sciences et des techniques a mis en évidence, au cours des dernières décennies, une situation que beaucoup avaient déjà perçue : les notions assimilées et acquises au cours de la période scolaire de l'existence ne suffisent plus à assurer l'efficacité d'un adulte tout au long de sa vie professionnelle. Non seulement il lui faut, par la pratique de son métier, approfondir et perfectionner ses connaissances antérieures, mais encore il doit accepter d'affronter des connaissances et des techniques nouvelles, et de les assimiler comme s'il était revenu au temps de son adolescence. Les capacités intellectuelles et le temps dont disposent des adultes ainsi soumis à ces exigences conduisent à mettre au point à leur usage un ensemble de procédés d'enseignement, comportant une large part de moyens audio-visuels, adaptés à leurs goûts et à leurs possibilités.

Dans un article récent, le Conseil national du patronat français a désigné une telle méthode par le terme d'*anthropogogie : La formation continue... devrait se référer à une véritable anthropogogie* (1972, *le Patronat français*). [P. P.]

antifilm n. m. Film par lequel le cinéma est remis en question, parfois nié. On parle d'*antifilm* comme d'*antithéâtre*, d'*antiroman*, etc. : *La volonté brechtienne de distanciation aboutit souvent à des antifilms inintelligibles* (1972, *le Monde*). Godart niant, dans ses films mêmes, le cinéma en tant qu'outil de création, a créé de véritables antifilms dont *Pravda* est le chef-d'œuvre. *Pierrot le Fou*, lui, était un « film ». (J. R.)

anti-héros n. m. Celui qui refuse l'héroïsme, non par lâcheté, mais parce qu'il juge l'héroïsme une valeur impure, spécialement dans les circonstances où on l'a placé : *Ainsi le Viêt-nam a-t-il produit un type d'officier reconnu de tous, un anti-héros pour une guerre sans gloire ni noblesse, un symbole pour une époque de confusion morale* (*New York Times*, trad. *le Monde*, 15-VIII-1971). [J. R.]

antimode n. f. Sorte de mode qui prétend nier la mode, mais est elle-même une mode, et des plus « in », de même que l'*antithéâtre* est du théâtre dernier cri. Une certaine grisaille ecclésiastique dans le *maxi*, et qui donne à la femme quelque chose de la religieuse en civil, ou de l' « étudiante » telle que la montrait Daumier sous le second Empire : de l'*antimode : Cette collection tend à être l'antithèse de ce qu'on a coutume d'appeler la mode de l'antimode; elle est baignée de couleurs, d'associations étranges, avec une agressivité sous-jacente...* (1971, *Vogue*). [J. R.]

antipersonnel adj. inv. et anglicisme. Les engins dits *antipersonnel* ne frappent pas des objectifs militaires mais des entreprises, des édifices, des réseaux de communication, des installations portuaires, des barrages, etc., utilisant des personnels civils. C'est selon l'effet du hasard et l'élasticité de la conscience : *En déversant sur Hanoi ses bombes et ses fusées à fragmentation antipersonnel en mai 1972, l'aviation américaine a détruit des quartiers d'habitation, l'immeuble de la délégation économique chinoise, un grand hôpital et des écoles.* (J. G.)

antipsychiatrie n. f. C'est un psychiatre, le docteur Chanoit, directeur de l'Institut Marcel-Rivière, au Mesnil-Saint-Denis, qui, dans l'organe de la Mutuelle générale de l'Éducation nationale (numéro du premier trimestre 1971), définit ce concept d'origine britannique : « Longtemps, écrit-il, le préfixe *anti* n'a eu d'usage qu'en art militaire et médical (*antichar, antiaérien, anti-infectieux, antitoxique...*) pour exprimer une protection contre l'action dangereuse signifiée par l'adjectif ou le substantif en cause. » Or, le mot *psychiatrie* est souvent pris dans un sens péjoratif, car on lui reproche de violenter et même de « mystifier » par ses procédés thérapeutiques ceux qu'il étiquette malades mentaux.

Il faut donc accréditer la notion d'*antipsychiatrie* en opposant à l'hôpital classique, redouté des clients, l'*anti-hôpital,* véritable « lieu d'accueil » où l'équipe soignante vivra avec les sujets perturbés, afin de défendre ceux-ci, par des méthodes et des contacts humanisés, contre la « société oppressive ». C'est ainsi qu'on les délivrera de leurs angoisses et de leurs délires, car l' « enfermement » n'est autre chose qu' « émanation et instrument de cette société aliénante » dont il faudrait au contraire les protéger. En conclusion, « une certaine analyse du caractère carcéral et répressif d'une psychiatrie médiévale est facile et éclairante ».

C'est à une reconsidération profonde du traitement de la pathologie mentale que cette conception invite médecins et personnels spécialistes. (J. G.)

antitussif n. et adj. Mot formé du préfixe *anti* et du terme *tussif,* dérivé du latin *tussis,* toux : qualifie ou désigne les produits de la pharmacopée propres à bloquer ou à restreindre les quintes de toux chez le patient.

La toux est un phénomène réflexe qui tend à éliminer une sensation de gêne ou d'obstruction se produisant au niveau des voies respiratoires. Dans certaines affections, ou à la suite de certaines blessures ou interventions chirurgicales, la toux peut être dangereuse pour l'état général du patient, surtout lorsqu'elle se produit de façon répétée (quintes de toux) et qu'elle provoque des effets annexes tels que nausées ou vomissements.

C'est pourquoi depuis des millénaires la médecine s'est efforcée de trouver des remèdes à ces toux incontrôlées, tout en en soignant la cause profonde. Les stupéfiants entrent jusqu'à maintenant pour une part non négligeable dans la composition de ces remèdes, qui font également appel à des extraits végétaux naturels. En raison des risques d'accoutumance ou d'intoxication que présentent de tels médicaments, des substituts leur ont été cherchés et le résultat de ces travaux a récemment fait l'objet de communications à la presse. *Les opiacés naturels et semi-synthétiques employés comme analgésiques et antitussifs présentent des variations sur un certain nombre de points* (1972, *le Figaro*). [P. P.]

antivacances n. f. plur., lancé par la Maison du Portugal de Paris. Vacances prises après le tohu-bohu et le « cirque » du plein été, dans la sérénité propice à la vraie découverte comme à la vraie détente, là où le soleil de l'arrière-saison n'est pas un « mini-soleil ». On dirait aussi bien : *contre-vacances*, ou *vacances des sages*... (J. G.)

anxiogène n. m. et adj. Mot formé à partir d'*anxiété* et du suffixe -*gène*, qui engendre, à l'image de *cancer-cancérigène*. Désigne ou qualifie tout phénomène physique : environnement, bruit, pollutions diverses, usage ou abus de médicaments, etc., ou tout phénomène psychique qui fait naître chez le patient qui en est l'objet ou le siège un sentiment irrépressible d'angoisse.

D'après de nombreux médecins et psychologues, les conditions actuelles de l'existence quotidienne donnent naissance à de multiples agressions contre la santé physique et psychique de nos contemporains. En dépit d'apparentes accoutumances, les sens et les structures mentales des sujets ainsi attaqués se modifient et laissent souvent paraître des troubles de comportement, de déséquilibre ou des affections parfois graves qui témoignent de l'angoisse qui les envahit, parfois à leur insu : *L'homme moderne, plongé dans un univers anxiogène* [en] *ressent de plus en plus la nécessité* [de retrouver le contact personnel sécurisant] (1972, *Réalités*). [P. P.]

apophatique adj. (du gr. *apo*, loin de, et *phatos*, langage). Se dit de l'attitude intellectuelle selon laquelle on ne parle pas de Dieu : *Non, vraiment, il y a des moments où l'on est jaloux des orthodoxes qui professent au sujet de Dieu une attitude intellectuelle appelée « apophatique ». Dieu est l'être dont on ne parle pas...* (Alain Guillermou, *Carrefour*, 24-III-1971). [J. R.]

apparatchik n. m. Mot emprunté au russe, où figure la racine *apparat,* appareil (politique, social). Désigne en U. R. S. S. une personnalité agissante du parti communiste, qui y exerce une influence certaine dans le secteur politique ou technique où il est placé et qui est en quelque sorte un fonctionnaire du parti et a fait sa carrière dans l'appareil de celui-ci.

Le terme a été repris en français dans un sens très voisin, et étendu aux membres des états-majors des partis politiques français (autres que le parti communiste français) qui ont pour mission d'expliquer la doctrine aux électeurs, de mettre en place la propagande, les plans de campagne en période électorale, de recruter des adhérents, de réunir des fonds, d'organiser des réunions ou des groupements de masse, etc. : *Durant ce week-end, les apparatchiks des deux partis ont achevé la mise au point d'un manifeste court et percutant* (1972, *le Point*). [P. P.]

appareil n. m. Dans un certain langage de prêtres contestataires, désigne la *hiérarchie,* l'*administration* de l'Église, ses bureaux, par analogie avec l'*appareil* d'un parti. C'est ainsi qu'*Échanges et dialogue* (1972) condamne *l'existence d'un appareil ecclésiastique qui permet à des hommes de faire carrière dans l'institution et de devenir des professionnels de l'autorité...* (J. R.)

après-voile n. m. Désigne tout ce qui a trait à la période de détente qui suit, à terre, une sortie de plaisance à la voile.

Depuis quelques années, la pratique de la voile a pris un développement considérable. À côté d'écoles et de centres nautiques situés sur l'Atlantique, et dont les Glénans furent le précurseur, on a vu se développer en Méditerranée de nombreux clubs, assortis ou non de ports de plaisance accolés à des villas récemment construites. Dans certains, la navigation est chose sérieuse ; dans d'autres, elle est — comme l'est le ski dans quelques stations de sports d'hiver de luxe — une occasion de se réunir entre gens d'une même classe sociale, en jetant de temps en temps un regard sur la mer... Sera donc *après-voile* la terrasse ou le bar où se réunissent les plaisanciers, navigants et hôtes, le moment où l'on fait au soleil couchant tinter les glaçons dans les verres de whisky, la tenue portée par telle « louve de mer » qui n'a jamais lové une aussière de sa vie ou par tel « captain » qui ne peut distinguer tribord de bâbord. Occasion de lancer une mode « maritime » : *Dans les cercles privés de la Côte d'Azur, l'après-voile a été inventé et, avec lui, le col roulé blanc et le blazer bleu* (1971, *le Monde*). [P. P.]

aquiculture n. f. Cette technique, qui consiste à cultiver le milieu aquatique, est revenue à l'ordre du jour, comme l'un des palliatifs opposés à la dégradation de l'environnement : *En France, deux grosses sociétés ont créé un département d'aquiculture et engraissent des anguilles dans le Midi et en Bretagne* (1972, *Réforme*). L'*aquiculture* vise à une meilleure production, en quantité et en qualité, des espèces, végétales ou animales, appartenant au milieu aquatique ; elle désigne aussi la culture des plantes terrestres sur un sol stérile arrosé d'une eau contenant tous les produits minéraux nécessaires à la végétation. (En 1944, dans le Pacifique, des soldats américains ont été nourris par ce moyen.)

Il y a un siècle, l'*aquiculture* — qui ne concernait alors que l'empoissonnement des eaux — était science nouvelle mais en plein essor et l'on pourrait dire à la mode. Littré, à l'article *aquiculture*, cite le *Journal officiel* de l'année 1874 : *Partout sont créées ou se fondent des sociétés d'aquiculture sur le modèle de nos sociétés d'agriculture*. (J. R.)

archéonaute n. m. Bateau déplaçant 115 tonnes, conçu et équipé pour conduire des missions archéologiques assurées antérieurement par de simples remorques, et mis à l'eau à Arcachon en août 1967. L'équipage de recherches (chef de mission, archéologues, plongeurs) a pour vocation de repérer les épaves anciennes susceptibles de receler des vestiges qui méritent d'être ramenés au jour et étudiés. *Archéonaute*, comme *cosmonaute* : pourquoi, un jour, ce mot ne désignerait-il pas aussi le spécialiste qui opère à bord ou en plongée? (J. G.)

argot-naute n. m. et adj. Rapprochement plaisant des deux mots *argot* et *naute* pour désigner les écrivains qui se sont attachés à l'étude et à la pratique de l'argot. Le terme est apparu à l'occasion de la publication, en août 1971, d'un ouvrage de Robert Giraud. Nommé *l'Académie d'argot,* ce livre est constitué par un certain nombre de traductions en argot de passages caractéristiques de romans contemporains, tels que ceux de Françoise Sagan.

Parlant de cet ouvrage, le *Figaro littéraire* titre : *Françoise Sagan chez les argot-nautes.* (P. P.)

argumentaire adj. Néologisme, dérivé du substantif *argumentaire,* d'après *argument.* Dans le domaine commercial, l'*argumentaire* (n. m.) est une liste d'arguments en faveur de la vente d'un produit déterminé. Le mot figure sous cette acception dans le *Grand Larousse encyclopédique* et est formé sur le modèle d'*abécédaire.*

Par extension, il a été repris sous forme adjective dans une note d'information du patronat français de mai 1971, dans des phrases telles que : ... *ces dossiers argumentaires s'adressent aux chefs d'entreprise et aux cadres appelés à parler des problèmes de l'entreprise* [...], *ils mettent à la disposition des arguments frappants qui permettent* [au chef d'entreprise] *de tenir sa place avec brio dans une tribune, à la radio ou à la télévision.*

On peut se poser la question de l'efficacité, dans de tels échanges, d'éléments de discussion fournis sous forme « prédigérée », alors que l'expérience montre qu'on ne parle bien que de ce que l'on connaît et que l'on a vécu. (P. P.)

aromathérapie n. f. Traitement des maladies par les essences des plantes. Titre d'un ouvrage du Dr Valnet, qui estime la médication naturelle directe indispensable à une époque où « se multiplient les médications chimiques de synthèse agressive » au mépris des vertus de l'oignon, du bourgeon de pin sylvestre, de la sauge, du romarin, de l'hysope, de la marjolaine, etc. (J. G.)

art brut. L'expression *art brut* — créée par Jean Dubuffet pour caractériser une collection de dessins qu'il a offerte à la ville de Lausanne — paraît contradictoire dans les termes, en ce qu'elle fait penser à un travail non dégrossi, à une inspiration inchoative ou puérile. Jean Dubuffet s'élève contre ce reproche : *C'est à tort qu'on considère l'art brut comme un art d'enfant ou de primitif relevant de la maladresse dont la perfection mènerait à l'art professionnel [...]. À côté de l'art homologué, il existe des manifestations de la création artistique bien plus intéressantes [...]. Il y a dans l'art brut plus d'invention qu'on n'en trouve dans l'art culturel, qui est toujours dans le même bouillon. On y trouve autre chose. Des longueurs d'onde différentes et variées* (manifeste paru dans la *Gazette littéraire* de Lausanne). C'est pourquoi il a fondé dans cette ville le *musée de l'Art brut*.

Jean Dubuffet entend donc encourager des formes de recherche indépendantes de l'art « officiel », révélatrices d'une autre optique et orientées vers l'imagination en ce que celle-ci a de plus spontané, de moins façonné, de moins « poli » — un peu à la manière dont procède le cinéma dit expérimental ou d'essai. (J. G.)

atélie n. f. Disparition, absence de but : *L'atélie, la disparition des buts, va de pair avec l'affaissement des idéologies* (1969, *Preuves*). Toute démocratie libérale se trouve aujourd'hui aux prises avec ce dilemme : préparer, sur le plan technique et en matière d'éducation, les années à venir, mais s'interdire — par respect des libertés démocratiques — d'imposer au pays des buts, ce qu'on nommait sous l'Ancien Régime de « grands desseins ». Ainsi l'on voit l'action collective sous toutes ses formes (routes, universités, villes nouvelles), et sous la direction de l'État, aller sans but, c'est-à-dire dans l'*atélie*. (J. R.)

athanée n. f. Néologisme dérivé du grec *thanatos,* mort. Désigne un bâtiment — appelé aussi maison des morts ou *funerarium* — dans lequel le corps d'un décédé repose entre la mort et l'inhumation, et où les familles du défunt disposent de locaux où leurs amis et leurs proches peuvent venir rendre un dernier hommage au disparu. (À ne pas confondre avec Athénée...)

Le recours de plus en plus systématique à l'hospitalisation en cas d un grave accident de santé a pour conséquence que la proportion des décès en milieu hospitalier ne cesse de croître. Sauf dans certains cas de maladie incurable où le patient rejoint son domicile, soit sur sa demande, soit sur la suggestion des médecins, il est donc rare qu'un malade « meure dans son lit ». En outre, l'exiguïté des logements modernes rend souvent difficile, sinon intolérable, la présence d'un cadavre dans un appartement, dans les quelques jours qui précèdent l'inhumation. C'est pourquoi les spécialistes des pompes funèbres ont imaginé, à l'instar de ce qui existe déjà aux États-Unis, d'installer des maisons des morts, munies de salons confortables, et où la réalité du « grand passage » est estompée par un cadre apaisant d'où sont bannis les aspects trop cruels d'un décès. Réaction probable de l'individu et de la société contre le tabou de la mort, et qui se marque également dans le vocabulaire : disparition, le disparu, départ, etc. : *À Menton, 90 p. 100 des morts, à Grasse 70 p. 100 sont transportés dans les athanées, belles demeures provençales au patio fleuri* (1972, *le Point*). [P. P.]

audit n. m. Anglicisme, formé à partir d'*auditus*, participe passé du verbe latin *audire*, entendre. Désigne, en anglais comme en français, l'examen systématique de tous les postes du bilan et des comptes de résultats d'une société.

L'*auditeur* (ou *réviseur*) est le spécialiste, extérieur à la société en cause, qui est chargé d'un tel examen (v. article suivant).

S'il était nécessaire de traduire le terme d'*audit,* cependant assimilable, il conviendrait de proposer *révision des comptes.*

Le verbe anglais *to audit* signifie entre autres sens « examiner avec soin », dans un esprit qui s'apparente à celui qui préside à l'*audition* d'un témoin au cours d'une instruction civile ou criminelle.

L'ensemble *audit-auditeur* semble pouvoir être accepté dans le langage technique de la gestion des sociétés, en raison de sa prononciation aisée et de la souche latine dont il dérive. La formation du verbe correspondant paraît en revanche moins aisée, et conduira probablement à une périphrase du genre « examiner systématiquement les comptes ».

L'ensemble *révision-réviser-réviseur* a l'avantage de suivre un schéma analogue à celui de l'anglais *audit-auditor-to audit. L'audit, outre-Atlantique, contribue largement à entretenir la confiance et l'activité qui règnent dans les milieux boursiers américains* (1971, *Entreprise*). [P. P.]

auditeur interne. Anglicisme assez énigmatique (*internal audit*).

On lit des annonces comme : *Filiale d'un groupe mondialement connu désire confier à une personnalité autonome et imaginative, sous l'autorité du chief audit, le poste d'auditeur interne auprès de sa direction financière.* En langage plus clair, il s'agit d'un *vérificateur* — on peut dire encore *contrôleur* ou *censeur* — des opérations comptables, qui n'est pas appelé de l'extérieur mais a son bureau dans l'entreprise. La dénomination professionnelle d'*auditeur* est réservée en France au fonctionnaire, recruté par concours, qui débute au Conseil d'État ou à la Cour des comptes.

Chief audit : vérificateur en chef (ou principal).

Internal auditing : vérification des comptes. (J. G.)

aumônier-baromètre n. m. (fam.). Durant leur rencontre nationale de juin 1971, à Lyon, sur le thème : *Aumônier, qu'est-ce que tu fabriques?,* les aumôniers de la J. E. C. demandèrent à trois des leurs d'observer l'atmosphère — souvent très animée — des débats.

Le vocabulaire ecclésiastique et celui de la dynamique de groupe s'enrichirent ainsi d'une dénomination nouvelle, en même temps que d'une fonction demandant une perspicacité objective et discrète. L'idée fera-t-elle tache d'huile? *Verrons-nous bientôt,* s'interrogèrent les journalistes présents, *des congressistes-baromètres dans tous les séminaires, colloques et autres symposiums?* (J. G.)

autocensure n. f. La censure par soi-même. La libération relative de la censure, telle qu'on la constate pour les œuvres cinématographiques, exige le contrôle de l'*autocensure,* sans laquelle les autorités seraient contraintes à une remise en cause de la liberté des cinéastes. L'*autocensure* est également nécessaire dans les pays au régime totalitaire où une œuvre achevée risque l'interdiction : *L'insécurité et la frustration, l'autocensure à laquelle se soumet un écrivain, dont les textes seront méticuleusement examinés par des esprits anonymes et obsédés, créent automatiquement un climat de dépossession chez l'auteur, et son texte s'en ressent...* (les *Nouvelles littéraires,* Alberto Miguez, 8-V-1972). *Est-ce que l'existence d'une censure et des problèmes qu'elle peut entraîner ne conduit pas les créateurs de films et leurs financiers à une autocensure stérilisante?* (1973, *l'Express*). [J. R.]

autogestionnaire adj. La C. F. D. T. a inscrit en tête de son programme l'*autogestion,* c'est-à-dire la participation de « comités de gestion » élus par le personnel à la direction des entreprises. D'où le dérivé *autogestionnaire,* « qui procède de l'autogestion ». *Nous reconnaissons la finalité autogestionnaire* (François Mitterrand, à Lyon, le 5-II-1972). *Le socialisme autogestionnaire doit inverser la pyramide du pouvoir en faisant prendre les décisions à la base* (Michel Rocard, à Saint-Fons, Rhône, le 4-II-1972). [J. G.]

autorentabiliser (s') v. pr. Pour une opération économique, *s'autorentabiliser,* c'est donner naissance, par son évolution même, au rapport des capitaux qui y sont engagés, et constituer ainsi une source de revenus qui n'est pas le but essentiel de l'opération en cause.

Ce terme, apparu dans le langage des opérations de publicité, semble désigner le phénomène par lequel l'opération publicitaire atteint simultanément deux objectifs : le premier — qui constitue sa fin essentielle — est de développer la vente d'une catégorie de produits déterminés, avec les bénéfices afférents à cette opération de vente, l'autre — en quelque sorte accessoire ou partie du premier — consiste à retrouver, et au-delà, les sommes qui ont été investies au titre du budget de publicité afin de pouvoir les utiliser pour une autre opération, publicitaire ou non, dans le cadre des activités générales de la firme.

Dans l'exemple cité ci-dessous, il semble que le terme en question pourrait être remplacé par « est remboursée » : *La publicité* [disposant d'un budget moyen] *ainsi entreprise par nos clients s'autorentabilise dans l'année en cours* (message publicitaire d'*Entreprise*, 26-V-1972). [P. P.]

avoine n. f. En argot américain, l'*avoine (oat),* c'est la production de routine des westerns, qui nourrissent le grand public — et les producteurs — comme l'avoine nourrit les chevaux : *L'avoine du cinéma italien, c'est le western-spaghetti : qui donc affirmait que le western était mort, tué par la télévision ou plutôt par ces myriades de bandes tournées pour trois francs cinquante qu'en argot américain on appelle de l'avoine* (1969, *les Nouvelles littéraires*). [J. R.]

babouinage n. m. (de *babouin* [mot de la famille de *babiller*], singe laid, effronté, bavard). Genre de grossièreté qui serait propre à certains films italiens, où les personnages montrent (au figuré) leur postérieur au public, comme le font gaillardement les babouins des zoos : *On savait Lattuada vulgaire, on ne le savait pas babouin au point de réaliser dans son dernier film* [Venez donc prendre le café chez nous] *un véritable art poétique du babouinage* [...], *antidote aux pompes funèbres de Visconti* (Nelly Richard, *Matulu,* septembre 1971). Truculent et obscène, le *babouinage* ne se confond pas avec la *caleçonnade* de la scène ou de l'écran ; il n'est pas grivois. (J. G.)

baby-food n. m. invar. Aliment infantile commercialisé en pots, destiné à la période de transition entre la diète lactée du nourrisson et l'alimentation commune. À base de poisson, de viande, de légumes et de fruits, immunisés par la bactériolyse (destruction des microbes), les *baby-food* soutiennent, avec la viande surgelée et autres produits « hygiénisés », les vagues successives de biens de consommation que multiplient en France, depuis 1960 environ, les chaînes de grands magasins et de « drugstores ». *Le baby-food; une image de marque de l'American way of life.* (J. G.)

bain n. m. *Bain de foule,* expression qui tend vers un stéréotype ; elle désigne l'initiative que prend un haut personnage, lors d'un déplacement officiel organisé et minuté, d'échapper au cérémonial et aux gardes du corps qui lui ont été plus ou moins imposés, pour pénétrer dans la foule, serrer des mains et — suivant ses fonctions ou le caractère de sa mission — bénir ou embrasser les enfants qu'on lui tend.

C'est ainsi que *le Figaro* du 30 novembre 1970 a parlé du *bain de foule* du pape Paul VI à Manille.

Ce genre de manifestation a généralement le don d'inquiéter grandement les autorités invitantes et de semer l'inquiétude chez les « gorilles ». (P. P.)

Bain de peuple. Cette expression, récemment apparue dans certains reportages sur la Chine maoïste, n'a qu'un lointain rapport avec le *bain de foule* que prennent les hommes d'État occidentaux au cours de leurs déplacements officiels. Elle se dit du long stage obligatoire qu'accomplissent les étudiants, les fonctionnaires, les responsables politiques, les dignitaires du régime, dans les « communes populaires », dans les rizières, dans les usines, au contact réel du peuple, de ses façons de vivre, de travailler, de penser, de se distraire.

Cette « participation physique » permet aux animateurs de la production, du progrès scientifique, de l'administration, de se « remettre sur les rails » de la société chinoise.

Le mathématicien de renommée mondiale Huo Luogeng, qui a regagné Pékin après avoir longtemps enseigné à l'université de Princeton, a été dispensé du *bain de peuple* (stage de travail manuel) en raison d'une légère incapacité physique. (J. G.)

banque n. f. *Banque de mots,* organisme rassembleur de données linguistiques, comme une banque recueille des dépôts d'argent. Ce matériel est incontinent soumis à un traitement critique et comparatif visant à la normalisation. Ainsi le Conseil international de la langue française, qui siège à Paris, publie des vocabulaires spécialisés à l'intention de la francophonie tout entière. Sa *banque* est à la fois le « supplément permanent du dictionnaire du français contemporain » et le « guide de la néologie » (Robert Le Bidois).

La *banque de terminologie* de l'université de Montréal, ouverte le 2 octobre 1970, alimentée par des équipes de recherche opérant en de nombreux secteurs de l'activité scientifique et professionnelle, utilise l'ordinateur « à cause des grandes facilités de consultation et de mise à jour de compilations qu'offrent les moyens souples et rapides de cette instrumentation »

(Robert Dubuc). Son fichier constitue un dictionnaire bilingue permanent. Marcel Paré en a exposé le fonctionnement et les premiers résultats — déjà considérables — aux biennalistes de Menton. Le 7 octobre 1972, pour clore le Colloque international de lexicologie et de traduction, qui se tenait à Montréal, cette *banque* « d'avant-garde » a fait l'objet d'une définition, d'une interrogation du fichier automatique, d'une démonstration sur terminal imprimant et sur terminal à écran, enfin d'une démonstration de traduction automatique.

Grâce aux banques de mots, on peut espérer que la francophonie parlera un jour un langage technique normalisé; le meilleur. (J. G.)

baraka n. f. Mot arabe qui signifie « protection contre la mauvaise fortune ». Employée surtout dans les milieux sportifs, l'expression *avoir la baraka* est synonyme de « chance », « bonne étoile », « préservation contre les accidents mécaniques » : *Une chute avec bris de roue, deux sauts de chaîne, une crevaison : le favori du championnat de cyclo-cross n'a pas eu la baraka!* (J. G.)

base n. f. « Ensemble, d'après le *Grand Larousse encyclopédique,* des militants d'un parti politique, par opposition aux dirigeants. » Par extension, les masses populaires : *De temps en temps pourtant, la voix de la « base » parvient à percer le mur du silence* (1973, *le Monde*).

En langage religieux actuel, la *base* désigne, face à la *hiérarchie* (mot chargé de réprobation), la masse anonyme des fidèles. Vocable qu'on pourrait dire tendancieux, de même qu'*horizontalisme, verticalisme,* parce qu'il assimile l'Église à un syndicat ou à un parti, « assis » en quelque sorte sur la base, la hiérarchie n'étant que la représentation de cette base selon les règles démocratiques, alors que dans l'Église traditionnelle l'autorité vient d'en haut, et non d'en bas, du pape, vicaire de Jésus-Christ et non d'une masse majoritaire. Comme l'observait le cardinal Willebrandt, président du Secrétariat pour l'unité des chrétiens, une croyance se répand que *l'unité ne provient que d'en bas et qu'elle ne vit que de la base.* D'autre part, les *Informations catholiques internationales* nous entretiennent du cas de ce jeune prêtre qui, après six ans de ministère, ressentait le besoin de *vivre à la base comme n'importe quel chrétien.* (J. R.)

basement n. m. (mot angl.). Littéralement, « sous-sol ». Dans le langage commercial, situé au sous-sol ou au rez-de-chaussée d'un grand magasin, sorte de « bric-à-brac » d'articles très divers, non « suivis », et à des prix hautement « concurrentiels » : *L'année dernière, il y a eu le lancement de Brummel, cette année c'est le basement-marché du Printemps* (1972, *l'Aurore*). [J. R.]

battant n. m. Homme combatif, entreprenant. Expression populaire que Gaston Esnault, dans son *Dictionnaire des argots* (Larousse, éd.), date de 1912. Très employée dans la langue du sport, comme aussi en politique. À propos de deux jeunes candidats de Villeneuve-sur-Lot : *Une profonde confiance dans la société libérale, la volonté d'être des « battants », de l'ambition...* (J. R.)

bayadère n. f. Robe longue, évasée, à plis et de couleurs éclatantes. Il y a un siècle, si l'on en croit le Littré, la *bayadère* désignait, outre « la femme indienne dont la profession est de danser devant les temples ou pagodes », une « sorte de ceinture en corail ». (J. R.)

bed-in n. m. (« avec son lit, ou son sac de couchage ; sur les lieux »). En Amérique du Nord, forme de manifestation non violente contre la guerre ou contre un procès politique ; occupation prolongée. On couche où l'on est, par exemple sur le campus, dans un parc ou près de la Maison-Blanche. (J. G.)

belles endormies. Villes de moyenne importance qui, pour les planistes de l'aménagement du territoire, méritent tous les soins des pouvoirs publics. L'une d'elles, Angoulême, a été choisie comme « ville pilote » et modèle : *Plus que l'État, ce sont les*

responsables locaux qui réveilleront celles que M. Chalandon,
ministre de l'Équipement et du Logement, a appelées les
« belles endormies » de la province (le Monde,
14-IV-1972). [J. R.]

bétonner v. intr. Au figuré, dresser un mur, un rempart :
Patronat et gouvernement « bétonnent » en catastrophe contre
les revendications (la Vie ouvrière). On dit, de même, d'une
équipe de football, de rugby, de balle au panier, qu'elle *joue le*
béton, qu'elle *bétonne* lorsqu'elle concentre son effort sur le
« mur » de la défense, pour préserver l'avantage acquis face à la
contre-attaque adverse. (J. G.)

bilantaire adj. Formé à partir de *bilan,* par adjonction du
suffixe *-aire,* généralement lié aux termes en *-ité* pour signifier
« qui tient à... », « qui a trait à... », puis « qui se rapporte à... »,
et avec adjonction d'un *t* euphonique, souvenir de la désinence *-ité,* ce terme de jargon comptable qualifie, dans l'esprit
de ses utilisateurs, ce qui a trait au bilan.
   Dans le communiqué d'une grande société, destiné à éclairer
les actionnaires sur la situation économique et financière de
celle-ci, on lit : *La situation bilantaire provisoire semestrielle*
au 30 juin 1968 fait ressortir une progression des recettes de
x millions de francs (1968, *les Échos*). [P. P.]

biocide n. m. (du gr. *bios,* vie, et du lat. *caedere,* tuer), qui
supprime la vie. Terme forgé d'après *génocide,* attesté depuis
1947. *Biocide* est apparu dans le compte rendu d'une réunion de
la Conférence de Paris sur la guerre du Viêt-nam avec le sens
spécial de « suppression systématique de toute vie humaine ou
animale dans la zone soumise aux procédés des combats
modernes ».
   Les événements du Viêt-nam ont également suscité le terme
voisin d'*écocide* (du gr. *oikos,* demeure), qui désigne la destruction du milieu et des conditions naturelles de vie par la défolia-
tion, le ravage des rizières et des cultures vivrières, la pollution
des eaux, etc. (P. P.)

biographème n. m. (du gr. *bios,* vie, et *phème,* forme). Néologisme dû à Roland Barthes dans sa trilogie : *Sade, Fourier, Loyola.* L'auteur, dans sa préface, dit le prix qu'il attache à certains accessoires et autres détails révélateurs qui jalonnent une vie : *Si j'étais écrivain, et mort, comme j'aimerais que ma vie se réduisît, par les soins d'un biographe amical et désinvolte, à quelques détails, à quelques goûts, à quelques inflexions, disons : des biographèmes [...]. Ce qui me vient de la vie de Fourier, c'est son goût pour les mirlitons (petits pâtés parisiens aux aromates), sa sympathie tardive pour les lesbiennes, sa mort parmi les pots de fleurs...* (J. R.)

biologique adj. Se dit des produits agricoles obtenus naturellement, hors de toute intervention chimique. C'est l'une des manifestations du retour actuel à la nature, la vraie, quand il n'existait d'autre engrais que la fumure, quand on se passait de pesticide, quand on ne chaptalisait pas les vins... : *Trente mille bouteilles de vins biologiques vendus chaque année à des prix deux fois plus élevés que les prix régionaux moyens; les commandes affluent* (1973, *le Monde*). Dans quelques départements de France, comme le Gers, par l'initiative de M. Mességué, maire de Fleurance et grand propagandiste de la « santé par les plantes », la culture *biologique* est pratiquée, face à l'agriculture « officielle ». À une époque où la plupart des pays de la Communauté européenne souffrent d'un excédent de produits agricoles, cet avantage donné à la qualité sur la quantité n'est-il pas profitable à l'économie comme à la santé?

On peut critiquer ce choix de l'adjectif *biologique,* préféré, on ne sait pourquoi, à « naturel ». *Biologique* signifie exactement « relatif à la science des êtres vivants ». (J. R.)

biotope n. m. (du gr. *bios,* vie, et *topos,* lieu). Lieu où la vie règne sans entrave ni pollution. Dans les pays hautement industrialisés, les *biotopes* se font rares. On les entoure de soins et de protection : *La Fédération bavaroise de la protection de la nature a recensé seize biotopes dans sa région, qui seront désormais protégés* (1973, *Par-delà,* Bruxelles). [J. R.]

bisociation n. f. Désigne l'opération intellectuelle par laquelle une idée, un concept sont juxtaposés à une autre idée, à un autre concept ou à une autre technique (selon Arthur Koestler, *le Management,* juin 1971). Un certain nombre de créateurs du domaine industriel, commercial ou publicitaire ont entrepris de rechercher les règles et les mécanismes selon lesquels s'opérait la création dans leur spécialité. Parmi les études ainsi conduites, plusieurs ont retenu le fait que la faculté créatrice se manifestait parfois sous la forme d'une rencontre insolite, inattendue, entre deux idées ou deux images sans que le raisonnement conscient parût intervenir. Selon cette école, la faculté créatrice procède alors par *bisociation,* ce terme désignant le choc, puis l'association des deux idées ou des deux images, de même que, dans le domaine de la conscience claire, l'intelligence peut être définie par la perception des rapports. (P. P.)

bleu n. m. *Bleu de chauffe.* Dans le langage de la mode, combinaison inspirée de celle des mécaniciens, en toile bleue lavable : *Joan travaille en vrai bleu de chauffe, bleu dur, zippé devant et plein de poches* (1971, *Vogue*).

Parfois la notion de couleur contenue dans *bleu de chauffe* est abolie, comme en témoignent ces lignes d'un critique du *Figaro* (1969) : *Comme toute troupe qui se respecte, celle-ci* [il s'agit du théâtre des marionnettes de Moscou] *a un uniforme. Les acteurs et les techniciens arborent le bleu de chauffe, rouge pour les premiers, kaki pour les seconds.* (P. P.)

blister n. m. Mot anglais signifiant « ampoule », « récipient scellé aux parois transparentes ». Repris dans le langage commercial des reproductions sur bande magnétique, *blister* désigne le mode de présentation sous emballage étanche des cassettes enregistrées ; l'acheteur éventuel peut ainsi en identifier le contenu par transparence, mais les cassettes ne peuvent être jouées sur un dispositif reproducteur des sons sans que l'on rompe l'emballage.

Cette technique se justifie parfaitement en matière de reproduction sur disque, puisque chaque passage sur un électrophone impose aux sillons une nouvelle atteinte qui en dégrade, si faiblement que ce soit, la qualité. Elle s'explique moins bien en ce qui concerne les bandes magnétiques, qui peuvent, en théorie, passer un grand nombre de fois par un lecteur sans subir la moindre détérioration.

Si le terme paraît indispensable, on peut suggérer : *ampoule,* ou *emballage scellé. On peut s'interroger sur les raisons qui ont conduit les fabricants à présenter les musicassettes sous blister* (1971, *Contact*). [P. P.]

bloomer n. m. Mot anglais désignant une culotte bouffante, pour femmes et enfants. (En anglais familier, « balourdise, boulette... ».) En crêpe satin, porté avec une chemise flottante, ou encore en velours ou en tapisserie, accompagné d'un pourpoint à manches gonflées du plus pur style Henri IV, le *bloomer* a mené son offensive contre le *short : Le* bloomer, *large culotte bouffante, comme en portaient sous leur robe les petites filles des années 30 ou les bébés à smocks des années 50...* (1971, *le Figaro*). [J. R.]

bloquer v. tr. *Société bloquée.* On sait ce que veut dire *bloquer les salaires et les prix.* Dans une acception plus large encore, le système économique d'un pays peut devenir stagnant ; les journaux nous apprennent que les « technocrates » de l'*Opus Dei* essaient de « débloquer » l'économie espagnole en la libéralisant, en la modernisant.

Il arrive aussi que l'homme se *bloque* lui-même par un choc en retour de ses propres activités. Ce que les urbanistes appellent la *société bloquée* des très grandes agglomérations résulte du phénomène de la nation entière « sur roues », et plus précisément d'un rapport implacable entre l'espace offert à la circulation et l'encombrement de celle-ci. Le préfet de la Région parisienne nous avertissait récemment que la situation pourrait devenir sans issue dans un proche avenir. Déjà, le 26 octobre 1966, Pierre Trey se demandait dans *le Monde :* « Paris roule-t-il ? » L'Amérique connaît également cet effet de paralysie. *Malgré le gigantesque réseau d'autoroutes qui traversent*

Los Angeles, on se déplace de plus en plus difficilement dans cette ville : illustration spectaculaire, à vaste échelle, de la société littéralement « bloquée », ou presque. (J. G.)

blouse n. f. *Blouse bleue :* ouvrière du textile, souvent munie de ce vêtement. *L'engagement qu'aucune sanction ne sera prise pour fait de grève à l'encontre des blouses bleues, qui, en défendant leur emploi, ont sauvé leur usine de la fermeture...* (Conclusion d'une grève aux tricoteries de Chaligny, juin 1971.) [J. R.]

blue chips. Expression anglaise, signifiant littéralement « fiches bleues ».

À l'origine, le *blue chip* était, au poker, une plaque (ou fiche) de couleur bleue à qui était traditionnellement attribuée la valeur la plus élevée. De la table de jeu, le terme est passé à la Bourse (Wall Street), où il désigne les valeurs vedettes dont la tenue et le rapport ont un rôle d'entraînement sur l'évolution quotidienne des cours. L'appellation a franchi l'Atlantique et commence à être utilisée dans les milieux boursiers français et la presse financière de notre pays. Elle a pour elle l'attrait d'une expression insolite et sa brièveté ; il paraît difficile de lui substituer « valeur témoin » ou « valeur-locomotive », et on peut craindre que ce nouveau xénisme ne fasse rapidement son trou. (P. P.)

blush n. m. (mot angl.). Rouge pour maquillage : *Il existe maintenant un nouveau blush, mais sous forme de crème, dans un boîtier qui ressemble à celui des anciens « fards à joue ». Au toucher, c'est un peu gras, mais une fois sur les pommettes, j'avoue avoir eu les mêmes joues que Marielle Goitschel...* (1971, *France-Soir*). *Blush,* en anglais, signifie « regard, rougeur, teinte rose, lueur, rosée » : tout un poème. Que les puristes accordent à ce *blush* le droit de séjour, sinon la naturalisation! (J. R.)

body-shirt n. m. (mot angl.). Vêtement féminin, qui peut être de dessous et de dessus, à usages multiples et qui est apparu en

France en 1970 : *Cela commence — en haut — par un T shirt et cela finit en slip. En jersey acrylique, mat ou brillant, mais de préférence de couleur éclatante, il remplace à la fois le sou-tien-gorge, la blouse, le slip, la gaine, le pyjama, le maillot de bain, que sais-je encore, selon qu'on le porte seul ou accompa-gné de jupe, short ou pantalon* (Hélène de Turckheim, *le Figaro*, 2-III-1971). [J. R.]

boutique n. f. « Magasin sur rue, très élégant, où sont vendus des articles marqués de la griffe d'un grand couturier, à des prix étudiés pour tenter une clientèle élargie... » *(G. L. E.)*. — La « promotion » de ce mot est un peu celle de *bistrot,* qui, à son tour, tend à prendre un sens flatteur et non plus dépréciatif. L'un et l'autre se sont réhabilités à Londres, mais ils s'appli-quent à conserver le côté « bon enfant » par lequel ils ont plu. De même que pour deux livres sterling le gentleman va manger à Kensington une « entrecôte à la Bercy » dans un certain *bistrot,* tenu par un Parisien vrai ou faux, et qui a reconstitué le *zinc* folklorique, son fils et sa fille vont courir les *boutiques* de Chelsea : comme à Paris, sortes de « décrochez-moi-ça » élé-gants où l'on farfouille dans les cravates, les chemises unisexes, les jeans aux figures pop.

À propos du Salon du prêt-à-porter, qui s'est tenu en avril 1971 dans les locaux de la Foire de Paris : *Les chaussettes à tranches de couleur ont vivement intéressé les acheteurs, sur-tout de style boutique...* (1971, *Journal du textile*.) [J. R.]

brain-drain n. m. (de *brain,* cerveau, et *drain,* action de drai-ner, de vider, d'épuiser). Expression d'un réalisme typiquement américain, que l'on pourrait rendre par *pompage des intelli-gences.* C'est la *fuite des cerveaux* observée à l'autre bout, aux zones d'arrivée. Le pays bénéficiaire « aspire » les valeurs intel-lectuelles de l'autre, qui s'en trouve comme « asséché ».

La diminution des crédits affectés par le gouvernement améri-cain à la recherche scientifique tendrait, depuis quelque temps, à ralentir de façon sensible cette importation de matière grise aux États-Unis. Une autre considération paraît jouer : le climat de violence qui règne sur certains campus incite de nombreux savants et spécialistes à rentrer chez eux, où ils espèrent trouver pour leurs enfants comme pour eux-mêmes des conditions de travail plus sereines : *Le « brain-drain » serait-il un mécanisme réversible?* (J. G.) [Voir CERVEAU.]

brassière n. f. Mot fluctuant... Littré définit la *brassière* comme « une petite camisole qui sert à maintenir le corps des enfants et des femmes ». Le *Larousse du XXe siècle*, quelque soixante ans plus tard, reprend la définition, mais précise que la *brassière* sert surtout à « maintenir la poitrine », ce qui explique le prétendu contresens des Anglo-Américains, pour qui un *soutien-gorge* est une *brassière*. Depuis quelques années, on reparle de la *brassière féminine*, nettement distincte du soutien-gorge, parce que son rôle n'est pas de soutenir, mais de recouvrir. Ce qui était un triste sous-vêtement de flanelle ou de rude toile, dans les campagnes, est devenu ce gadget souvent orné de figures pop ou impressionnistes. Un fabricant vante ses *brassières paysagistes,* ornées de motifs d'arbres, de nuages, de collines. (J. R.)

bretonnité n. f. Néologisme mi-sérieux, mi-plaisant, constitué à partir de *Breton*, à l'image des mots *chrétienté, francité,* etc. (relevé dans *le Figaro* du 10-X-1972).

L'unité française réalisée patiemment au cours des siècles n'a pas réussi à imposer silence à certaines tendances centrifuges qui reprennent périodiquement vigueur, soit du fait de sollicitations extérieures, soit en raison de difficultés économiques ou sociales plus sensibles dans telle ou telle province. L'existence d'un dialecte ou d'une langue vernaculaire contribue à entretenir ces tendances, dont les manifestations à l'encontre du pouvoir central vont parfois de la contestation jusqu'aux actes délictueux. Tel fut récemment le cas de la Bretagne, terre géométriquement excentrique, peu innervée en moyens de communication, au sous-sol pauvre et à l'équipement industriel faible, et dont les habitants se sentent mal aimés, sinon même ignorés... Un procès de grand retentissement a mis en lumière le problème de cette contrée, et c'est en cette occurrence qu'un journaliste a créé le terme de *bretonnité*. (P. P.)

brushing n. m. Anglicisme : action de brosser. Désigne, dans le langage des salons de coiffure de grande classe, une des opérations de la coiffure, telle que *shampooing-brushing*.

Il semble que l'invincible attirance du mot chic, du mot qui fait choc, ait porté nos « capilliculteurs » les plus célèbres à s'emparer de ce vocable pour le plus grand émerveillement de leur clientèle. Quoi de plus réconfortant que de confier son cuir chevelu au spécialiste du *brushing!*

Et gageons que si l'on allait soutenir à l'artiste qu'il s'agit au fond d'un « brossage », il saurait nous démontrer que ce n'est pas tout à fait cela, qu'il y a ajouté ce je-ne-sais-quoi qui caractérise sa manière, et que sa clientèle serait navrée de voir cette opération si délicate ravalée à quelque chose de trop proche du pansage d'un cheval : *Chez X...* [grand coiffeur de Paris] *shampooing-brushing pour N francs* (1972, *le Figaro*, publicité). [P. P.]

buissonnier, ère adj. Se dit d'une forme d'absentéisme ouvrier. Le directeur des usines Fiat, M. Agnelli, répondant aux questions d'un journaliste, a précisé que près de *10 p. 100 des ouvriers de Fiat font chaque matin le travail buissonnier*. Il ne s'agit pas là de l'absentéisme du mineur, qui est « absent » pour sa mine mais non pour sa maison, où il se livre à des occupations ménagères, au jardinage, etc. *L'absentéisme buissonnier* est comparable à celui de l'écolier qui, feignant de se rendre à l'école, s'en va errer à travers les rues, les faubourgs, les terrains vagues. Il est le fait de jeunes ouvriers des « grands ensembles », aussi peu satisfaits de se trouver chez eux qu'à l'usine. (J. R.)

bureau n. m. *Bureau-paysage*. L'organisation des bureaux a longtemps consisté à juxtaposer un ensemble de locaux isolés, chacun étant attribué à un employé ou à un groupe d'employés, les circulations entre ces différents alvéoles se faisant par des couloirs ou des portes de communication.

Une nouvelle tendance se fait jour depuis quelques années. À partir d'une surface plane, ou plateau, limitée seulement par les murs extérieurs et les poteaux de soutien du niveau supérieur, les postes de travail sont répartis en fonction des emplois et des liaisons à assurer sans que des cloisons matérialisent et isolent l'espace dévolu à chacun d'entre eux. Seules certaines règles d'isolement phonique et de discrétion (pour certains postes d'autorité) sont à respecter.

Cette disposition évite toute tendance à la claustrophobie ; elle assure une grande souplesse au cas où l'organisation en place est appelée à être modifiée.

Les bureaux construits selon ces critères sont appelés *bureaux-paysage* ou *bureaux paysagés*. *Appelez ça « open space » ou « landscape » comme les Américains, « Grossrund-büro » comme les Allemands, ou encore « espace fonctionnel », c'est la même chose* (1971, *l'Expansion*). [P. P.]

burelain n. m. Formé à partir de la racine *bure-bureau*, avec adjonction d'un suffixe apparenté au suffixe argotique *-ingue* (parallélisme avec le couple *bureau-burlingue*). Ce nom désigne, avec une légère nuance péjorative, le travailleur dont la tâche s'accomplit dans un bureau, par opposition au travailleur manuel dont la tâche requiert dextérité, endurance et souvent grosse dépense physique. L' « homme des bureaux » est souvent envié, parfois sourdement méprisé, par le travailleur de force ou le technicien, et a longtemps constitué une catégorie sociale aux contours mal définis et au contenu hétérogène : spécialistes comptables, gestionnaires du personnel, teneurs de fiches de matériel, commis aux écritures, etc.

Les organisations socio-professionnelles ont tenté, avec un bonheur inégal, de donner de cette catégorie une image plus précise et plus juste, et d'en cerner avec plus de précision les caractéristiques et les aspirations.

Appelé, de façon parfois péjorative, col-blanc ou burelain, l'homme administratif est depuis quelque temps l'objet d'enquêtes, d'études sur ses conditions de travail (1972, *l'Expansion*). [P. P.]

business n. m. *Business-game,* exercice pratiqué en équipe, par les élèves des écoles de *marketing* et de *merchandising,* à partir d'un « cas concret ». Chaque membre d'une équipe joue un rôle bien déterminé (acheteur de marchandises, chef de la comptabilité, etc.) et les conséquences des décisions prises sont tirées par ordinateur. La méthode est employée depuis plus de quatre-vingts ans à l'École de guerre : *Là, on peut, entre connaisseurs, s'adonner au business-game* (1971, *Elle*). [J. R.]

business school (anglicisme). École, institut où l'on forme, par les méthodes les plus « avancées », les futurs cadres supérieurs des entreprises, des agences, des grandes sociétés d'affaires, aux techniques et à la pratique de leur métier. Les *business schools,* encore assez peu développées en Europe, ont eu les États-Unis pour berceau. Selon la théorie américaine, elles préparent des dirigeants « de type nouveau », ayant le goût du *leadership,* de l'initiative et du « pouvoir économique », mais à qui l'on demande d'exercer leur autorité par des voies non autoritaires, en consultant leurs équipes et en les faisant « participer ». D'après Mme Bourgeois-Gielen, de l'université de Bruxelles, les étudiants des *business schools* composent des groupes sociaux très caractérisés, « imbibés » non seulement d'anglicismes mais de concepts anglo-saxons (biennale de Menton, 25-IX-1971). [J. G.]

busing n. m. Ramassage par autobus *(buses)* de la population scolaire, organisé aux États-Unis en septembre 1971 pour améliorer le taux d'intégration raciale dans les établissements publics urbains en uniformisant les pourcentages d'élèves blancs et de couleur. Cela implique qu'il faut souvent emmener les enfants assez loin des quartiers qu'ils habitent. *Seuls, dans les municipalités, les racistes fondamentaux ont refusé d'appliquer le « busing ».* Mais certaines minorités très attachées à leurs écoles de quartier (les Chinois, les « Chicanos » d'origine mexicaine établis dans la région de Houston) se sont opposées au mélange avec des élèves noirs. Les préjugés raciaux ne sont donc pas le propre des Blancs « intraitables ». (J. G.)

cactus n. m. Dans la presse politique, il est parfois question d'un *cactus*, c'est-à-dire d'un obstacle, d'un désagrément, d'une chose pénible qu'on est contraint d' « avaler ». Un journaliste lui ayant rappelé sa période *cactus*, M. Giscard d'Estaing, ministre de l'Économie et des Finances, a répondu : *C'était en 1967. J'étais parlementaire, je n'étais pas au gouvernement. Je parlerai en octobre, ce n'est pas une saison où le cactus fleurit* (1972).

Pour illustrer les difficultés qui risquaient d'apparaître au sein de la majorité, compte tenu de l'attitude critique qu'avait adoptée M. Giscard d'Estaing après avoir été écarté du gouvernement, M. Pompidou, alors Premier ministre, avait déclaré le 20 avril 1967, reprenant une chanson de Jacques Dutronc : *Il y a des cactus...* Telle est l'origine de la locution, jusqu'à présent confinée dans les milieux parlementaires. (J. R. et P. P.)

caleçonnade n. f. Se dit d'une pièce vulgaire et polissonne où, suivant une tradition dite « du Palais-Royal », parce que le théâtre de ce nom en fit sa spécialité, un personnage au moins apparaît en caleçon : *Si j'écrivais une caleçonnade bien graveleuse ou si je faisais un film comique à grandes vedettes, on me jugerait sûrement guéri de mes tares* (Arrabal, *le Figaro*, 8-VI-1971). [J. R.]

canticard adj. Formé à partir du substantif *cantique* et de la désinence péjorative *-ard*, qualifie une façon traînante de chanter, d'une voix perchée et mal timbrée, analogue à celle des chorales paroissiales telles que les imaginent certains auteurs.

La désinence *-ard* est fréquemment employée dans les articles polémiques : *politicard, panicard, flicard*, etc. L'adjectif *canticard* a été attesté en 1969 dans un compte rendu de la revue *Hair*, où l'imprésario avait demandé à des comédiens qui étaient à peine des chanteurs amateurs d'assumer la partie chantée du texte de la pièce.

Un critique écrivait à cette occasion : ... *voix pas très assurées, un peu blanches, un peu* canticardes, *un peu bonnes sœurs nourries de riz au lait...* (P. P.)

capessien, ne n. m. et f., et adj. Désigne ou qualifie un étudiant qui a obtenu le C. A. P. E. S. Ce vocable, homophone du *Capétien* classique, ressortit au langage des jeunes universitaires. Les divers cycles de l'enseignement supérieur ont introduit dans la série des titres universitaires : baccalauréat, licence, doctorat (et agrégation) des échelons intermédiaires nouveaux dont la collation témoigne d'aptitudes déterminées à dispenser un certain type d'enseignement.

Le C. A. P. E. S., ou certificat d'aptitude pédagogique à l'enseignement secondaire, est l'un de ces degrés. Il était tentant, pour de jeunes esprits cultivés et non dépourvus d'humour, d'assimiler au moins phonétiquement les titulaires du C. A. P. E. S. aux membres de la troisième race des rois de France, dût Hugues Capet en frémir dans son tombeau : *Jeune femme, licenciée et capessienne, cherche préceptorat toutes classes* (1972, *le Figaro*). [P. P.]

carcéral, e adj. Néologisme formé à partir du latin *carcer*, prison, et du suffixe *-al,* à l'image de *viscéral.* Qualifie, en psychologie, en sociologie ou en politique, ce qui a trait à la vie de l'individu privé de liberté : prisonnier de droit commun, prisonnier politique, patient d'un hôpital psychiatrique, etc. Ce terme s'applique particulièrement lorsque le prisonnier est tenu dans un local clos et exigu, isolé ou contraint à une promiscuité rebutante.

Carcéral ne recouvre pas la notion exprimée par l'adjectif *pénitentiaire,* qui contient étymologiquement l'idée de pénitence, peine infligée en châtiment d'une faute, et de rachat — par cette même pénitence prise au sens religieux du mot. *Péni-*

tentiaire a pris une nuance plus administrative : personnel *péni-tentiaire*, administration *pénitentiaire,* alors que *carcéral* quali-fie le régime de privation de liberté dans ses conséquences sur l'âme et le corps de celui qui le subit.

Carcéral semble avoir vu sa vogue croître avec les incidents qui se sont produits en 1971 et 1972 dans des prisons surpeu-plées en maints pays du globe. (P. P.)

carte n. f. *À la carte,* c'est-à-dire « au choix ». Le menu *à la carte* permet au client de choisir entre des plats proposés. Cette locution est apparue récemment dans le sens figuré. La presse a parlé, à propos d'une réforme entreprise par Michel Debré, d'un service militaire *à la carte.* Louis Armand écrit dans *Simples Propos : J'ai été conduit à proposer un « fédéralisme à la carte » pour permettre à divers pays européens de s'associer selon leur désir et leur intérêt.* On lit dans *le Monde* du 11-III-1971 : *Le gouvernement français a entrepris avec celle-ci* [l'Or-ganisation militaire atlantique] *une sorte de « coopération à la carte », retenant ce qui lui convient et écartant le reste.* Et dans *le Figaro* du 30-III-1971, sous le titre : « La retraite à 60 ans est-elle possible? » : *La formule du libre choix, de « retraite à la carte » apparaît donc bien comme la plus séduisante.* (J. R.)

cash-flow n. m. Le néologisme à la mode de la trésorerie d'entreprise, formé de l'anglais *cash,* argent disponible, et *flow,* circulation, va-et-vient, entrées et sorties de numéraire *(inflow, outflow).* C'est un *avoir mobile* ayant pour mesure le rapport entre les *bénéfices nets ajustés* et les *investissements :* matériel, constructions, prévisions — risques et aléas compris. En d'au-tres termes, le bilan d'une société est, pour l'année en cours, positif ou excédentaire si, dans l'avoir établi, les disponibilités sont au moins égales à la somme des exigibilités à court terme et des éventualités prévisibles. Dans le cas contraire, le bilan est négatif, déficitaire.

Le sens de *cash-flow* n'étant accessible qu'aux bons angli-cistes et aux personnes du métier, les participants à la IVᵉ Biennale du français universel (Menton, septembre 1971)

ont voulu le « décrypter ». Ils ont proposé, à cet effet, l'équivalent *liquidités mobiles*. Comme il faut bien introduire l'humour
dans les choses les plus sérieuses, un facétieux avait avancé :
cache-flot... (J. G.)

casseur n. m. *Casseur de dogmes. Réveilleurs d'âmes, bri-
seurs de valeurs et casseurs de dogmes, qui tentent par l'humour et le ludique de retrouver romantiquement la cohérence
d'une vie aujourd'hui en miettes,* tels apparaissent à Jean
Michel (*le Monde*, 20-IX-1971) les artistes de moins de trente-
cinq ans qui ont participé à la dernière biennale de Paris.

Faut-il qualifier de *casseurs d'églises* les prêtres qui, çà et là,
appliquent la réforme liturgique au détriment de la protection
des édifices religieux classés monuments historiques (le décor
sobre, l'autel « face au peuple »), à l'exemple d'un abbé sur-
nommé par ses paroissiens « Chamboule-tout »? Des équipes de
casseurs se sont-elles constituées dans certains séminaires pour
aider les curés « au modernisme trop zélé »? (Michel Portal,
Lectures pour tous, mars 1972).

Ni les uns ni les autres ne sont des *casseurs* au sens où
l'entend la loi de mai 1971, dite « loi anti-*casseurs* ». Mais on
constate que l'extension sémantique d'un mot est parfois très
rapide : un « contestataire », un *casseur* ne sont pas toujours
des « violents ». (J. G.)

catéchèse n. f. Dans le nouveau langage de l'Église, enseignement dynamique et non figé de la doctrine chrétienne. Le mot
catéchèse exclut l'idée du petit livre composé de questions et de
réponses apprises par cœur. Celle-ci permet au catéchumène
une accession graduelle aux réalités spirituelles. L'intégriste
admet mal cette nouveauté où la formulation définitive du
dogme n'a plus de place : *Le catéchisme, c'était un petit livre
où était résumée la religion catholique. On a supprimé le mot.
Maintenant il n'y a plus que la catéchèse, c'est-à-dire un trai-
ning, comme disent les Américains, parce que le christianisme
étant vie, on ne peut faire des chrétiens que par la praxis* [par la
pratique de la vie chrétienne]. *C'est donc une conception philo-*

sophique qui préside à la catéchèse moderne, une conception mutilante... (Louis Sailleron, *Carrefour*, 1972.) **[J. R.]**

catégorie n. f. Remplace souvent le mot *classe*, dont la réalité même tend à disparaître. À propos d'une communication de l'historien André Latreille sur ce qu'on a nommé la « société en miettes », et où il s'oppose à l'idée reçue d'une unification graduelle des sociétés humaines : *La notion de classe est remplacée par celle de catégorie. La multiplication de ces catégories — cadres salariés de l'industrie défendant chacun leurs « droits » ou privilèges — est à l'origine de conflits nombreux* (1972, *le Figaro*). **[J. R.]**

cathédrale n. f. Il y a quelque vingt ans, l'Amérique salua du fier surnom de *cathedral of learning* (« la cathédrale du savoir ») la nouvelle université-gratte-ciel de Pittsburgh. Plus récemment, des journalistes qualifièrent de *cathédrales rouges* les maisons de la culture, pourtant créées par le « gaullien » André Malraux. Comme les églises cathédrales, ces institutions possèdent, avec l'ampleur architecturale qui effrayait Baudelaire, leurs tribunes, leurs vitraux, leurs « diocèses » (zones d'influence) et presque leurs cloches et leurs autels les jours de grands rassemblements. Elles veulent être à notre époque ce que fut au XIIIe siècle l'épanouissement de l'art chrétien.

S'adressant, le 8 novembre 1971, sur le thème « socialisme et culture », à l'intelligentsia parisienne, François Mitterrand traçait *les grandes lignes des futures cathédrales socialistes*, et déclarait que les militants *doivent pouvoir bâtir leurs cathédrales en prenant leur temps*. Programme ambitieux et de longue haleine : pas plus que les chefs-d'œuvre de l'art médiéval, il ne s'édifiera en un jour. Le leader politique entendait signifier que les *cathédrales* à venir seront, elles aussi, les hauts lieux de l'espérance et de la ferveur populaires. Il rendait hommage au passé. (J. G.)

centre n. m. *Centre commercial.* Dans la plupart des villes anciennes, un *centre commercial* s'est formé naturellement, le plus souvent au cœur de la cité. Les urbanistes créent aujourd'hui, de toutes pièces, des *centres commerciaux* à la périphérie des villes, parfois fort loin du centre : on ne s'y rend qu'en voiture. Alors que les *centres commerciaux* traditionnels sont des lieux de flânerie, de rencontre, de distraction, ces « excentriques » ne retiennent pas les chalands, en dépit des efforts des architectes et décorateurs. Leur animation, exclusivement commerciale, ne profite pas à la cité : *Je considère ces centres commerciaux comme des formes postiches des centres urbains. Ils ont une apparence de diversité, de variété. En fait, ils constituent un champ clos, un espace fermé à la ville* (Chalandon, ministre de l'Équipement et du Logement, 1972). *La plupart des centres commerciaux se présentent comme un cube entouré par une marée de voitures* (1973, *le Monde*). [J. R.]

centre critique. Unité religieuse vouée à la critique, à la contestation : *Une paroisse d'Amsterdam se proclame centre critique. Elle a promu les cultes de la parole* (1971, *Informations catholiques internationales*). [J. R.]

centrisation n. f. Mouvement qui porte les partis et les hommes politiques vers le *centre.* L'expression est de M. Edgar Faure qui, au congrès de Beaune, en novembre 1972, déclarait : *Les grands partis, dits de droite ou de gauche, tendent à se rapprocher au moins dans la manière de gouverner et il se crée une véritable centrisation de la politique, si l'on définit par centre l'ensemble des conceptions modernes du progrès et de la concertation.* (J. R.)

centrisme n. m. Appartenance au *centre* politique : *Les centristes préfèrent aujourd'hui s'appeler « réformateurs ».* Suivant le père Jean Cardonnel, cette tendance existe aussi chez les chrétiens : *Je me refuse, comme disciple du Christ, à voir dans l'Église un marécage, un centrisme, un juste milieu dont les canuts lyonnais disaient magnifiquement qu'il n'est pas toujours le milieu juste. L'épiscopat se trouve en majorité freiné par la clientèle centriste* (1970, *le Monde*). [J. G.]

cerveau n. m. *Fuite des cerveaux.* Exode de l'élite intellectuelle d'un pays vers l'étranger, pour des raisons de sécurité ou de liberté d'expression ; d'où l'appauvrissement du « capital cérébral » de la nation d'origine. L'exemple le plus massif de ce phénomène fut la migration des savants, des professeurs, des écrivains, des cinéastes allemands — juifs ou autres — lors de la prise du pouvoir par les nazis. Beaucoup d'entre eux s'installèrent aux États-Unis, dont ils adoptèrent même la nationalité. De ce « transfert » ont largement bénéficié, dans les pays d'accueil, les activités artistiques et surtout les progrès des sciences et des techniques.

On assisterait actuellement à une « fuite de la matière grise » de tout autre nature, hors du tiers monde, qui a pourtant grand besoin de se moderniser et de s'industrialiser.

Si l'on en croit M. Deena R. Khakhate (dans la revue *Finance et développement,* organe de la Banque mondiale), ce serait la soupape de sûreté d'un état pléthorique : l'évasion du surplus de spécialistes diplômés permettrait à leurs collègues qui auraient préféré demeurer sur place de mieux développer leur propre action et de devenir plus rapidement des travailleurs d'élite.

Rien ne s'opposerait, d'autre part, au mouvement inverse, au retour des « cerveaux » primitivement séduits par le niveau de vie et d'équipement qu'offrent les pays évolués : il suffirait de leur proposer des salaires alléchants pour qu'ils regagnent le bercail, forts de l'expérience acquise.

Cette thèse, selon laquelle « la surproduction de talents peut aider à constituer à la longue le milieu culturel nécessaire à l'industrialisation » et permettre aux pays pauvres de se tirer d'affaire, laisse sceptique Alain Murcier (*le Monde,* 11-VIII-1970). [J. G.]

chalandise n. f. Désigne, dans son sens moderne, l'ensemble des achats effectués par une population en une région donnée. Il peut encore s'agir d'une « clientèle assurée » : *La société X n'intervient que lorsque la zone de chalandise est parfaitement assurée* (1971, *Entreprise*). [P. P.]

chanel n. m. (du nom de *Coco Chanel*). Longueur de la jupe « genou caché ». *Le midi et le chanel fusionnent dans une tendance qui va de sous le genou au haut du mollet...* (1971, *Journal du textile*). [J. R.]

changer la vie. Parole de Rimbaud, devenue l'un des slogans gauchistes : *Si vous ne voulez pas vraiment, chaque matin, changer la vie, allez vous faire f... une bonne fois dans les grandes forces tranquilles* (1970, *Tout*, dans un compte rendu du groupuscule V. L. R., « Vive la révolution »).

Lors de la campagne électorale de 1973, presque tous les partis ont promis aux électeurs de *changer la vie. Je dois dire que ça fait un peu rigoler quand vous parlez de « changer la vie »* (1973, *les Temps modernes*).

Changer la vie figure dans *Une saison en enfer*, « Délire I » : *Il a peut-être des secrets pour changer la vie? — Non, il ne fait qu'en chercher une, répliquais-je*. La formule a été souvent rapprochée de celle de Karl Marx : « Transformer le monde. » Entre ces deux aspirations, il y a toute la différence qui sépare le gauchisme lyrique du communisme « réaliste ». (J. R.)

charter n. m. (anglicisme). Moyen de transport — le plus généralement avion — affrété en vue d'une utilisation globale à pleine capacité par un groupement quelconque, économique, culturel, sportif, etc.

Le terme anglais *charter,* du français *charte* (dont il est dérivé), désigne un document tenant lieu de contrat, une charte-partie. Il a donné naissance au verbe *to charter,* qui, parmi ses diverses significations, a celle d' « affréter ».

La vogue des déplacements en avion, le gain de temps qui en résulte ont incité certains groupements à organiser, à titre touristique ou autre, des voyages pour leurs membres par ce moyen de transport. Les grandes compagnies aériennes ont, sur les vols « à l'horaire », des coefficients de remplissage irréguliers et souvent inférieurs à ceux qu'exige le seuil de rentabilité. En louant certains de leurs appareils disponibles en *charter,* ils s'assurent d'une recette globale à fort coefficient de remplissage, sans surcharge excessive de leur infrastructure : location des places (service très coûteux), publicité, etc. Seuls subsistent les frais techniques de vol, ce qui permet de consentir à l'organisme affréteur des conditions attrayantes. C'est pourquoi le *charter,* après avoir été l'apanage de pilotes de guerre devenus disponibles et ayant acquis quelques appareils plus ou moins déclassés, est maintenant pratiqué en grand par des compagnies comme Air France, qui vont jusqu'à créer leurs propres sociétés d'affrètement en bloc.

Le charter *est du transport aérien vendu à la demande et obligatoirement par avion complet* (l'*Aurore,* 12/13-VI-1971).

Il ne faut pas perdre de vue que *charter* s'applique aussi bien à un autocar qu'à un avion ou à un navire.

On pourrait donc remplacer *avion-charter, navire-charter* par « avion affrété en bloc », « navire affrété en bloc ».

L'usage tend à utiliser *charter* non en apposition, mais comme nom en remplacement d'*avion-charter.* Devra-t-on dire « un affrété » ? Il paraît douteux que cette proposition rencontre l'adhésion des utilisateurs... (P. P.)

chartérisation n. f. Mot dérivé régulièrement de l'anglicisme *charter.* Désigne l'opération par laquelle une compagnie de navigation aérienne transforme un ou plusieurs vols réguliers en transports par avions affrétés *(charters).*

Une évolution se marque dans les compagnies aériennes françaises pour donner maintenant la priorité aux transports de groupe, où la compagnie traite avec un seul affréteur, qui doit supporter les aléas d'un remplissage dont il est responsable, sur les transports réguliers du type des transports ferroviaires dans lesquels un vol prévu à une heure donnée sur un itinéraire donné a lieu, quel que soit le nombre de passagers embarqués. Or, comme le dit un directeur de compagnie, « mieux vaut que les avions volent avec des passagers payant des prix bas plutôt qu'avec des sièges vides... ».

D'où une tendance au transport de masse, dans lequel un certain nombre de vols réguliers seront remplacés par des vols à la demande, avions remplis de 95 p. 100 à 100 p. 100.

*Il va ainsi y avoir des chartérisations partielles de vols régu-
liers, ainsi que le développement de voyages à forfait* (1972, *les
Échos*). [P. P.]

chemise-veste n. f. Chemise tombant sur le pantalon et jouant,
grâce à ses poches basses, le rôle de veste. — A complètement
détrôné le polo en même temps que la veste classique, à revers,
dont les jeunes ne veulent plus. (J. R.)

chicken shop n. f. Américanisme, formé à partir de *chicken,*
poulet, et de *shop,* boutique. Désigne, dans le jargon actuel de
la « restauration », des magasins placés en des points de grande
circulation, où sont débités des morceaux de poulet frit, mets
cher aux Américains et accompagné le plus souvent de pommes
de terre frites appelées *French fried.*
   L'usage tend à s'établir en France de ce mode de restauration
à l'aide de plats préparés de bonne qualité marchande, rapides à
réchauffer et aisément servis dans le récipient qui les contient
après préparation industrielle et pendant le réchauffage. C'est
ce qu'on nomme aux États-Unis le *fast food* (nourriture
rapide) : *Les chicken shops sont inspirées des restaurants américains spécialisés dans le fast food et développés avec un
grand succès par Kentucky Fried Chickens et Mc Donald*
(1972, *Entreprise*). [P. P.]

chômage n. m. *Chômage technique :* celui qui résulte d'un
arrêt partiel du travail. Il peut suffire que « débraie » le personnel d'un secteur de fabrication pour que soient bloquées toutes
les autres activités d'une entreprise. Ainsi, en mars 1973, le
« débrayage » de 400 O. S. des usines Renault a entraîné, pour
des milliers d'ouvriers, le *chômage technique. Technique* est
pris ici au sens vague ; mieux vaudrait dire *chômage par réper-
cussion.*
   La définition juridique de la situation ainsi créée est sujette
à controverses. L'employeur excipe de l'inexécution, du
« manque à produire » qui affecte ses obligations et ses intérêts ;
les employés dénoncent la perte de salaire due à l'inaction

forcée, à la rupture de l'engagement pris de leur assurer l'emploi. Grève ou lock-out? Qui supporte le cas de force majeure? La Cour de cassation s'est plusieurs fois trouvée dans l'embarras. *Seule la détermination exacte des droits et des devoirs de chacun permettra de légiférer en matière de « chômage technique ».* (J. G.)

chronophage adj. Néologisme formé à partir du grec *khronos,* temps, et *phagein,* manger. Qualifie plaisamment, dans le langage « hexagonal », une occupation, une organisation, un programme qui consomme inutilement le temps.

Chronophages l'habitude des réunions hebdomadaires de direction, le cocktail d'affaires, la lecture des mille et un papiers qui fleurissent au courrier quotidien, le coup de téléphone oiseux d'un correspondant, l'attente à un rendez-vous d'un interlocuteur inexact, l'utilisation de transports mal adaptés, le séminaire, le symposium, le colloque et tant d'autres obligations qui, en fin de compte, dévorent le temps et l'énergie de l'homme d'affaires au détriment des heures à consacrer à la méditation, à la décision..., ou aux loisirs. (P. P.)

classe n. f. *Classe d'âge :* en statistique (appliquée notamment au sondage d'opinion), chacune des subdivisions d'une « échelle » chronologique. L'âge est une des « variables », donc un des facteurs d'équilibration, de l'échantillonnage consulté. Le professeur Debesse distingue dans un classement plus souple les cinq catégories qui correspondent aux *étapes de l'éducation :* « l'âge de la nursery », celui du « chèvre-pied », celui de « l'écolier », celui de « l'inquiétude pubertaire », celui de « l'enthousiasme juvénile ».

D'autre part, Edgar Morin écrit : *L'adolescence surgit en classe d'âge dans le milieu du vingtième siècle sous la stimulation du capitalisme, du spectacle et de l'imaginaire.* Particulièrement sensible à l' « environnement » et aux « mutations » du monde où elle baigne, elle éprouve bien le sentiment d'appartenance à un âge « bio-psychosocial » au sein duquel elle s'affirme et se différencie avec plus de vigueur que dans le passé par ses conduites verbales, ludiques, idéologiques, religieuses ou antireligieuses, de masse, groupusculaires, etc., sans oublier les déviations. Ainsi, sa « juvénilité » souvent arrogante a constitué tout un vocabulaire à l'adresse de la « sénilité » des adultes. *Orphée en blue-jeans est une façon de matérialiser la « classe d'âge » sur une scène de théâtre.* Une recherche d'organisation autonome — bien souvent conduite dans le désordre ou l'instabilité — manifeste dans les domaines les plus divers (presse, spectacles, chants et instruments de musique, rassemblements, revendications « culturelles »...) une prise de conscience de la notion de *classe d'âge* qui donne à cette « valeur » un sens caractéristique de la génération actuelle, sinon entièrement nouveau. (J. G.)

classologue n. m. et adj. Désigne ou qualifie, dans le langage de certains publicistes, l'individu spécialiste des questions de classement, notamment sous son aspect mercantile de vendeur de mobiliers spéciaux.

Les moyens multiples de diffusion des informations créent à tous les échelons d'une structure hiérarchique (qu'elle soit administrative, industrielle, commerciale, financière, etc.) un amoncellement de documents de toutes sortes dont la conservation et le maintien à jour constituent l'un des plus graves problèmes de notre vie professionnelle. S'il est à la rigueur assez simple d'adopter des classements chronologiques, ou par origine, dans la mesure où on dispose de la place nécessaire, il est en revanche plus difficile de constituer et de tenir à jour une documentation professionnelle qui ne tende ni vers l'asphyxie ni vers le mascaret... Problème d'organisation du travail, étudié par des spécialistes, et qui requiert souvent la mise en place de dispositifs matériels spécialement étudiés à cette fin : *Un problème de classement? X vous délègue gra-tui-te-ment un classologue* (publicité *Entreprise,* septembre 1972). [P. P.]

clinocar n. m. Mot-valise fait de *clinique* et de *car.* Aux jeux Olympiques de Munich, un *clinocar* était prévu pour dispenser les premiers soins aux malades et blessés : *Il s'agit d'un hôpital*

roulant équipé d'un stimulateur cardiaque et de toutes les ins-
tallations ayant trait à la réanimation, à la respiration artifi-
cielle, etc. (1972, *Par-delà,* Bruxelles). [J. R.]

collapsible adj. De l'anglais *to collapse,* s'effondrer, s'écrou-
ler, perdre connaissance. Qualifie, dans le vocabulaire américain de l'automobile, les colonnes de direction qui peuvent, en
cas de choc frontal, basculer ou se refermer comme une lunette,
afin d'éviter au conducteur des atteintes — souvent mortelles —
au thorax. (En français, dans le langage médical, le *collapsus* —
du lat. *cum,* avec, et *lapsus,* chute — désigne un affaissement
brusque et rapide de l'activité cérébrale, qui provoque l'abatte-
ment, la prostration du malade.)
  Le véhicule est muni d'une colonne de direction collapsible
(1972, *l'Aurore*). [P. P.]

collégialité n. f. En langage d'Église, la *collégialité* représente
l'autorité émanée non de Rome, mais d'un groupe d'évêques, de
prélats, de supérieurs de congrégation. La *collégialité* s'oppose,
dans l'esprit de certains, à l'autorité du pape, elle représenterait
un amoindrissement de cette autorité. Tous ceux qui désirent
l'instauration de la démocratie parlementaire dans l'Église
voient déjà dans le synode, ou réunion des évêques — à l'échelon national ou international —, une sorte de Parlement, le pape
ne détenant plus qu'un pouvoir exécutif contrôlé par le législatif : *Une grande confusion s'est faite sur le mot de* collégialité.
*Certains tendent à soutenir que le concile a constitué une
véritable révolution dans la conception même de l'Église, destinée à miner à la base la structure hiérarchique. Celui qui trouve
inadmissible que le pape agisse seul et qui affirme que le
pouvoir de l'évêque de Rome ne peut s'exercer qu'en dépendance de la collégialité des évêques commet une autre confusion grave* (cardinal Daniélou). Propos que ne contredit pas le
cardinal Suenens : *Il importe de comprendre à quel point* pri-
mauté *et* collégialité *sont liées et les situer l'une par rapport à
l'autre* (1968, *la Corresponsabilité dans l'Église d'aujourd'hui*).
[J. R.]

colonialisme n. m. *Colonialisme intérieur :* mainmise de l'État centralisateur sur les diverses ethnies qui composent un pays. Contre ce *colonialisme* se sont dressés des mouvements de libération régionale, par un retour aux traditions et aux dialectes battus en brèche depuis un siècle au nom de l'unité nationale. Régionalisme non plus littéraire et folklorique — comme les mouvements qui se sont dessinés au XIXe siècle en Provence et en Bretagne —, mais populaire, politique, d'esprit gauchiste et libertaire : *En Occitanie, des mouvements d'esprit anarchiste tentent de faire litière au colonialisme intérieur* (1972, *la Nef*). [J. R.]

coloniser v. tr., **décoloniser** v. tr., **colonisation** n. f., **décolonisation** n. f., etc. Depuis que la France n'a plus de colonies, ces mots pullulent sous divers sens figurés. Ainsi Françoise Parturier est-elle partie en guerre contre la « *colonisation* de la femme », le colon n'étant autre que l'homme et particulièrement le mari. (La suffragette de 1900 parlait d'« esclavage »...) De même, les partisans de la décentralisation ont accusé la situation *coloniale* qui était imposée à certaines régions de France, comme le Languedoc-Roussillon, « par l'alliance d'un centralisme étatique et d'un pouvoir capitaliste... » (1971, *le Monde*).
Dans les pays en voie de développement, la *colonisation* désigne la mainmise par les capitaux étrangers sur la production nationale. Ainsi, en Espagne, selon M. Laureano López Rodo, ministre du Plan, le danger, pour la péninsule, est dans la colonisation : *La colonisation, c'est le grand risque* (1973, *l'Expansion*). [J. R.]

commerciopole n. f. (de *commerce* et du suffixe *-pole* représentant la ville). Dans le langage de la publicité, la *commerciopole* désigne le rassemblement d'un grand nombre de commerçants aux activités indispensables à la vie de la cité et, si possible, complémentaires. Contrairement aux grandes surfaces, les *commerciopoles* s'implantent de préférence en position centrale par rapport à leur clientèle, afin de mettre les magasins à portée immédiate des chalands : *Une commercio-*

pole, c'est un peu le rêve secret du commerçant indépendant
(1971, *l'Express*, publicité). [P. P.]

communauté n. f. *Communauté de base*. Groupe de chrétiens,
créé spontanément dans la masse des fidèles, en marge des
structures de l'Église, jugées caduques (comme la paroisse, les
congrégations de laïques), phénomène nouveau et qu'on a vu se
multiplier depuis Vatican II : *Particulièrement fructueux fut le
dialogue entre communautés de base et théologiens* (1972, *la
Revue nouvelle*). [J. R.]

commune n. f. Expérience vécue par des adhérentes au mouvement Jeunes Femmes, qui, a déclaré sa présidente, se situe
« à mi-chemin du cercle culturel et de l'action civique » et ne
repousse ni le dialogue politique ou idéologique, ni le débat sur
la liberté économique ou sexuelle de la femme ou sur l' « avenir
du couple ».

À Aix-en-Provence, pendant deux ans et demi et jusqu'au
moment où des circonstances professionnelles les ont disper-
sés, cinq jeunes ménages ont mené une vie *communautaire* en
appartements séparés, mais à budget unique — d'où la réduction de certaines dépenses. Ils ont vivement intrigué l'Inspec-
tion des impôts en présentant des déclarations collectives de
revenus, et les professeurs de leurs enfants en les entretenant.
d'élèves dont ils n'étaient pas toujours le père ou la mère. On
peut définir leur type de groupement comme un élargissement
familial où le couple gardait son assise tout en partageant ses
responsabilités de gestion et d'éducation : on installait, en particulier, les enfants dans une atmosphère d' « épanouissement
affectif ».

Cornell, ville de l'État de New York, possède également,
parmi d'autres « fraternités » (groupements de caractère le plus
souvent religieux), sa *commune d'étudiants* sur une colline
entourée de prairies. Elle se compose d'une vaste cabane en
rondins et de huttes qu'occupent d'anciens gauchistes désabu-
sés, devenus indifférents même au sort de l'Amérique. Ils boi-
vent du lait de chèvre en vivant un socialisme à leur manière,

qui se tient à l'écart du campus, où il est trop question de drogue, d'homosexualité et de violence.

Dans l'un et l'autre cas, il s'agit de très petites *communes* où les ressources tombent dans la « cagnotte ». Le sens de ce terme est donc à peu près celui de l'anglais *commonage,* « collectivité de jouissance ». (J. G.)

compétitionnite n. f. Abus de la compétition sportive, dû à la multiplication des épreuves dans les disciplines les plus populaires, aux obligations contractuelles et, chez les « petits » et « moyens » professionnels, à la nécessité de se produire constamment pour gagner leur vie. Les champions à panache, les « sélectionnés » des rencontres internationales aussi bien que leurs adversaires ou coéquipiers plus obscurs souffrent d'une indigestion de déplacements et d'efforts quand la fin de la saison arrive. La *compétitionnite* fait des « seigneurs » du sport des animaux de luxe entourés de soins, de contrôles médicaux et de la sollicitude des journalistes, mais rémunérés au « rendement ».

Michel Castaing lui reproche, en outre, d'interdire aux amateurs l'exercice d'un véritable métier ou la poursuite d'études sérieuses, et les loisirs du vacancier : « Les exceptions rencontrées çà et là ne rassurent même plus les partisans de Coubertin et les intellectuels » (*le Monde,* 2-VIII-1970). La surabondance des épreuves non seulement tue le plaisir du jeu sportif, mais rend impossible une autre vie, une deuxième activité. (J. G.)

complexification n. f. Action de compliquer, résultat de cette action. La *complexification* désigne la tendance d'un milieu, d'un système, à se diversifier, d'où la naissance de rapports internes nouveaux entre les diverses parties ainsi créées : *La complexification du monde ouvrier* (1971, *le Figaro*). *Il ne faut pas se dissimuler que la complexification croissante des systèmes rend les communications de plus en plus difficiles au sein de l'entreprise* (1971, *Entreprise*). [P. P.]

computer n. m. (mot angl.). Calculatrice numérique ou analogique à mémoire *(G. L. E.).*

56

Par extension, *computer* désigne un dispositif électronique, du type de la cellule au sélénium, incorporé dans un appareil destiné à produire des éclairs de lumière en photographie ; l'insertion du *computer* permet au générateur d'éclairs de régler automatiquement la longueur ou l'intensité de chaque éclair en fonction de l'éclairage ambiant et de la sensibilité de la pellicule.

Un équivalent français peut être aisément fourni par le mot *computeur.*

La langue classique connaît déjà le *comput* ecclésiastique, attesté depuis 1584, ainsi que la *computation,* définie comme la manière de « supputer le temps » *(G.L.E.).* En fait, *supputer* et *supputation* comportent une nuance d'incertitude, d'évaluation indirecte ou subjective, alors que la *computation,* directement dérivée du latin *computus,* « compte », désigne plutôt une détermination ou une vérification par voie mathématique.

C'est en tout cas dans cette acception que sont employés en anglais *computation, to compute* et *computer.* (P. P.)

conceptologie n. f. (néologisme créé par Édouard Labin, cf. *Entreprise,* 4/10-XII-70). Maîtrise de la logique quotidienne, art de conduire avec ordre et clarté, de concept en concept, la pensée et le discours de tous les jours ; elle est parfois décrite comme la « discipline des disciplines ». (P. P.)

conduite n. f. *Conduite de refus :* en science économique, réaction possible de refus, de la part des masses, à l'égard des plans et projets des pouvoirs publics. Ainsi les habitants d'un quartier de Paris s'opposeront à l'édification d'une « tour », ceux d'une région à la percée d'une autoroute, etc. Les futurologues doivent tenir compte de ces *conduites de refus* au même titre que des divers aléas représentés par les guerres, les crises économiques, les catastrophes naturelles, etc. : *S'il* [le technocrate] *ne remplit pas ces conditions, la rationalité croissante des décisions s'accompagnerait de conduites de refus, suivant l'expression de M. Léo Hamon, auteur des « Acteurs et données de l'Histoire »* (1971, *le Monde*). [J. R.]

conforter v. tr. Ce verbe ne figure plus que dans les diction-naires de vieux français. Celui d'A.-J. Greimas (Larousse, éd.) le cite avec référence au *Poème de saint Alexis,* ce qui le fait donc remonter au XIᵉ siècle, et il lui donne ces deux défini-tions : 1° soutenir, affermir ; 2° réconforter, consoler.

Depuis fort peu de temps, cet archaïsme a reparu, et il n'y a pas de semaine qu'il ne trouve usage dans la presse, du moins celle qui se pique du « bien dire ». On lit par exemple, dans *le Parisien libéré,* que le changement de Premier ministre a *con-forté* le régime par un retour aux pures sources gaulliennes.

On assiste ici au retour en grâce d'un vieux mot qui, sous sa forme substantive de *confort,* nous était déjà revenu vers 1815, mais cette fois via l'Angleterre, ce qui fait qu'il eut beaucoup de peine à surmonter l'ostracisme des Vaugelas de l'époque.

Ceux qui attendaient de M. François Mitterrand qu'il s'en prît directement à M. Georges Marchais sont soit simplement déçus, soit confortés dans leur analyse d'une gauche française désormais enchaînée à Moscou... (1972, *le Monde*). [J. R.]

console n. f. En informatique, ensemble d'appareils de télé-communication mis en place chez un « abonné » d'un système central d'ordinateurs.

La console groupe un appareil téléphonique, classique ou modifié, un clavier imprimant du type de la machine à écrire permettant d'interroger par écrit l'ordinateur central, éventuel-lement un écran muni d'un tube cathodique pour y lire les réponses que fournira l'ordinateur soit sous forme de texte, soit sous forme de schéma.

Ce système permet de regrouper en un point central, dans des conditions constantes de température, de pression, de dépous-siérage, etc., les organes encombrants et les mémoires de l'en-semble ordinateur, le tout sous une surveillance qualifiée cons-tante.

La *console* joue chez l'abonné le même rôle que le téléphone chez un client de S.V.P. Les recherches des techniciens visent à la rendre aussi complète et aussi maniable que possible, sans lui donner des dimensions ou une complexité prohibitives. (P. P.)

consumérisme n. m. Américanisme formé à partir de *consumer,* consommateur. Doctrine économique et commerciale professée par les organisations et les mouvements de consommateurs, dont le but initial était la défense de la santé et du pouvoir d'achat des consommateurs.

Le *consumérisme* désigne surtout l'action même de ces organisations sur les milieux politiques, le monde des affaires, les groupes économiques. Le désir des consommateurs est de faire entendre leur voix dans les grands choix que peuvent faire les éléments porteurs de l'économie en matière d'écologie, de défense de l'environnement, de législation sur la santé publique, etc. : *Le consumérisme n'est plus limité à des revendications comme l'inscription du prix au kilo de chaque article* (1972, *Entreprise*). Passant en revue les engouements successifs de l'opinion américaine, l'économiste Milton Friedman déclare à son interlocuteur de *l'Expansion* (juin 1972) : *À un moment donné, c'était les droits civiques, puis les gens s'en sont lassés, ensuite le mouvement contre la guerre du Viêt-nam, après, la relève, maintenant, c'est le consumérisme et la croissance zéro...* (P. P.)

contrat n. m. *Contrat de législature :* accord passé, pour la durée d'une législature, entre le gouvernement et la majorité, ou entre les partis composant cette majorité. François Mitterrand, leader socialiste, prend soin de distinguer, dans un discours à Suresnes (1973), deux sortes de « contrats » : *Il ne faut pas confondre le contrat entre le gouvernement et le Parlement, et le contrat entre les partis de la majorité.* (J. R.)

contre-cours n. m. Pendant les « grèves » des étudiants et lycéens, en 1973, on a vu, dans les facultés et les lycées, s'organiser des *contre-cours,* qui étaient des groupes de travail pour la préparation aux examens ou de véritables cours donnés par l'un des « grévistes ». On a vu là s'exprimer un esprit qui n'est plus celui de 1968, où les « manifs » détournaient de toutes autres préoccupations. Dans les halls des facultés et des établissements scolaires, des « emplois du temps pirates » apparais-

saient, mêlés aux graffiti et affiches politiques. Ils invitaient les
« grévistes » au travail : *Des contre-cours qui ressemblent fort
à des cours. En plus gai. Sans contrainte* (1973, *le Monde*).
[J. R.]

contre-information n. f. Celle qui, utilisant d'autres sources,
peut aller à l'encontre de renseignements déjà fournis et rendus
publics, les modifier, les compléter. Codirecteur, avec Jean-Paul
Sartre, d'une *agence de contre-information qui vise à élargir
l'information officielle,* Maurice Clavel affirme que ses amis
agissent en informateurs « entièrement libres et responsables »
de l'opinion. Il justifie cette recherche d'objectivité en évoquant, à propos du meurtre de Pierre Overney, « les versions
entre lesquelles l'information a d'abord été partagée » et pour-
suit : « Nous avons été en mesure de présenter à la presse, le
soir même, les photos que l'on connaît maintenant. Personne
n'en a voulu » (déclarations faites à Grenoble le 6-III-1972).
[J .G.]

contre-réforme n. f. Les intégristes remettent en usage cette
expression, qui ne désignait jusqu'alors que la réaction de
défense de l'Église contre la Réforme de Luther et de Calvin, au
XVIᵉ siècle. Aujourd'hui, où les réformes apportées par Vatican II sont jugées par les « silencieux de l'Église » aussi peu
« catholiques » que celles des anciens réformateurs, la
contre-réforme est l'action nécessaire pour le rejet de ces nou-
veautés : *L'Église ne peut revivre que par la contre-réforme*
(l'abbé Georges de Nantes parlant à la salle de la Mutualité, à
Paris, le 12-X-1972). « La Contre-Réforme catholique au
XXᵉ siècle » est le nom d'un mouvement créé par cet ecclésiastique. (J. R.)

contre-révolution n. f. Dans le langage des républiques de
l'Est, toute opposition au régime qui se veut issu de la révolution : *Le printemps de Prague a consenti à opposer à la
conception stalinienne (et brejnevienne) du despotisme
social-bureaucratique la conception proprement marxiste de*

*la démocratie socialiste. C'est ce que Brejnev, et aujour-
d'hui Husak, appellent contre-révolution* (Roger Garaudy,
France-Soir, 2-VI-1971). [J. R.]

conversationnel adj. Néologisme formé à partir de *converser,
conversation*. Qualifie les dispositifs qui permettent à l'utilisateur d'un ensemble informatique de « dialoguer » avec la
machine.

L'utilisation des ordinateurs en temps partagé, avec installation de consoles terminales ou périphériques chez les principaux utilisateurs, ainsi que l'emploi de ces appareils pour l'établissement de documents à partir de schémas types stockés
dans les différents niveaux de mémoire obligent l'utilisateur à
dialoguer avec la machine, en en obtenant quasi sans délai les
réponses qu'il a sollicitées. À cette fin, il est nécessaire que les
programmes enregistrés prévoient la possibilité d'une telle conversation. D'où le qualificatif de *conversationnel*, dont la création n'est qu'un des multiples symptômes de l'alourdissement
dû aux vocabulaires techniques insuffisamment étudiés : *Il
s'agit de programmes conversationnels dans lesquels l'ingénieur dialogue avec la machine* (1972, *les Échos*). [P. P.]

convivialité n. f. Néologisme créé par Ivan Illich à partir du
préfixe latin *cum*, avec, et du verbe latin *vivere*, vivre. Désigne
dans l'esprit de son auteur l' « ensemble des rapports autonomes
et créateurs entre les personnes, d'une part, et des rapports
entre les personnes et leur environnement, d'autre part ». Ce
terme paraît s'opposer à celui de « productivité ».

On y retrouve l'un des nombreux avatars des enfants de
vivere, qui nous a donné *viandes* : initialement tout ce qui
nourrissait et servait à faire vivre, puis *vivres*, qui eut le même
sens avec un reflet plus administratif, *convive*, celui avec qui on
se met à table, *vivandière*, etc.

Dans la *convivialité*, les êtres sont envisagés sous tous les
aspects de leur nature et de leurs activités, alors que dans la vie
contemporaine mécanisée, chacun, hors de sa famille (et
encore...) ne connaît son semblable que par la fonction qu'il

remplit à son égard : facteur, receveur d'autobus, commerçant, employeur, etc. (P. P.)

coopérant n. m. Français travaillant dans un État en voie de développement et coopérant ainsi à ce développement. Il peut être payé par la France ou par l'État qui l'emploie, parfois par les deux : *Sur les 2 milliards 8 millions consacrés aux États indépendants, la moitié sert à payer les traitements des* coopérants *techniques et surtout culturels* (1971, *l'Expansion*). [J. R.]

coordonné n. m. Qui peut se combiner avec d'autres pièces de vêtement. — La publicité actuelle insiste sur la possibilité qu'a la femme d'acheter non pas un ensemble conçu comme tel par le fabricant, mais de combiner elle-même une toilette grâce à ces *coordonnés* qui peuvent « aller ensemble ». Exemple : la *charlotte* (sorte de bonnet de dentelle) suggérera ces deux *coordonnés :* la *nuisette,* sorte de blouse de nuit, au décolleté « paysanne », et la *robe de nuit* (« chemise de nuit » est devenu un terme interdit...). De même le *short,* dont la récente apparition a d'abord rempli d'inquiétude quelques commerçants, s'est avéré un excellent entraîneur de *coordonnés : body-stocking,* jupe longue, mais assez largement fendue par-devant pour que le short soit aperçu, chaussettes rugbyman montant aux genoux, etc. (J. R.)

coordonner v. tr. Faire aller ensemble : *Le pull de Sophie avec le short de Louise, le bermuda de Jérôme avec le débardeur de Nicolas, à coordonner ou pas...* (1971, publicité). [J. R.]

cornélo-racinisme n. m. Néologisme composé, plaisamment créé par Philippe Sollers pour stigmatiser le retour de Paul Valéry au classicisme de la forme, après sa période mallarméenne.

Formé à l'image de *national-socialisme,* le *cornélo-racinisme* semble, sous la plume de son auteur, réunir tous les travers qui se donnèrent libre cours dans les alexandrins pleins de vertus de Pierre Corneille, comme dans la forme plus feutrée — et parfois sulfureuse — dont Jean Racine habilla les passions de ses héros. En bref, tout ce qu'il faut pour ne mériter qu'un mépris amusé de la part de la « jeune poésie », celle qui vieillit si vite et si mal. (P. P.)

cosmétologue n. m. et f. Spécialiste — en laboratoire — des produits de beauté. *Cosmétique,* d'où dérive ce nom, a pour étymologie le grec *kosmétikos,* « relatif à la parure ». La racine grecque *kosmos* signifie « ordre, harmonie », en même temps qu' « univers ». *Cosmétique est donc le parent, un peu frivole, du très sérieux cosmos : À partir du 1er avril, les femmes vont se raser... Ce n'est pas un « poisson », mais la dernière idée des cosmétologues* (1971, publicité). [J. R.]

cosmocorps n. m. Vêtement féminin, vaguement inspiré de celui des astronautes, et dont l'usage est en recul, de même que l'astronautique a perdu son caractère de nouveauté. Cardin propose cependant, en 1972, un *cosmocorps en jersey avec parements de cuir.* (J. R.)

couponing n. m. Pseudo-anglicisme formé du substantif français *coupon,* assorti de la désinence *-ing.* Le *couponing* désigne le mode de sollicitation à domicile par envoi d'une publicité à laquelle est joint un *coupon* détachable, qu'il suffit de remplir et de renvoyer pour recevoir l'objet proposé.

Cette forme de démarchage est largement pratiquée par des maisons d'édition de livres ou de disques. (P. P.)

cover-baby n. m. Bébé servant de modèle pour les photographies de magazines, les films, à des fins publicitaires. Expression formée sur *cover-girl : Stéphanie d'Avray m'appelle au secours. Elle tient une agence de cover-babies et fournit aux photographes et cinéastes des bambins qui arrivent à gagner 80 F l'heure...* (Hélène de Turckheim, *le Figaro,* 9-III-1971). [J. R.]

craps n. m. Sorte de jeu de dés en faveur en Grande-Bretagne et aux États-Unis, et qui a récemment été réintroduit dans certains casinos français. *Craps* (ou *creps*), attesté dès le XVIIIᵉ siècle d'après Hatzfeld et Darmesteter, serait une dérivation de *crabs*, qui est le nom anglais du coup de dés le plus bas qui amène deux as, et que nos pères appelaient l'*ambesas*. Le fait que jouer aux dés se dit en anglais *to shoot craps* et que *craps* a également une signification argotique très ordurière rend difficile la traduction en français de cette expression.

Mais le terme de *craps,* inconnu de certains dictionnaires contemporains, figure dans les *Mémoires d'un bourgeois de Paris,* du docteur Véron. Dans le chapitre « les Maisons de jeu », au tome Iᵉʳ de l'édition présentée par Pierre Josserand, on trouve, en effet, les phrases suivantes : *À Frascati, outre la roulette et le trente-et-quarante, on jouait au* craps [...], *au cercle, on ne jouait que le trente-et-un et le* creps [...]. *Des tailleurs de* creps *et de* craps...

Il faut avouer que notre inexpérience en matière de jeux de hasard nous interdit de décrire l'ancien comme le *nouveau craps,* et d'identifier l'un ou l'autre au *creps* cité par le bon docteur. Toute précision d'un de nos lecteurs sera donc la plus que bienvenue. (P. P.)

cravattéria n. f. Néologisme, formé à partir de *cravate* et du suffixe -*éria,* figurant dans le terme d'origine hispano-américaine *cafétéria.* Désigne, dans un texte publicitaire récent, le rayon d'un magasin d'habillement pour hommes où les cravates sont présentées dans un style qui s'apparente à celui d'un libre-service.

En « américain », le mot *cafeteria* caractérise un lieu où l'on peut prendre en libre-service, à l'origine, du café, puis quelques plats froids et des boissons hygiéniques ; par extension, la *cafétéria* est devenue une salle où sont présentés, achetés en libre-service et consommés à des tables un certain nombre d'aliments chauds ou froids. La *cafétéria* rejoint dans ce sens ce que les Américains nomment aussi *snack-bar.*

La présentation des denrées à portée du public a conduit un magasin d'habillement à créer un nouveau terme, par analogie, où *cravate* remplace *café,* et à qualifier de la sorte une présentation très ouverte et immédiatement accessible aux clients des collections de cravates qui étaient jusqu'ici montrées sur présentoirs tournants.

Il convient de préciser que ce terme est une création originale et a été breveté par la firme qui lui a donné le jour. (P. P.)

créatique n. f. Ce néologisme encore officieux du vocabulaire de la pédagogie désigne une méthode d'éveil, que Michel Demarest et Marc Bruel ont exposée dans *la Créatique, psycho-pédagogie de l'invention* (Crès, 1970), puis dans *l'Éducation* (numéro du 6-V-1971). C'est l'exploitation, envisageable selon eux dès l'école élémentaire, de la *créativité*, aptitude fondamentale de l'enfant, don commun, donc possibilité commune. Loin de vouloir former une élite de génies en herbe, elle se propose de révéler à chacun une « qualité d'être » allant dans le sens de la découverte et d'une création d'images qui s'appuie d'abord sur le réel, afin de le dépasser. La *créatique* ne croit guère aux « techniques », mais estime que le contact avec autrui est capable de favoriser l'épanouissement de ressources spécifiquement individuelles : si « on ne conçoit pas un poème ou une symphonie en groupe », ce dernier « permet une plus grande richesse et il permet d'aller plus vite pour trouver ».

« Pédagogie de l'imagination », « logique de la découverte », la *créatique* veut pénétrer dans ce que la vie de l'enfant a de plus personnel et parfois même de plus secret, à la manière d'un révélateur et d'un stimulant. Accordons-lui le préjugé favorable. (J. G.)

crédibilité n. f. Mot très à la mode (comme l'adjectif *crédible*) dans les milieux ecclésiastiques : *La réforme liturgique est-elle crédible? Où en est la crédibilité de la curie, dont l'image de marque est si mauvaise?* Dans leurs emplois profanes (v. *les Mots dans le vent,* t. I) *crédible* et *crédibilité* paraissent des anglicismes, mais dans le langage ecclésiastique il s'agit du retour en grâce d'anciens termes de scolastique : *La morale chrétienne trouve, lorsqu'elle s'accorde à la morale naturelle, une parfaite crédibilité.* (J. R.)

credibility gap Anglicisme. Littéralement, « rupture de créance », « perte de *crédibilité* ». Effritement du crédit dont jouit une personne, une institution, un gouvernement : des jours, des failles, des vides, des creux apparaissent et tendent à s'élargir. — Synonymes : CRISE DE CONFIANCE, DE PRESTIGE.

Le credibility gap est un signe d'usure que le pouvoir, dès lors qu'il en est atteint, peut de plus en plus malaisément feindre d'ignorer. (J. G.)

criminogenèse n. f. Néologisme formé à partir de *crime-criminalité,* venu du *crimen* latin et du terme *genèse,* d'origine grecque, « origine ». Désigne l'étude systématique par les criminologistes de la naissance de l'impulsion qui conduit à l'acte criminel.

Une tendance se marque chaque jour davantage de considérer l'acte criminel sous ses aspects psychiques et pathologiques, en partant de la notion que, dans la plupart des cas, l'assassin ou le meurtrier se trouve, au moment de son forfait, dans un état anormal. L'ensemble des études correspondantes a été baptisé *criminogenèse,* néologisme bâtard (ou mixte) qui unit un terme grec à un terme latin : *Depuis quelques années déjà, magistrats, psychologues et psychiatres se penchent sur la criminogenèse* (1971, *le Figaro*). [P. P.]

critique n. f. *Nouvelle critique :* sorte de critique littéraire à laquelle ne suffisent plus les divisions classiques — l'homme et l'œuvre, les influences, le rattachement aux « genres », etc. —, mais qui cherche, en toute œuvre, en tout texte donné, au moyen de « lectures » successives, à travers des « grilles » adéquates, à révéler le « caché » de l'œuvre, à déchiffrer le sens premier, essentiel, « abyssal » dont l'auteur lui-même n'a souvent nulle idée : *Déchiffrement de type psychanalytique, thématique, existentiel, dans des styles très divers et selon des attaches idéologiques différentes : le but reste toujours le même, chercher à saisir un sens vrai du texte, interroger les apparences du texte pour découvrir sa structure, son secret, son essence* (Roland Barthes).

Dans son *Balzac* (coll. *Thèmes et textes,* Larousse éd.), Pierre Barbéris, passant en revue les travaux de la *nouvelle critique* sur l'auteur de la *Comédie humaine,* juge que, par sa réaction contre les approches traditionnelles, par son arbitraire, son intellectualisme brillant et à effets, la *nouvelle critique* rappelle à bien des égards la critique impressionniste et spiritualiste qu'elle paraît mépriser. (J. R.)

croissance n. f. La *croissance économique* s'est longtemps imposée comme un dogme. Depuis la Seconde Guerre mondiale, surtout, les nations industrialisées ont rivalisé d'efforts pour que chaque année enregistre un progrès chiffré dans l'accroissement de la production, des exportations, de la consommation, des échanges... Mais voici que quelques clignotants signalent, comme effets de cette *croissance* têtue, de prochaines catastrophes : pollution des terres, des fleuves et des océans, engorgement des villes sursaturées de véhicules, toxicité des végétaux. Serait-il temps de ralentir cette *croissance* et de la ramener même, comme le recommande M. Mansholt, délégué néerlandais au Marché commun, au point zéro? Le Club de Rome, pour sa part, sans aller si loin, n'en sonne pas moins le tocsin et annonce l'Apocalypse provoquée, d'ici peu d'années, par l'accroissement exponentiel de la population urbanisée et livrée à toutes les « nuisances » d'une industrialisation devenue folle et qu'il ne sera plus possible de maîtriser. N'est-il pas temps d'opposer à la *croissance* sans âme la « qualité de la vie »? : *La limitation de la croissance va à l'encontre de toutes les idées reçues et de la plupart des programmes politiques* (*Halte à la croissance,* Club de Rome, Fayard éd., 1972). [J. R.]

cubitainer n. m. Néologisme formé de *cubique* et de *countainer.* Désigne, chez certains négociants en vins, un récipient rigide de forme cubique contenant dans une enveloppe plastique une certaine quantité de vin. Muni d'une chantepleure, ce récipient permet de tirer à la demande le vin dont on a besoin sans que l'oxydation de la partie non consommée n'en vienne altérer la qualité.

De transport aisé par sa robustesse, de stockage facile par sa forme, il présente une innovation technique intéressante, encore qu'il soit difficile d'y entendre chanter « l'âme du vin » chère à Baudelaire. (P. P.)

culture n. f. *Troisième culture,* celle qui suit la culture humaniste et la culture scientifique dans l'histoire de l'humanité : « Il s'agit de l'ensemble des créations contemporaines de l'art, du théâtre, de la musique, du cinéma et des lettres. Qu'y trouve-t-on? Un refus frénétique de l'ordre, qu'il soit logique, moral, esthétique ou linguistique, un parti pris généralisé en faveur de l'informel » (Jean Onimus). — Synonyme : NOUVELLE CULTURE. Christian Dedet, dans *les Nouvelles littéraires,* cite la revue *Actuel,* dont le numéro de juillet-août contenait une remarquable anthologie des textes de la *nouvelle culture.* (J. R.)

dangerosité n. f. Néologisme formé à partir de *danger-dangereux*, à l'image de *pore-poreux-porosité;* désigne le niveau de *danger* (ou de risque) que présente un individu ou un acte.

Le régime pénitentiaire des pays occidentaux semble ne remplir que très imparfaitement la tâche d'amender l'individu incarcéré, ce qui demeure cependant l'une de ses missions essentielles. Les conditions matérielles de l'existence y sont telles que les réactions individuelles ou collectives des prisonniers se font plus fréquentes. La réaction normale du personnel de surveillance — qui, en France, ne porte pas d'arme — est alors de renforcer les mesures de répression à l'égard des protestataires, entretenant ainsi le climat d'hostilité et de désespoir qui a donné naissance à l'insubordination ou à la révolte. La tentation est alors grande de moduler la répression en fonction du caractère *dangereux* de l'individu qui a tenté une rébellion, et de proportionner en cas d'évasion ou d'insurrection les sanctions qui frapperont le personnel de garde, présumé négligent, au *danger potentiel* que représente l'évadé ou l'émeutier. Ce qui revient, en définitive, à alimenter le circuit infernal du type « provocation-répression » : *Cette sanction pénale à l'égard du préposé à la garde est proportionnelle à la dangerosité du détenu évadé* (1972, *le Figaro*). [P. P.]

débardeur n. m. Sorte de maillot de corps, inspiré de la tenue des anciens débardeurs : *Après le marché féminin, le « débardeur », inspiré du maillot de corps, se prépare à conquérir le marché masculin* (1971, *Journal du textile*). « Le mot recouvre diverses pièces de vêtement, aussi bien les maillots que les gilets ouverts, les boléros et brassières et même de petits pulls raccourcis à manches kimono avec ailerons qui se portent en guise de gilet.» *(Id.)*

Ainsi donc, comme tant d'autres parties du costume masculin, le *débardeur* — dans sa version des années 70 — a gagné le public féminin pour, de là, revenir à l'homme, mais à l'homme déshabitué des travaux de force, et pour qui ce maillot ne sera qu'un déguisement. (J. R.)

décélération n. f. Anglicisme (cf. *decelerator, décélérateur,* «frein de ralentissement»). Dans la langue de l'économie, croissance régressive de la production et du chiffre d'affaires ; d'où inquiétude, menace de chômage et de récession : *Le patronat espagnol s'interroge actuellement devant la décélération (de 7 p. 100 à 5 p. 100) du taux de croissance annuelle de la production nationale* (les journaux). [J. G.]

décision n. f. *Aide à la décision.* Avant de prendre une détermination importante ou de soumettre un « choix » à l'examen du législatif, un chef d'État, de gouvernement ou de grand ministère a besoin d'être informé et conseillé. Il peut tenir compte des sondages d'opinion, des avis de la presse ou des organismes dont la compétence est notoire. Mais les *brain-trusts,* les « équipes de cerveaux », qui se succèdent, par exemple, à la Maison-Blanche depuis que Franklin Roosevelt institua la première d'entre elles, jouent le rôle essentiel.

D'où la « technocratisation » officieuse du pouvoir qui tend à déposséder, en fait, de leurs prérogatives les autorités traditionnelles et les corps élus : « 90 p. 100 de nos députés — de la majorité comme de l'opposition — estiment que les affaires du pays sont de plus en plus souvent réglées par les technocrates », lit-on dans un rapport présenté à la « table ronde » de l'Association française de science politique en novembre 1970. Philippe d'Iribarne a étudié cette mutation silencieuse dans son livre *la Science et le prince.*

L'*aide à la décision* est une litote qui projette un jour discret sur l'action exercée par les *technostructures* (pour cette expression, voir *les Mots dans le vent,* t. I). Elle ne désigne pas directement ces dernières, mais exprime un rapport technique de cause à effet entre le savoir et le pouvoir, entre la préparation rationnelle des décisions et l'aboutissement législatif. (J. G.)

déclergification n. f. Action de retirer à l'Église son caractère clérical, ou du moins d'atténuer ce caractère : *L'avènement d'un monde laïcisé et désacralisé oblige l'Église à se libérer de cette surimpression et à accepter une certaine déclergification,* a écrit Mgr Schmit, évêque de Metz, qui ajoute qu'en retirant ses apôtres de la caste sacerdotale, le Christ a accompli la *déclergification la plus radicale de l'histoire.* (J. R.)

décohabitation n. f. La *cohabitation* désigne étymologiquement le fait d'habiter ensemble : *cohabitation* de plusieurs générations quand vivent au sein d'une même famille les grands-parents, les parents et les enfants, ou les parents et les jeunes ménages formés par leurs enfants. De plus, dans certaines conditions de pénurie aiguë de logements — cas des villes d'U. R. S. S. en cours de reconstruction après la guerre, cas des bidonvilles et des *favelas,* etc. —, des personnes n'ayant entre elles aucun lien de famille peuvent être contraintes de *cohabiter* dans un même local.

La *décohabitation* désigne l'opération qui tend à mettre fin à cet état regrettable par la construction et la mise à disposition de logements nouveaux adaptés à leur destination : *En matière de logements, il faut assurer la poursuite des tendances, notamment en ce qui concerne la décohabitation, le remplacement des résidences principales désaffectées, etc.* (1971, *Entreprise*). [P. P.]

déconnecter v. tr. Néologisme signifiant « faire cesser une *connexion* », « débrancher un appareil ». Au figuré, « rompre le contact », « s'isoler », « oublier ses activités professionnelles » : *Vous avez beau, comme vous dites, déconnecter, vous retrancher de l'extérieur, votre réputation est celle de ne jamais prendre de vacances* (Léon Zitrone interviewant Charles Aznavour, *Jours de France*, 22-II-1972), ou bien : *La machine politique tourne à vide. Sans prise réelle sur le pays. Déconnectée* (R.-G. Schwartzenberg, *le Monde*, 17-V-1972). [J. G.]

déconsommation n. f. Recul de la demande de *biens de consommation*. Si les commandes se raréfient dans les carnets des entreprises, si la mévente affecte jusqu'aux produits d'usage courant, le coup de frein donné à l'expansion crée un déséquilibre, puis le risque de chômage qui accroîtra la stagnation ou précipitera la récession. En effet, la *société de consommation* — phénomène, ne l'oublions pas, minoritaire en France — exige une capacité réelle de confort et de bien-être répondant aux invitations de la publicité. Il lui faut une assise économique à l'abri de toute cassure entre les revenus et les prix.

D'autre part, le « réflexe de l'acheteur » (ce facteur psychologique bien connu d'attrait par la nouveauté et par l'imagination créatrice des « habilleurs » du produit que sont les *designers*) cesse de jouer lorsque, par exemple, les appareils que possède la ménagère « fonctionnent bien, et si aucun perfectionnement inédit ne lui est proposé ». En sorte que le jour arrivera peut-être « où l'État contraindra le consommateur à consommer un pourcentage élevé de ses revenus, sous peine de pénalisation. On gave bien les oies » (Jacques Rozner, *le Monde*, 31-X-1970). Nous n'en sommes pas encore à cette relance forcée et par conséquent artificielle. Mais l'état de *déconsommation* que peuvent receler les aléas de la conjoncture économique serait bien le talon d'Achille d'un système qui a l'abondance pour principe, le renouvellement — sinon le gaspillage — pour nécessité, et pour menaces la saturation et la « surchauffe ». (J. G.)

déhiérarchiser v. tr. Suspendre de façon temporaire ou définitive l'organisation *hiérarchique* d'un ensemble, d'une entreprise.

Hiérarchie a une origine liturgique, et est formé à partir du grec *hieros,* sacré, et *arkhia,* commandement. Primitivement appliquée à l'ordre et à la subordination des différents chœurs des anges, puis aux divers degrés de l'ordre ecclésiastique, la *hiérarchie* a ensuite désigné une organisation sociale dans laquelle chaque individu d'une série est supérieur, par son pouvoir ou par l'élévation de son rang social, à tous les individus des séries qui lui sont subordonnées.

Si l'organisation *hiérarchique* permet l'exercice de l'autorité, elle nuit en revanche aux échanges d'idées entre individus de rangs différents et tend à figer leurs relations.

Dans le processus actuel de gestion des affaires importantes, la communication des informations et des opinions joue un rôle fondamental. D'où l'idée d'organiser cette communication en suspendant le jeu des relations *hiérarchiques : Pour communiquer bien, il faut* déhiérarchiser *les relations* [au sein de l'entreprise]. *Pour agir efficacement, il faut les hiérarchiser* (1971, *Entreprise*). [P. P.]

démocratie n. f. *Démocratie supplétive.* Expression lancée par Roger-Gérard Schwartzenberg (*le Monde,* 24-II-1971). Il faut, d'après celui-ci, trouver une contrepartie à l'actuelle « défaillance », à la « dégradation », au « dépérissement » des institutions représentatives traditionnelles de la France, notamment à la mise en sommeil de « ce lieu de parole qu'est étymologiquement le Parlement » et de l'exercice fondamental de ses attributions. À cet effet, le pouvoir recourt à « des mécanismes de substitution », à « des formes nouvelles de controverse » qui utilisent la presse, la télévision et les sondages : « L'opinion est faite juge à la place de l'Assemblée. » Ce « rôle supplétif » peut toutefois provoquer un choc en retour des gouvernés et devenir pour les gouvernants « un marché de dupes ».

Il n'est pas interdit de voir dans la *démocratie supplétive* une accentuation et une sorte de « deuxième génération » de la *démocratie directe* gaullienne, qui s'adressait aussi au peuple par-dessus ses mandataires. (J. G.)

démythologisation n. f. Action de débarrasser le dogme de tout ce qui ressemble à une mythologie. Par la *démythologisation,* Bulltmann, théologien allemand qui a illustré ce néologisme, tente de retrouver, sous le mythe qui l'enveloppe, le Christ pur, le Christ esprit, le Christ vécu existentiellement.

Chose en soi peu nouvelle. La critique du XIXe siècle ne s'en est-elle pas donné à cœur joie de *démythologiser?* Mais ce n'était, en fin de compte, que pour une liquidation du surnaturel, alors qu'avec Bulltmann le mythe est arraché comme un masque placé sur le surnaturel. La vieille théologie n'en souffre pas moins, et l'on ne s'étonne pas de la mise en garde des évêques allemands, dans une lettre commune (1968) contre l'entreprise « bulltmanienne » : *Il est non moins manifeste que l'application radicale du processus de démythologisation finit par vider la foi chrétienne du dogme central de l'Incarnation...* (J. R.)

dénébulé, adjectif et participe passé du verbe *dénébuler* qui signifie « débarrasser une zone, un espace, des voiles de brouillard ou de brume qui y réduisent la visibilité ».

La brume et le brouillard furent toujours des obstacles à la navigation ; mais leurs inconvénients ont crû à mesure que le trafic augmentait en volume avec des engins à vitesse croissante. La situation est particulièrement critique en matière de navigation aérienne, où les abords des aérodromes sont assez vite saturés quand l'autorité doit interdire certains terrains à l'atterrissage du fait des conditions météorologiques défavorables. Dès 1940, ces inconvénients étaient apparus aux aviateurs de la R. A. F. dans leur lutte contre l'aviation allemande, à partir de terrains sur lesquels le beau temps n'était guère habituel.

De nombreuses techniques ont été essayées et mises au point pour assurer, au moins temporairement, une meilleure visibilité sur des terrains ou des pistes en service : *Les avions en approche ou en atterrissage pénétrant dans la zone dénébulée se trouvent dans des conditions de vision et de liaison sans rapport avec les conditions classiques de chasse au brouillard* (1972, *les Échos*). [P. P.]

déodorant n. m. (anglicisme). Produit qui supprime les mauvaises odeurs naturelles : *La gamme des déodorants intimes X a été spécialement mise au point pour résoudre à tout moment,* *en toute circonstance et d'une façon durable, le problème bien féminin des odeurs indiscrètes.* Ces « messages » publicitaires sont souvent accompagnés d'images montrant des femmes aux genoux et bras liés, contractées par l'obsession de « sentir », tenues à l'écart des réunions mondaines. Le *déodorant* leur rendra la joie de vivre et leur promet dès aujourd'hui une « journée tout en fraîcheur ». (Les grammairiens réprouvent ce *déodorant*, contraire aux usages de notre langue, qui voudrait *désodorisant*, sur le modèle de *désobéissant, désarmant*, etc.) [J. R.]

départisation n. f. « Néologisme devenu d'usage relativement courant » (P. Viansson-Ponté, *le Monde*, 30-X-1970). Affaiblissement du rôle des partis politiques et de l'intérêt que lui porte l'opinion. *La « démocratie directe » et le « fait majoritaire » vont dans le sens d'une départisation qui entraîne, d'après certains observateurs, la mise en sommeil de l'esprit civique.* Les activités syndicales manifestent plutôt la tendance contraire. La « resyndicalisation » ferait ainsi contrepoids à la *départisation*. (J. G.)

désacralisation n. f. Action de retirer à une idée, une doctrine, une réalité transcendante son caractère de chose sacrée.

Ce mot, qui court depuis Vatican II, inquiète certains théologiens comme celui de *démythologisation*, mais non l'archevêque de Paris, qui s'explique : *Une bonne théologie de la création ne s'étonne pas de la désacralisation, attendu que la relation de créature à créateur n'est pas sacrée au sens précis du mot, l'homme gardant la liberté de se référer à Dieu, mais la référence à Dieu étant intérieure à la nature humaine.*

Il est certain que le mot de *sacré*, dont on fait, depuis quelques années, grand usage, sonne peu chrétien, spécialement sous sa forme substantive le *sacré*, qui est le caractère des phénomènes où domine la crainte devant l'inconnaissable, sentiment dont on ne trouve nulle place dans les Évangiles, sinon comme un reste de la piété juive. Il est à remarquer que l'on parle de moins en moins d' « art sacré ». (J. R.)

désenzymé adj. et n. Privé d'*enzymes,* ces micro-organismes qui stimulent l'activité des cellules vivantes. D'où : personne décrépite, dévitalisée. Un journaliste a entendu, boulevard Saint-Michel, des adolescents « saluer » de la sorte un passant âgé. Celui-ci aurait pu, aussi bien, s'entendre traiter de « surgelé », de « périgée », de « stérilet », de « nuisance » ou de « pollué » (Paul Vincent, *le Dauphiné libéré,* 2-V-1971). Les mêmes « croulants » ou « béquillards » étaient naguère étiquetés « p. p. h. » (« passera pas l'hiver »).

Cet irrespect plus écervelé que foncièrement méchant manifeste la promptitude de la jeunesse à bondir sur les mots pour en munir son langage en les revêtant de nouvelles acceptions. Sans doute voit-elle dans le *désenzymé,* vieillard, sénescent ou simplement d'âge mûr, le repoussoir, la contre-image de l'animalcule agile et glouton qu'a popularisé le graphisme publicitaire. Lui reprocherons-nous trop durement ces réflexes de groupes, psychologiques et langagiers? (J. G.)

désertification n. f. Action de changer en désert ; résultat de cette action. Se dit en particulier des campagnes que l'émigration constante des cultivateurs tend à convertir en déserts, moins dans un sens d'aridité que d'abandon : *Au-dessous de onze habitants au kilomètre carré, on engage les campagnes dans un processus de désertification* (M. Cointat, délégué français à l'« Europe verte » de Bruxelles, mars 1971).[J. R.]

design n. m. Le créateur de l'équivalent « esthétique industrielle » a été Pierre Viénot. Celui-ci a fondé sous ce nom aux environs des années 50 une revue qui — curieux avatar — a pris récemment le nom assez dénué de sens de *Design industrie.*

L'imprécision du sens de *design* dans l'esprit de trop de ses utilisateurs conduit à l'employer pour désigner un certain style contemporain, d'ailleurs actuellement encore mal défini. C'est ainsi qu'un article du *Figaro* du 7 janvier 1972 parle d'un bâtiment ministériel *design* et d'un mobilier de bureau *design.* Il semble que ce terme soit appelé à un destin comparable à celui de « modern style », et qualifie sous peu le style d'architecture et de décoration des années 70, dérivant ainsi davantage de son sens premier, ignoré de la plupart de ceux qui l'emploient. (P. P.)

designerie n. f. (que l'on peut prononcer à la française ou à l'anglaise [disaïnerè]). Magasin, « boutique » où l'on fait commerce du *design,* de la « consommation esthétique ». La plupart des *designeries* parisiennes ont élu domicile dans le quartier de Saint-Germain-des-Prés. On y trouve, suivant ses goûts, toute la gamme du *designing :* articles artisanaux fabriqués en série (appelés « multiples »), esthétique pop'art, minimal art, vastes décorations colorées du « supergraphisme », et l'objet utilitaire promu à la dignité de l'insolite baroque. (J. G.)

désincarcération n. f. Désigne, dans la langue technique du sauvetage, l'opération qui consiste à libérer les victimes d'un accident bloquées dans un véhicule ou sous un éboulis.
La multiplication des accidents automobiles a conduit les corps de sauveteurs : police, sapeurs-pompiers, etc., à mettre au point des techniques et des matériels de levage des fardeaux, de découpage rapide des tôles ou de recherche des victimes ensevelies sous des décombres, qui permettent de ramener rapidement à l'air libre les blessés ou les victimes ainsi emprisonnés en vue de leur donner aussitôt que possible les soins qu'exige leur état. Parmi ces matériels figurent en particulier des vérins puissants, des étais ajustables, des cisailles et des scies à métaux mues par des moteurs.
Une catastrophe ferroviaire récente a montré l'utilité de ces engins, tout en mettant en lumière les limites de leur emploi dans un espace restreint, à l'atmosphère confinée, où s'est en outre répandu un fluide dont les vapeurs inflammables peuvent donner avec l'air un mélange détonant : *Venu de la capitale, le détachement* [de sauveteurs] *dispose de ses matériels de* désincarcération, *mais ce n'est pas encore l'heure d'utiliser les vérins et les écarteurs hydrauliques* (1972, *le Figaro*). [P. P.]

désinformation n. f., **désinformer** v. tr. (le préfixe marque l'absence, la privation d'un état). André Fouquière voit un exemple frappant de *désinformation* dans l'ignorance où le public est tenu d'un problème d'exceptionnelle gravité : les dangers de la *folie nucléaire,* qui croît et embellit au mépris absolu du traité de Genève interdisant de façon formelle, depuis 1925, la fabrication des armes chimiques et bactériologiques. P. B. Marquet se demande, de son côté, si parents, enseignants, étudiants, élèves et futurs travailleurs de toutes professions sont réellement instruits de l'organisation et des fins de l'école en France. Il répond : *On ne nous informe pas. Pire, on nous désinforme!* (*l'Éducation,* 28-I-1971). Il s'agit donc de mots à valeur négative très forte, impliquant presque une action en sens contraire. C'est *désinformer* l'opinion que de ne pas l'éclairer suffisamment sur des questions d'importance vitale. (J. G.)

désintériorisation n. f. Abandon de la vie intérieure. C'est ainsi que dans leurs « vœux » les directeurs et professeurs de l'Enseignement catholique au terme d'un congrès (mars 1972) *réclament une attitude critique à l'égard de l'environnement publicitaire et idéologique, l'équilibre et le silence contre le bruit et la désintériorisation.* (J. R.)

désinvestissement n. m. *Syndrome de désinvestissement :* mobile et facteur de la délinquance juvénile. *Syndrome,* « ensemble des symptômes qui caractérisent une maladie » *(Larousse classique),* s'applique ici à la pathologie mentale. Par *désinvestissement* il faut entendre des conduites de défi ou de rejet, donc négatives ou perverties (destruction ou vol d'objets, mendicité, prostitution, homosexualité...), qui empêchent l'*investissement,* signe d'acceptation, d'adhésion, de confiance, « fixation d'intérêt affectif positif » (Piéron, *Dictionnaire de la psychologie*).

Quand Mlle Claude Lévy et le docteur Bruno Castets observent, chez les pensionnaires — cas sociaux, pour la plupart — d'un Centre d'observation parisien, *un véritable syndrome de désinvestissement,* ils signifient que des difficultés psychiques ont poussé ces jeunes délinquantes à des « gestes » d'évasion et de refus. Elles se sont, en quelque sorte, dépossédées de leur milieu familial et de leur environnement, comme elles auraient pu tout aussi bien y *investir* leurs intérêts affectifs si ce même milieu eût présenté des garanties attachantes. Leurs comportements paraissent amoraux plutôt qu'immoraux, puisqu'elles n'établissent aucune différence entre les délits légers et, par exemple, la prostitution. Le mot *syndrome* semble ne pas fermer la porte à une réadaptation éventuelle, cependant difficile, qu'il s'agisse de la reprise des activités scolaires ou professionnelles. (J. G.)

désocculter v. tr. Montrer ce qui était caché, démasquer (v. *occultation*). *Après avoir affirmé que la proposition* [sur l'avortement] *avait du moins l'avantage de désocculter une sorte d'hypocrisie sociale...* (1971, *les Cahiers de Laennec*). [J. R.]

désœdipianiser v. tr. Néologisme formé à partir du nom d'*Œdipe*. Dans le langage de certains psychiatres contemporains, désigne l'action qui tend à libérer le sujet du complexe d'Œdipe. Selon Freud, dans l'inconscient de chaque jeune mâle s'insère et se développe un sentiment qui le pousse à se substituer à son père, puis à le faire disparaître, afin d'atteindre à la pleine responsabilité et à l'épanouissement de sa personnalité d'adulte.

Tendance inavouée, plus forte peut-être chez certains psychopathes, et dont nombre de disciples de Freud ont fait sans nuances ni vergogne une application systématique à l'ensemble des sujets bien portants.

Une réaction ne pouvait manquer de se produire. Elle s'est manifestée dans un ouvrage récent nommé *l'Anti-Œdipe,* qui se fonde sur une technique nouvelle nommée la « schizo-analyse ».

Celle-ci *se propose de désœdipianiser l'inconscient et de procéder à son curetage* (1972, *le Figaro*). [P. P.]

désordinateur n. m. Néologisme. *Le Désordinateur, ou le Péril informatique,* titre d'un ouvrage récent de Georges Elgozy. Littéralement, le *désordinateur* est ce qui *désordine* (*ordiner,* traiter des données par l'informatique); en sorte que la machine électronique travaillerait en sens contraire de sa fonction. *Désordiner* fait aussi penser à *désordonné* et à *désordre.*

L'auteur reproche surtout à la machine les limites de son « néo-positivisme ». Tout n'est pas codifiable, notamment les « valeurs finales » — nos loisirs, notre liberté, notre avenir, notre bonheur. « Aucun ordinateur — ni avant ni après les événements de mai 1968 — n'aurait aidé un politique à comprendre à quel point les adolescents se révélaient allergiques à la rationalité absurde de notre société. » L'ordinateur « n'enseigne guère à l'homme les moyens de trancher avec plus de sécurité ses options. Quand bien même tout serait déterminable par le calcul, resterait l'essentiel : le choix entre les objectifs ». Georges Elgozy nous invite donc à une réflexion critique et finaliste. Il insuffle dans le système entrée-sortie une affirmation de l'humain. En de nombreux domaines, notre seul cerveau nous permet de passer de l' « indécision » à la « décision ». (J. G.)

dessaisonnaliser v. tr. Dépouiller l'étude d'un caractère à évolution périodique des variations accidentelles que peuvent introduire dans sa traduction graphique ou mathématique les conditions propres à une certaine époque du jour, de la semaine ou de la saison.

Certaines grandeurs représentatives des activités économiques ou sociales d'une collectivité présentent, lorsqu'on les examine sur une assez longue période de temps, une indiscutable régularité dans leur évolution. On peut citer en exemple la croissance de la consommation d'électricité dans un pays comme la France, qui semble doubler au bout d'une période de sept à dix ans. Mais si l'on analyse les courbes des consommations relevées heure par heure, il est évident que le fait qu'on soit en hiver (journées courtes et gros besoins en chauffage), plutôt qu'en été, que l'on considère un dimanche (où bien des ateliers chôment), au lieu d'un jour de semaine, occasionne des irrégularités qui risqueront de masquer l'évolution plus régulière du phénomène quand on l'étudie sur un laps de temps plus étendu. D'où l'emploi de méthodes de correction qui visent à lisser les courbes élémentaires, à les *dessaisonnaliser*. (P. P.)

desserte n. f. Petite table où l'on range les couverts, les plats et les restes enlevés de celle du repas. La fausse assimilation de *desservir,* assurer un service public de communication, à *desservir,* enlever de dessus la table, a donné *desserte,* façon dont une localité, dont un quartier urbain sont « desservis ». On lit, par exemple, dans les annonces immobilières que tel arrondissement de Paris offre une *desserte* (et un « environnement ») répondant aux exigences « de la clientèle la plus intraitable » : métro, autobus, S. N. C. F., grands axes routiers, boulevards périphériques. Le *Larousse classique* enregistre cette nouvelle acception : *L'autocar assure la desserte de la plage.* Or, *desservir* la table, c'est la dégarnir de ce qui ne sert plus. *Desservir la plage,* c'est, au contraire, en faciliter l'accès et en accroître la fréquentation. (J. G.)

deux-pièces (faux). La robe imite un pull et une jupe, à moins que ce ne soit une chasuble et un pull, ou même une veste et une jupe de tailleur, par l'artifice des points employés. Le *faux deux-pièces* peut également présenter deux matériaux différents, comme des côtes au corsage, du jersey à la jupe, ou corsage et manches à côtes et le reste en jacquard. Les dessins contrastés, les coloris s'opposant accentuent encore le trompe-l'œil. (J. R.)

développement n. m. *En voie de développement.* Se dit de préférence à *sous-développés* en parlant des pays du tiers monde qui n'ont pas fait encore leur « décollage » économique : *Il y a vingt ans, on parlait des pays sous-développés; par politesse on a changé la formule, il n'y a plus dans le tiers monde que des pays en voie de développement* (Jean Rodhain, journal *Messages* du Secours catholique, 1973). [J. R.]

diacre n. m. Le *diaconat,* en tant que fonction de *service* au sein de l'Église, a disparu vers le Xe siècle, et n'a plus représenté qu'un échelon pour s'élever au sacerdoce.

Vatican II a décidé la restauration du diaconat en tant que fonction : l'Église veut — et cela dans la fidélité à l'institution des apôtres — un diaconat adapté au monde d'aujourd'hui, dans la ligne de sa mission, qui est d'apporter aux pauvres les nourritures matérielles et spirituelles dont ils ont besoin. Ces pauvres de notre temps, ce ne sont plus les estropiés du seuil des églises, mais les victimes des guerres, les migrants sous-payés, les marginaux, ceux que Mgr Marty nomme le « quart monde ». Un *diacre* récemment ordonné s'exprime dans le journal *Messages* du Secours catholique. *Toute ma recherche, en effet, au fil des années, dans les diverses instances que j'ai mentionnées, en m'ouvrant, comme on dit, aux dimensions des ministères dans l'Église, me fit superposer de plus en plus des aspirations diaconales et mes fonctions caritatives...*

Le diacre distribuant le pain eucharistique et le pain partagé, a écrit M. Rodhain, *est le ministre de la charité dans l'Église...* (J. R.)

dialogue n. m. Jusqu'à présent, l'Église se donnait comme enseignante et non comme interlocutrice. Sa dialectique, sous forme scolastique, était destinée aux clercs et non aux païens ou aux hérétiques. Mais désormais — et c'est là une grande nouveauté — elle s'appliquera à confronter, sous le signe de l'œcuménisme, sa doctrine avec celle des chrétiens « séparés » (on préfère dire maintenant « éloignés ») et à s'entretenir même, pour un bénéfice mutuel, avec les religions non chrétiennes, comme l'islamisme, le bouddhisme. Pour entamer un dialogue, il suffit de ce point commun : une recherche sincère de la vérité. Comme on lit dans la *Documentation catholique : Le dialogue est propre à une situation où existent des différences, voire des oppositions entre des hommes qui ont cependant une certaine base commune et qui veulent tendre à une plus grande communion dans la pensée et dans l'action.* Le monde moderne si critique, soupçonneux, admet difficilement la soumission, même avec l'accord parfait de l'esprit, à un dogme, d'où ces réunions contradictoires, ces *symposiums* et *messes-débats,* où l'on discute, ces *dialogues*... Le P. Marty, « responsable » du secteur Sarcelles-Gonesse, l'a dit au cours d'une interview : *La religion de nos villes modernes ne passe que par le dialogue...* D'une enquête récente menée dans le clergé espagnol sur les qualités principales qu'on est en droit d'exiger d'un prêtre, après la foi, la charité et toutes les vertus théologales, était cité le *dialogue,* comme si cela était aussi une vertu. (J. R.)

diariste n. m. et adj. Qui tient un journal intime (de l'ital. *diario,* journal intime, dérivé du lat. *dies,* jour) : *Le récent et remarquable ouvrage de M. Alain Giraud éclaire à merveille la trouble condition du diariste* (Jacques Laurent, *les Bêtises*). [P. P.]

digitalisation n. f. (de l'angl. *digit,* dérivé du lat. *digitus,* doigt). Désigne l'opération par laquelle un ensemble de données est traduit sous forme d'une séquence de chiffres assimilables par une machine à commande numérique. Le *digitaliseur* est l'opérateur ou l'instrument qui introduit ces instructions chiffrées dans ladite machine.

Ce terme, fréquemment employé dans la terminologie technique des machines à commandes ou à opérations numériques, s'oppose dans le langage courant à « figure », de même qu'en français « chiffre » s'oppose à « nombre ». Les calculs binaires — où les chiffres et les nombres sont exprimés dans un système à base 2 *(binary digit)* — ont donné l'abréviation *bit : bi* (nary-digi) *t,* qui désigne maintenant l'unité d'information : *Le dessinateur réalise un dessin à partir duquel un digitaliseur sort une bande perforée destinée à commander une table traçante (méthode de la digitalisation)* [1972, *les Échos*]. (P. P.)

dînoir n. m. Néologisme formé à partir de *dîner.* Il existait déjà un *parloir,* pièce où l'on tient conversation, où l'on *parle,* un *boudoir,* pièce où l'on se retire pour méditer, pour *bouder* peut-être, sans parler du *dortoir,* qui hante le souvenir des anciens internes, ni du *saloir,* où l'on procédait aux salaisons annuelles.

Puisque le luxe consiste maintenant à réserver de nouveau

une pièce aux repas, et que le rythme d'existence veut qu'on y *dîne,* plutôt qu'on y déjeune, pourquoi ne pas l'appeler un *dînoir? Les appartements, articulés autour d'une salle-à-manger retrouvée, d'un dînoir* (1971, *le Figaro,* publicité). [P. P.]

disquaire n. m. Marchand de disques, mais aussi, et plus récemment, celui qui, dans les clubs de danse, alimente en disques le pick-up : *Selon le client, si la sonorisation est souvent « pourrie », le disquaire, lui, est toujours « bidon » [...]. Le disquaire ne connaît pas la paix le moindre instant. Six à sept heures durant il fourgonne parmi ses disques et varie la force du son* (Lucien Malson, *le Monde,* 1970). [J. R.]

distribanque n. m. Néologisme ; mot-centaure formé à partir de *distrib-(uteur)* et de *banque.* Désigne l'appareil automatique que certaines banques ont mis à la disposition du public ; cet appareil permet à un client de la banque, grâce à l'insertion d'une carte de crédit à empreintes magnétiques et à la composition d'un numéro qui lui est propre, de recevoir une certaine somme en billets de banque prélevée sur son compte courant, lorsque l'agence à laquelle il s'adresse est fermée (congés et jours de fête, heures de fermeture, etc.). [P. P.]

domaine n. m. *Domaine réservé,* domaine des affaires politiques réservé au chef de l'État. À propos du général Mobutu, président de la république du Congo : *Sa conception de l'autorité est « gaullienne », et il estime que toutes les affaires importantes appartiennent au « domaine réservé » parce que lui seul en est responsable* (Philippe Decraene, *le Monde,* 30-III-1971). [J. R.]

domestique adj. Qualifie primitivement ce qui concerne la maison, la vie de famille ; par extension, et sous l'influence de l'anglais *domestic,* s'emploie encore pour qualifier ce qui concerne l'usage privé, par opposition à l'usage public ou commercial : *Le prix du vidéophone est trop élevé pour les usages* *domestiques* (1969, *l'Expansion*). On trouve également *domestique* dans le sens de « national » (ou « intérieur ») en langage économique : *Le marché domestique* [des réfrigérateurs] *était en Italie trop restreint pour une production saine à l'échelle industrielle* (1969, *l'Expansion*). [P. P.]

dossier n. m. Très employé pour désigner un problème, une affaire complexe. Ces *dossiers* qu'on ouvre, qu'on referme, sur lesquels on se penche, qu'on tient à l'écart, qu'on reprend : *Le dossier du pétrole algérien.* Revenant de sa « résidence secondaire », le président de la République a dû reprendre deux *dossiers* épineux qui l'attendaient à l'Élysée : *Les deux dossiers du retour,* titre *le Figaro* (15-II-1971). [J. R.]

double clé. À propos des armes nucléaires, double décision requise pour leur emploi, celle des États-Unis et celle du pays ami où ces armes sont déposées : *Les États-Unis ont entreposé en Europe sous le système de la « double clé » (avec veto sur son emploi du pays hôte) un stock anormalement élevé de charges nucléaires dites « tactiques »* (1972, *le Monde*). [J. R.]

driver v. tr. De l'anglais *to drive,* « conduire, diriger ». Même sens. Assez répandu dans les milieux de jazz : *Férocement drivée au combat par le batteur et chanteur noir Buddy Miles* [...], *une minigrande formation noire et blanche qui s'exprime dans le style cher à James Brown* (1971, *l'Express*). [J. R.]

droitiste n. m. ou adj. D'extrême droite, de l' « ultra-droite ». *Le chef d'un commando droitiste a été inculpé de coups et blessures, de déprédations commises dans un centre universitaire et de détention d'armes* (les journaux du 2-V-1972). Ce mot est un meilleur antonyme de *gauchiste* que *droitier* (v. *les Mots dans le vent,* t. I), car on peut être *droitier* (c'est le cas de la plupart d'entre nous) sans être *droitiste...* comme on peut, sans être *gauchiste,* être *gaucher.* (J. G.)

duel, le adj. Qui se passe entre deux rivaux, deux combattants. Cet adjectif, tout à fait inusité dans la langue française, a été souvent employé, dans la presse, au moment des élections législatives de 1973 : *Une compétition duelle, très serrée, s'observe en Haute-Garonne.* Littré ne fait mention de *duel,* adj., que dans le sens linguistique (« troisième nombre qui, dans quelques langues, désigne deux objets »). Chateaubriand écrit : *Le huron a un duel comme le grec, et deux premières personnes plurielles et duelles.* (J. R.)

durabilité n. f. Néologisme formé à partir de *durée-durable,* à l'image de *aimer-aimable-amabilité;* désigne le caractère d'un être ou d'une chose *durable,* avec une notion sous-jacente (commune à de nombreux mots en *-abilité*) d'estimation ou de mesure : *Quel est le secret de la durabilité de Mao Tsö-tong, qui n'a d'égale que celle de Chou En-lai?* (1972, *Réalités*). [P. P.]

écosystème n. m. La grande inquiétude suscitée par la pollution, la détérioration des milieux naturels, a mis en vedette ce terme de spécialiste. La revue canadienne *Forces* (1972) lui donne cette définition, due à l'écologiste P. Dansereau : *Un écosystème, c'est un lieu où le cyclage des ressources, qui sont plus ou moins abondantes et accessibles, se fait à chaque niveau par des agents qui sont plus ou moins abondants, plus ou moins doués, plus ou moins capables d'assimiler ou de transformer des ressources.*

L'*écosystème* normal est autarcique, en ce sens qu'il vit sur lui-même, se maintient hors de toute intervention de l'homme. Mais qu'un seul de ses éléments soit détruit, dégradé, tout le reste en souffre, à la façon d'un être organisé dont les parties sont interdépendantes. (J. R.)

écoute n. f. Audience, par extension du sens cité par le *Grand Larousse encyclopédique :* « Action d'écouter une communication téléphonique ou une émission radiophonique : être, rester à l'*écoute.* » À propos d'un congrès féministe, *la Revue nouvelle* (1972) note qu'une oratrice parle de l'importante *écoute* féminine qui a fait le succès du livre de Germaine Greer : *l'Homme esclave.* (J. R.)

écriture n. f. *Écriture par l'image :* prise de vues (cinéma ou télévision) réalisée avec un matériel minimal, une équipe légère. Dans l'*écriture par l'image,* le génie du cinéaste tient lieu de figuration, de décors dispendieux : *Aujourd'hui, l'écriture par l'image a terriblement du plomb dans l'aile. En France du moins, et l'on en est revenu aux budgets terrifiants* (Jean Dutourd, *France-Soir,* 9-III-1971). *L'abandon de l'expérience dite « l'écriture par l'image », apparaît ici dans toute sa vérité...* (1973, *le Monde*). [J. R.]

Église n. f. *Église des pauvres.* Expression de Jean XXIII parlant à Radio-Vatican, un mois avant l'ouverture du concile : *L'Église se présente telle qu'elle est et veut être : l'Église des pauvres.* Formule souvent reprise pour marquer l'un des aspects de l'aggiornamento : le dépouillement des richesses extérieures, conformément à l'esprit du Christ, tel qu'il apparaît dans les Évangiles : « Malheur à vous, riches... » (J. R.)

— *Église-institution* n. f. Par opposition à l'*Église-communion,* c'est-à-dire l'Église des structures, de l'administration romaine, de la hiérarchie, face à l'Église invisible, du pur esprit : *Certains prêtres, se trouvant en situation irrégulière, prétendent quitter l'Église-institution, mais rester dans l'Église-communion. Ce sont là des sophismes bien connus qui ont déjà été invoqués pour justifier des ruptures...* (Mgr Elchinger, évêque de Strasbourg, 1971). [J. R.]

— *Église souterraine.* Église cachée, née en marge de la religion instituée. Elle est faite de petites unités sans lien entre elles. Elle ne conteste pas publiquement, elle n'organise pas de débats publics, mais entretient, au sein de sa communauté, le feu mystique. Aux États-Unis, où elle est particulièrement répandue, c'est l'*underground church,* qui prépare la ruine de la société de consommation, comme les chrétiens des catacombes minaient les soubassements de l'Empire :

En certains pays existent déjà des mouvements qui provoquent quelques préoccupations, comme les Églises souterraines (cardinal Daniélou).

Peu à peu, des groupes se créent sans lien avec la hiérarchie et la communauté, contestant radicalement l'institution. C'est le phénomène du « quatrième homme » aboutissant au développement d'une Église souterraine qui serait la préfiguration de l'Église de demain (Mgr Matagrin, évêque de Grenoble, 1970).

Ce prélat distingue en effet quatre hommes catholiques dans la période postconciliaire qui est la nôtre : le « premier homme » est celui qui refuse le concile, c'est l'intégriste ; le « deuxième » l'accepte et consent au délai ; le « troisième » se retire « sur la pointe des pieds » ; le « quatrième » est *underground...* (J. R.)

électroménagiste n. m. Commerçant spécialisé dans la vente des appareils ménagers : *Les galeries X mettront de petites surfaces de vente de meubles chez les électroménagistes* (1971, *Entreprise*). [P. P.]

élitisme n. m. (néologisme formé à partir d'*élite*). Tendance ou état d'esprit qui ne s'attache qu'à la formation des élites et néglige ou passe sous silence la formation — généralement politique — de la masse. Transposition des *happy few* chers à Stendhal, cette conception devrait choquer les tenants de l'égalité à tout prix. Elle correspond à l'idée d'un certain mandarinat, pour ne pas dire d'une initiation, et semble très répandue dans les publications et les exposés de certains groupes d'extrême gauche : *La Ligue communiste est une chapelle où sévit l'élitisme* (1971, *le Figaro*). [P. P.]

emboliser v. tr. Action de bloquer, d'oblitérer, à l'image de ce qui se produit dans l'*embolie,* « oblitération d'un segment vasculaire par l'arrêt, en un point de son trajet, d'un corps anormal en migration » (*Larousse* en 3 vol.) : *Je ne crois pas, a déclaré M. X, l'architecte du projet, que nous ayons le droit d'emboliser la terre en ses points les plus précieux par des ouvrages définitifs.* Modestement, l'homme de l'art compare ici son ouvrage à un caillot obstruant le courant naturel de la vie. (P. P.)

éminence n. f. *Éminence grise.* Au sens propre, l'*éminence grise,* c'est le P. Joseph, confident de Richelieu. Par extension, toute personne dont le pouvoir est attribué au « chef » en titre : *M. Kissinger, éminence grise du président Nixon.*

Le sociologue américain Moreno, initiateur de la sociométrie, nomme *configuration de l'éminence grise* une situation assez courante au sein des affaires, de la politique, des syndicats, etc. : le pouvoir réel est celui de l'*éminence grise,* qui s'exerce sur le groupe au nom du chef, dans la liberté que lui confèrent un quasi-incognito et son rang subalterne. L'*éminence grise,* en politique, c'est, de nos jours, le technocrate, dont la silhouette anonyme se profile à l'ombre du ministre, ce « politique », souvent incapable de saisir lui-même les problèmes techniques dont on attend de lui la solution : *L'existence d'experts, individus ou groupes sans allégeance nationale, est très importante. Ils peuvent promouvoir des idées auprès des gouvernants au niveau le plus élevé, attirer l'attention sur les problèmes essentiels, suggérer solutions et innovations. Ce sont les éminences grises de plusieurs gouvernements* (*Halte à la croissance,* Club de Rome, Fayard éd., 1972). [J. R.]

empathie n. f. (du gr. *pathos,* sentiment, affection, et *em,* du latin *in,* à l'intérieur de). Le journal *Elle,* à propos d'expériences sur les capacités d'*empathie* chez l'homme et chez la femme, telles que les ont menées deux chercheurs du C. N. R. S., MM. Paul H. Maucorps et René Bassoul, pose la question : *Qu'est-ce que l'empathie? Rien d'autre que l'aptitude à se mettre à la place d'autrui. Empathiser, c'est se mettre à la place de l'interlocuteur.* L'*empathie* est plus forte que la sympathie, sentiment tout affectif. L'*empathie* est le transfert de l'ensemble de la psyché « en l'autre ».

Dans *le Monde,* parlant de son ouvrage sur Gustave Flaubert, J.-P. Sartre souligne la difficulté qui est d'*arriver à cette méthode* (la méthode du matérialisme historique) *par empathie.* Les idées bourgeoises de Flaubert, invectivant contre le « sale ouvrier », parce que bien mortes aujourd'hui, se sont placées hors de la contradiction. Il convient cependant de les vivre par *empathie.* (J. R.)

enfeu n. m. (substantif ancien du verbe *enfouir*). Bâtiment pareil à un immeuble, comportant plusieurs étages et destiné à loger les morts. Au XVIIIe siècle, l'architecte Ledoux proposait de creuser des cimetières en profondeur, sur plusieurs niveaux, à la façon des anciennes catacombes. Déjà la place manquait, spécialement dans les grandes villes. Aujourd'hui, où la place manque toujours plus, on en vient à loger les morts dans des bâtiments qu'on nomme *enfeus,* dont le premier a été élevé à Marseille en 1971. *Le Figaro* nous rappelle, en notant le fait, l'ancien usage du mot, qui n'était plus employé que des archéologues : *Ce bâtiment s'appelle un enfeu, nom désignant les ensembles de caveaux groupés dans une chapelle ou une église* (1972). [J. R.]

enkysté adj. Enfermé dans un kyste, en parlant d'un calcul, d'une tumeur. Au figuré, enfermé à la manière d'un kyste : *L'industrie est trop souvent enkystée dans le tissu urbain* (monographie de la Communauté urbaine de Lyon). Elle s'enfonce dans ce tissu comme une substance étrangère formant une poche, un « sac », et sécrète sa production au lieu de s'intégrer aux structures environnantes pour constituer avec elles une zone périphérique industrielle. *Les usines Schneider sont enkystées dans la ville du Creusot.* (J. G.)

enrichi part. pass. et adj. Au figuré, « amélioré, complété » : uranium *enrichi;* ouvrage où le texte est *enrichi* par l'illustration, des références, des notes, des commentaires, des documents inédits. Appliqué à des produits commercialisés, cet adjectif a fait une entrée en force dans la langue publicitaire : un article *enrichi* par la présentation qui l'enrobe ; une couverture *enrichie* par le mariage des couleurs ; un immeuble moderne *enrichi* par l'environnement et la « desserte » ; *le potage au poulet* enrichi *de pistou,* c'est-à-dire de basilic broyé (Maurice Vidal, *le Monde,* 2-III-1972). Soit : mais ira-t-on bientôt jusqu'à parler de « poulet aux hormones *enrichies* » ou de « poulet *enrichi* aux hormones »? (J. G.)

entrisme n. m. Tactique utilisée par trotskistes et gauchistes, comme les membres de la Gauche prolétarienne. L'*entrisme* consiste à *entrer* dans les organisations ouvrières, quelle que soit leur appartenance politique ou syndicale et, ainsi situé à l'abri d'une répression dont les isolés sont les premières victimes, à modifier la ligne de cette organisation : *Selon la vieille tactique de l'entrisme, les militants d'extrême gauche arrivent, dans une première phase, assez facilement à leurs fins* (1972, *le Monde*). L'emblème des *entristes* est la taupe, symbole de la pénétration souterraine. (J. R.)

environnementaliste n. m. ou f. Anglicisme. Spécialiste de l'étude scientifique de l'environnement et de la lutte contre sa dégradation. Parlant, le 8 novembre 1971, à Rome — où siégeait la Conférence générale de l'O. N. U. pour l'alimentation et l'agriculture —, le professeur Norman Borlaug, prix Nobel de la paix, s'en est pris aux *environnementalistes myopes,* qui préconisent l'interdiction absolue d'employer le D. D. T. et d'autres insecticides : « Vous connaissez mal, a-t-il déclaré, les problèmes du tiers monde et de la faim. En voulant aller trop loin, vous risquez de tuer la *révolution verte.* » Déjà, il avait pris la défense du D. D. T., rappelant que, grâce à cet insecticide, « un milliard d'hommes ont pu être débarrassés du paludisme ». (J. G.)

environneur n. m. Dénomination professionnelle toute récente. Architecte, artiste, « styliste » d'avant-garde, spécialisé dans la création « personnalisée » d'atmosphères domestiques d'un modernisme audacieux : *Les environneurs (surtout américains) ont largement participé à la Foire internationale de l'Exposition d'Osaka en 1970. L'étonnement fut vif, sinon toujours l'admiration.* (J. G.)

épicurieux n. m. *Les épicurieux des loisirs* (Paul Vincent, *Dernière Heure lyonnaise,* 15-VI-1971) sont les touristes éclectiques chez qui l'amour du confort et de la bonne chère se concilie avec la libre curiosité de l'homme en vacances à la découverte de la nature, de l'art, de l'histoire, des façons de vivre. (J. G.)

épidémiologique adj. Qui concerne l'*épidémiologie* ou étude des *épidémies.* L'un des grands objectifs des *épidémiologistes* du C. I. R. C. (Centre international de recherches sur le cancer) est de dresser un *fichier épidémiologique* comparatif à partir des « registres du cancer » ouverts dans une cinquantaine de pays. Les caractéristiques et les localisations du cancer diffèrent en effet suivant l'alimentation, la consommation d'alcool, le climat, les pollutions et autres agents cancérigènes. Le fichier permettra de coordonner les observations faites dans les laboratoires nationaux ; partant, de définir une « stratégie » de lutte.

Mais, au fait : le cancer est-il *épidémique*? (J. G.)

ergothérapie n. f. *Thérapie (thérapeutique)* par le *travail* (gr. *ergon*), c'est-à-dire par un effort approprié et sans excès. En particulier, cure de mouvement qui, retardant les effets de la vieillesse, prolonge l'espérance de vie : *L'ennui, l'immobilité, c'est la mort!*

La meilleure *ergothérapie,* estiment les *ergothérapeutes,* est celle qui écarte les activités purement mécaniques au bénéfice de motivations auxquelles participent l'initiative, le goût et même un certain sens de la « découverte » : le bricolage « intelligent », les menus travaux de construction et d'entretien, la fabrication d'objets artisanaux, le jardinage, les cueillettes saisonnières, la recherche d'itinéraires variés à pied et à bicyclette — sans exclure la lecture, la philatélie, les mots croisés, etc. À un niveau supérieur, la longévité de nombreux intellectuels alertes jusque dans leur grand âge s'explique par l'*ergothérapie spontanée :* le refus de la décrépitude et du renoncement. (J. G.)

érosion n. f. Usure des reliefs. Par extension, détérioration lente et continue (v. *les Mots dans le vent,* t. I). L'expression récemment apparue : *érosion du plein emploi* est une façon euphémique de désigner le chômage (on trouve aussi « population active disponible » pour : les chômeurs). *Les géographes savent que l'érosion est irréversible, qu'elle accumule des déchets, et que, trop rapide, elle peut être à l'origine de graves catastrophes* (C. G., « l'Érosion du plein emploi et le désespoir du chômeur », *le Monde,* 9/10-I-1972). [J. G.]

érothèque n. f. Une des plus récentes parmi les nombreuses formations dont le second élément, tiré du grec *thêkê,* dérive de son acception primitive (« loge », « réceptacle », « rassemblement d'objets, de collections, de documents de même nature » — comme dans *bibliothèque, pinacothèque, cinémathèque...*) vers un sens commercial. Les *érothèques* parisiennes vendent de l'érotisme sous une enseigne plus intellectualisée que les *sex-shops* et les *sex-boutiques*. Ce sont, si l'on veut, des magasins d'*érotologie,* mot que Raymond Queneau a contribué à mettre à la mode. *Gageons que le temps des* érobus *est proche.* (J. G.)

espace n. m. Mot en pleine vogue. Au sujet d'un sculpteur, on parle d'*occultation de l'espace,* tandis que des promoteurs combinent une *déstructuration de l'espace* sur le rivage des Landes et que l'ancien théâtre des Ambassadeurs, avenue Gabriel a pris le nom d'*espace Cardin,* le couturier Cardin en étant le propriétaire et l'animateur : *Acheter ou plutôt louer à la Ville de Paris le théâtre des Ambassadeurs et ses dépendances, le baptiser « espace Cardin », s'offrir 3 000 mètres carrés et un jardin avenue Gabriel, oui, c'est un beau cadeau d'enfant gâté* (1971, *Elle*).

Dans son enquête « Mariage à la française » (1971, *France-Soir*), Marianne Lohse écrit à propos de l'appartement d'un jeune ménage très moderne : *De part et d'autre, l' « espace » de Martine et l' « espace » de Jacques. Jacques ne pénètre jamais dans l' « espace » de Martine sans toquer à la porte, et vice versa.* (J. R.)

— *Espace urbain intégré.* Expression nouvellement introduite dans le vocabulaire de l'équipement et de la construction. Depuis environ un quart de siècle, et notamment sous l'influence plus ancienne encore de Le Corbusier et de Pierre Jeanneret, l'architecture urbaine visait en Europe à la dichotomie *habitat-détente/travail* et au desserrement du tissu urbain.

Par *espace urbain intégré,* il faut entendre au contraire le resserrement et la densité accrue (certains disent le « bourrage ») de l'ensemble que forment le logement et les zones de loisirs d'une part, les lieux de travail d'autre part. La vapeur est renversée. C'est un « changement de cap pour l'habitat » (*le Monde,* 8-XII-1971).

Cette nouvelle politique des structures obligera les théoriciens comme les praticiens du « plan construction » à une refonte des modèles qui évitera difficilement les « silos d'habita-

tions » presque aux portes des « grandes barres » des usines.
(J. G.)

eurochèque n. m. Néologisme formé à partir du préfixe *euro-*,
comme dans *eurodollar*, et du nom *chèque;* désigne un moyen
de tirage sur un ensemble de banques européennes offrant à
l'égard de celles-ci les possibilités que procure un chèque tiré
sur une banque nationale.
L'évolution des conditions économiques et financières qui
résultent du traité de Rome ne se fait que lentement; de nombreux obstacles, dus aux différentes techniques comme aux
résurgences nationalistes, s'opposent à la libre circulation des
biens, des individus et des capitaux comme au libre établissement des personnes au sein de la Communauté. Les restrictions
financières telles que le contrôle des changes rendent difficile à
un citoyen européen de se déplacer dans le Marché commun
sans se munir à l'avance de lettres de change ou de chèques de
voyage. La conception de l'*eurochèque* le libère de telles sujé-
tions en mettant à sa disposition un réseau de banques des pays
de la C. E. E. où il peut indifféremment domicilier ou toucher un
eurochèque. Le système exige un certain nombre de garanties
croisées, afin d'éviter d'étendre à l'ensemble de la Communauté
les problèmes posés par l'abus de chèques sans provision :
*L'eurochèque deviendra le premier instrument de paiement
communautaire* (1972, *les Échos*). [P. P.]

eurodollar n. m. Désigne l'unité de compte des capitaux flot-
tants créés par les dollars détenus hors des États-Unis (et non
convertibles auprès de la Banque d'État de la Confédération).
Ces capitaux constituent une sorte d'exportation de l'inflation
américaine à l'extérieur des frontières des États-Unis. Ils sont
très mobiles; leurs possesseurs recherchent la rentabilité immédiate et leurs mouvements contribuent à provoquer ou à aggra-
ver les déséquilibres économiques et monétaires au sein des
pays qui ont le lourd privilège de leur donner asile, au moins
temporairement : *Les États-Unis déversent sur le monde, et
plus particulièrement en Europe occidentale, un flot constant*

de dollars qui alimentent ensuite l'immense marché des euro-dollars (1973, *Entreprise*). [P. P.]

européisme n. m. Doctrine fondée sur l'unité européenne, spécialement politique. À propos du référendum manqué sur le Marché commun, M. Maurice Duverger se demande dans *le Monde* du 23 octobre 1971 : *L'européisme est peut-être encore à certains égards une ligne de clivage politique, mais demeure-t-il un moyen de mobiliser l'opinion publique?* (J. R.)

européocentrisme n. m. Désigne, dans certaines publications traitant de sociologie, la tendance — particulièrement accentuée au cours du XIXᵉ siècle — selon laquelle le foyer de la civilisation, de la culture et de la technique est constitué par l'Europe ; dans cette optique, celle-ci en dissémine les bienfaits parmi les nations retardataires avec tout ce que ce rôle entraîne de « paternalisme » et de « colonialisme ».

Une meilleure connaissance des civilisations autochtones, avec leurs richesses spirituelles, morales, artistiques, a depuis quelques décennies ramené à de plus justes proportions « les bienfaits de la civilisation blanche » ; son application sans nuances a parfois irrémédiablement détruit des cadres de vie et de pensée mieux adaptés aux aspirations et aux possibilités des autochtones, au nom d'une « efficacité » dont bien des peuples nient la valeur et la nécessité. Mais l'*européocentrisme* reste cependant inscrit dans bien des individus, de façon souvent inconsciente, et compromet souvent les efforts de promotion faits avec générosité en faveur des pays en cours de développement. On peut d'ailleurs noter que se substitue progressivement à l'*européocentrisme* un « américanocentrisme » qui en accentue les inconvénients dans bien des domaines.

L'européocentrisme, avec ses certitudes commodes, entretenues par les stéréotypes raciaux, les pseudodéterminismes géographiques, la foi en une harmonie préétablie de la division internationale du travail, a vécu (1971, *le Monde*). *L'européocentrisme doit être attaqué au niveau de ses manifestations intellectuelles et culturelles, apparentes et cachées, virulentes et endémiques, mais ce sont surtout les racines économiques de l'européocentrisme mondial qu'il faut viser* (Ignacy Sachs, *la Découverte du tiers monde*, 1971). [P. P.]

eutrophisation n. f. (du gr. *eu*, bien, et *trophê*, nourriture ; *atrophie* et *hypertrophie*, états que produisent respectivement le manque et la surabondance alimentaires). Forme de pollution qui résulte de l'envahissement des eaux par les résidus miné-raux non biodégradables, dont l'excès provoque la croissance anarchique de la végétation, surtout des algues, au détriment des espèces animales. Celles-ci sont, en effet, menacées à la fois par la privation de l'oxygène indispensable à leur respiration et par les eaux contaminées dans lesquelles elles évoluent. Ce phénomène, que l'on observe à grande échelle aux États-Unis, affecte surtout les canaux et les lacs, dont les eaux sont lentes à se renouveler ; mais il commence avec les effluents, souvent *eutrophisés* eux-mêmes. Les Américains l'appellent « la mort des lacs », car non seulement les poissons périssent, mais les eaux sont viciées et leur surface se couvre de fleurs malsaines. *En France, le lac de Nantua est en train de devenir « eutrophe ». Les mers elles-mêmes n'échappent pas à l'eutrophisation*. La lutte contre ce fléau est donc un aspect capital de la sauvegarde de notre environnement. (J. G.)

exfiltration n. f. Néologisme créé par les journalistes améri-cains qui suivent les opérations militaires au Viêt-nam, et qui est le contraire du mot modèle : *infiltration*. Désigne l'opération par laquelle une troupe, une unité, un groupe de comman-dos, etc., se dilue en ordre dispersé à travers le dispositif ennemi après avoir (ou non) rempli sa mission, se « fond dans le paysage » afin d'échapper aux réactions de l'adversaire et, si possible, de se regrouper en vue d'une action ultérieure : *Il y avait à Saravane deux bataillons de forces royales; ils durent, sous la pression de deux bataillons adverses, procéder à leur exfiltration* (1971, *le Figaro*). [P. P.]

exploratoire adj. Néologisme dérivé d'un américanisme. Rem-place le plus souvent une expression telle que « aux fins d'information » : *La mission de M. Brosio à Moscou serait une mission exploratoire* (O. R. T. F., 3-VI-1971).

Ce néologisme a été formé de façon régulière, sur le modèle de *expiation* (substantif), *expier* (verbe), *expiatoire* (adjectif), par utilisation du suffixe *-toire,* qui est propre à...

Si une telle dérivation est fréquente, elle n'est cependant pas inéluctable. C'est ainsi qu'aucun adjectif en *-toire* n'accompagne les couples *civilisation, civiliser; abdication, abdiquer; acclamation, acclamer;* etc.

Il ne semble pas que les nécessités de l'expression exigent la création d'un terme nouveau. On peut donc espérer qu'*exploratoire* aura la vie brève et sera remplacé toutes les fois qu'il interviendra dans un texte américain par « officieux, à titre d'information », ou telle autre formule adaptée à la nuance à rendre. (P. P.)

eye liner n. m. (mot angl.). Bâton de fard pour les paupières : *L'eye liner n'est plus à la mode et c'est ce qui vous convient le mieux? Eh bien, continuez à l'utiliser...* (1971, *Elle*). [J. R.]

fad n. m. (mot angl., littéralement « caprice »). On peut déceler à l'intérieur de chaque mode vestimentaire de petits courants, des sortes de microphénomènes de mode, qui ne durent pas longtemps et que les Anglais nomment *fad*. Le *fad* inquiète toujours les fabricants : *Certains ont cru voir dans le short un fad. C'était plus que cela.* (J. R.)

faisabilité n. f. Néologisme, régulièrement formé à partir de l'adjectif *faisable,* sur le modèle du couple *aimable-amabilité,* et qui caractérise ce qui est faisable, ce qu'il est possible ou raisonnable d'entreprendre.

Dans le grand effort d'aide au tiers monde de la part des pays nantis, certains organismes financiers internationaux : Banque internationale de reconstruction et de développement, Banque européenne d'investissements, etc., se préoccupent de ne financer que des projets d'ensemble qui s'inscrivent de façon économiquement raisonnable dans les perspectives de développement du pays emprunteur. Afin de déterminer si un projet proposé répond à cette condition, l'organisme prêteur fait procéder à une étude préliminaire qui vise à déterminer à la fois l'adéquation technique du projet au but qu'il se propose, et son insertion dans l'économie nationale. Le rapport établi à cette fin est désigné en anglais par *feasibility report.*

Des traductions diverses ont été proposées : *facilité,* qui rappelle fâcheusement *factice; factabilité,* qui semble avoir eu un temps la faveur de certains services des Affaires étrangères, et même *fiabilité,* ce qui est un contresens.

Faisabilité est régulièrement formé et présente en outre l'avantage d'avoir une prononciation très voisine de celle du mot anglais, qu'il traduit exactement. (P. P.)

familiarisme n. m. Néologisme formé à l'image de *patriotisme,* à partir du mot « famille ». Désigne l'attachement, souvent excessif, au cadre familial, à ses habitudes, à son comportement, à ses règles et à ses tabous, au détriment de l'appartenance à un autre cadre de vie tel que la cité ou la patrie. Plus spécialement, dans le langage de certains psychiatres, désigne la tendance au repliement dans le sein de la famille — repliement souvent caractérisé par le complexe d'Œdipe —, accompagné du refus de s'ouvrir sur un monde plus vaste où des responsabilités d'adulte attendent l'individu. Les manifestations visibles du *familiarisme* vont « du fils à sa mère » jusqu'au *familiote* autrefois décrit par Jean Rostand.

On a pu étudier des systèmes complets d'analyse du comportement où tous les actes, conscients ou inconscients, du patient observé ou traité paraissaient découler de cette relation fermée avec la famille dont le complexe précité devenait l'alpha et l'oméga. Une tendance récente de la psychanalyse vise, par la voie de la schizo-analyse, à lutter contre ce repliement. *La psychanalyse, prisonnière d'un* familiarisme *impénitent,* [...] *est responsable d'un détournement des forces vives de l'inconscient.* (P. P.)

farfadet n. m. Ce joli mot d'origine provençale (« fée ») évoque la grâce agile et mutine d'une sorte de mini-mythologie célébrée, par exemple, dans les poèmes et les chansons du folklore irlandais. Mais il désigne aussi depuis quelque temps, aux Pays-Bas, un mouvement de jeunesse d'inspiration biblique et en principe non violent qui, dénonçant la civilisation de la machine et les pollutions de l'atmosphère industrielle, réclame le retour à la « pureté de la nature ». Ses éléments féminins militent pour l'égalité réelle des sexes et pour une représentation plus équitable des femmes dans les assemblées élues. Les *kabouters (farfadets)* ont emporté cinq sièges au renouvellement (juin 1970) du conseil municipal d'Amsterdam. (J. G.)

fascisme n. m. À l'origine, désigne le régime établi en Italie de 1922 à 1945. Par extension, toute doctrine visant à substituer un régime autoritaire au libre jeu de la démocratie. Pour les gauchistes, tout régime capitaliste et bourgeois est fasciste, mais de façon hypocrite, dissimulée et se trahissant par certaines opérations ponctuelles, comme dans les prisons, par la censure, l'emploi de gardiens armés dans les usines, etc. : *Le fascisme d'aujourd'hui ne signifie plus la prise du ministère de l'Intérieur par des groupes d'extrême droite, mais la prise de la France par le ministère de l'Intérieur. Il a contre lui la contestation, c'est-à-dire l'expérience vivante des masses, la collectivisation de la lutte violente, l'invention d'une démocratie non représentative* (André Glucksmann, *les Temps modernes,* 1972). *On se traite de fasciste parce qu'on fait ceci ou cela, parce qu'on a traité un autre d'imbécile; alors on dit : c'est du fascisme. Mais ce n'est pas vrai. Et la réalité, c'est que la droite américaine s'est toujours arrêtée devant le fascisme* (J.-F. Revel, *l'Express,* 1972). *Il y a des usines que les ouvriers appellent fascistes* (1972, *les Temps modernes*). [J. R.]

fast back n. m. En technique automobile, cette expression américaine du vocabulaire spécialisé désigne le profil d'un véhicule dont les formes résultent d'une étude aérodynamique et présentent une ligne continue sans décrochement entre le pavillon, la lunette arrière et le coffre. La partie d'extrême arrière de la carrosserie est tranchée par un plan vertical perpendiculaire à l'axe du véhicule, forme qui, selon les experts, contribue à augmenter la stabilité et à favoriser jusqu'à une certaine vitesse limite la propulsion de la voiture.

L'expression *fast back* figure dans les dictionnaires anglais contemporains comme terme de reliure, principalement usité en Grande-Bretagne.

Fast back désigne ce que l'on appelle en français le *dos fixe* (ou *lié*), dos d'un livre relié qui, lorsqu'on ouvre celui-ci, reste adhérent au dos des cahiers de l'ouvrage en suivant le mouvement d'ouverture. Le *fast back* (qui se dit en « américain » *tight backbone*) s'oppose ainsi au *dos creux* des relieurs français.

Dans cette acception, *back* correspond évidemment à « dos », et *fast* veut dire « lié à, collé à, solidaire de ».

Il n'a pas été possible d'établir si l'expression du vocabulaire automobile — issue du jargon des « aérodynamiciens » — prenait *fast* dans le sens de « rapide, favorisant la vitesse », ou si le terme de *fast back* avait été retenu du fait de la ressemblance entre la partie arrière tronquée de la voiture et le dos plat d'un livre relié. (P. P.)

fast-food n. m. Américanisme signifiant « nourriture (ou plat) qui peut être rapidement préparée ou consommée ».

Fast-food désigne aussi bien les deux « œufs sur le plat » ou le bifteck haché qu'on prépare en cinq minutes sur une plaque chauffante dans un restaurant à service rapide, que le plat cuisiné conservé en surcongélation, que l'on réchauffe à l'infrarouge dans le même temps. Le but à atteindre est de mettre à la disposition d'un client pressé — qui parfois ne quitte même pas sa voiture — une nourriture de bonne qualité dont les délais de préparation sont réduits au strict minimum. *Stricto sensu,* le *fast-food* le plus caractéristique est le sandwich-jambon dans son enveloppe de matière plastique : *L'Europe se trouve, vis-à-vis de la restauration « fast-food » — ou « prêt-à-manger » —, dans la même situation qu'elle l'était en 1958 vis-à-vis des grandes surfaces* (1971, *les Échos*).

Bien que cette phrase ne soit pas un modèle d'élégance et de correction grammaticale, elle suggère une transposition en français pour *fast-food* sous la forme de *prêt-à-manger,* analogue dans sa construction à *prêt-à-porter,* étant entendu que, dans les deux cas, l'infinitif de la forme passive conviendrait mieux que l'infinitif du verbe actif... (P. P.)

fatum n. m. En latin, destinée tragique symbolisée par les Parques *(Fata)* et qu'une sorte de « décret des puissances suprêmes » appesantirait sur l'ordre des choses et la condition des humains. Le *c'était écrit* des mahométans répond au *Fata viam invenient :* « Les Parques trouvent toujours leur chemin. »

Dans la conjoncture économique actuelle, on a pu parler d'un *fatum industriel* dû à l'écrasement des faibles dans les conflits de la concurrence, et notamment à l'absorption d'entreprises françaises par les sociétés dites « multinationales » et les capitaux étrangers. Ces derniers, seuls, « donnent à notre pays la clef des marchés mondiaux », mais « en faisant payer cette clef de la perte d'une dose d'indépendance ». Le mouvement est-il irréversible? Deviendrons-nous une nation de sous-traitants? Si l'on veut réagir, « c'est par la notion même d'indépendance nationale qu'il faut commencer » (Pierre Drouin, *le Monde,* 17-VII-1970). [J. G.]

féeriser v. tr. Néologisme formé à partir de *féerie.* Désigne l'action de transformer en *féerie,* de poétiser d'une façon quasi irréelle un spectacle, un tableau, un paysage, etc.

Dans le monde du spectacle, le réalisme cher à l'école d'André Antoine a subi, depuis plus de soixante ans, de nombreux assauts. Décors expressionnistes dans la ligne de l'école allemande, stylisation poussée à l'extrême dans le droit-fil du Bauhaus, rocailles et baroque de Christian Bérard, etc. Mais le décrochage d'avec le réel peut aussi tendre à mettre le spectateur dans un monde idéalisé, celui de l'enfance, des contes de fées... si tant est qu'ils aient encore quelque attrait pour les enfants d'aujourd'hui. Le merveilleux est au coin de la rue, et n'étonne plus les graves personnages de la « maternelle supérieure » !

De même que *poétiser* désigne l'action de « charger de poésie, présenter sous un jour poétique », *féeriser* — plus heurté à la prononciation — c'est « entourer d'une atmosphère de conte de fées » : *Ce rêve* [mise en scène d'*Eurydice*], *Jean-Michel Damase l'a délicatement féerisé* (1972, *le Figaro*). [P. P.]

femellitude n. f. Néologisme formé à partir de *femelle,* à l'image du terme *négritude.* Désigne, sous la plume de Xavière Gauthier, qui lui a donné naissance, l'ensemble des élans, des habitudes, des réactions affectives, des inhibitions et des interdits qui caractérisent « les femmes », prises en tant qu'ensemble social pensant et isolé du reste de la société.

Pour reprendre un autre néologisme, né d'un écrivain américain, on pourrait dire que le *sexisme* pratiqué par la société mâle, ou tout au moins dominée par les mâles, n'a de sens et de raison d'être qu'autant que la *femellitude* met en cause la domination du mâle dans les relations sociales, intellectuelles, affectives, etc. (P. P.)

femme-objet n. f. C'est la femme considérée comme propriété de l'homme : objet d'usage domestique, objet de luxe, selon les cas, objet relégué, objet érotique. Le Mouvement de libération féminine, au cours d'un meeting à la salle de la Mutualité (1972) a dénoncé *l'esclavagisme féminin symbolisé par l'utilisation publicitaire de la femme-objet.* (J. R.)

festif, ive adj. Relatif à la *fête,* dans le sens que lui donne la psychologie collective. Une certaine théologie voit dans le culte liturgique une *fête,* lequel gagnerait à être célébré comme tel. Certains concerts de jazz à Saint-Germain-des-Prés, certains happenings d'église — d'ailleurs courants dans les sectes chrétiennes des Noirs d'Amérique — ont tenté de ranimer ce caractère *festif* du culte : *Il y aurait un effort particulier à faire pour que les célébrations aient un caractère festif et pour que les assemblées témoignent de la joie qu'apporte la Bonne Nouvelle* (Mgr Coffy, évêque de Gap, *le Monde,* 17-XI-1971).

La crise de la foi, aujourd'hui, est certes fonction d'une crise du langage, mais, plus profondément peut-être, d'une frustration de cette expérience originale de Dieu, telle qu'elle était vécue en de multiples célébrations festives... (le P. Maillard, *la Vie spirituelle,* 1970). [J. R.]

fête n. f. Une expression nouvelle par sa connotation : la *fête,* c'est-à-dire l'état d'un groupe qui, dégagé pour un moment des contraintes sociales, se défoule : *La révolution, dit Jacques, ça veut pouvoir dire « faire sa fête à »* [en argot, « régler son compte »] ; *ce qui est merveilleux, c'est que c'est aussi la fête tout court!* (Marianne Lohse, « Mariage à la française », *France-Soir,* 16-IX-1971). De même, dans les *Informations catholiques internationales* (août 1970) : *Sous le signe de la fête, on prépare à Taizé le Concile des jeunes*; et, dans le même article : *La fête! Tel a été le thème de chacune des neuf rencontres de jeunes qui se sont succédé à Taizé, de semaine en semaine.*

À propos d'une visite du président de la République à Aurillac, dans le Cantal, où s'était rendu en même temps Mgr Marty, archevêque de Paris, et « enfant du pays », *Politique aujourd'hui* (1973), note que, par tradition gaullienne, *la messe est un des éléments du cérémonial de la « fête », où toutes les contradictions se confondent...* (J. R.)

fidélisation n. f. Désigne la tendance qui pousse un client à rester *fidèle* à un produit qu'il a déjà acheté ou utilisé.

Les études de marché ont une importance considérable pour le lancement d'un nouveau produit : constitution et implantation de la clientèle, motivations de l'acheteur, âpreté de la concurrence, dynamisme propre des vendeurs, effets en profondeur de la campagne publicitaire, etc.

Mais la nécessité d'une fabrication industrielle au coût le plus bas possible implique que les clients, une fois recrutés, resteront dans leur ensemble *fidèles* au produit lancé. Cela suppose évidemment que la qualité, et le rapport qualité/prix, en restent constants, mais exige également que des mesures appropriées soient prises pour retenir les clients contre une concurrence qui viendra les solliciter par les méthodes mêmes qui ont permis de les conquérir. De nombreux procédés sont mis en œuvre à cette fin : concours avec vignettes permettant, en réalisant une combinaison prédéterminée de celles-ci, de gagner des lots parfois fort importants, *cartes de fidélité* donnant un avantage lors de l'achat d'un ennième exemplaire du produit, menus objets donnés en prime, sans oublier tous les éléments qui agissent sur l'entourage de l'acheteur — en particulier sur ses enfants — pour l'amener à conserver sa clientèle au produit en cause.

L'ensemble de ces moyens vise à créer, puis à maintenir la *fidélisation* des acheteurs :

Cette manière [primes diverses] *de renforcer la fidélisation de la clientèle fait tout de même appel à des procédés très primaires* (1972, *l'Expansion*). [P. P.]

flipper n. m. (anglicisme, de *to flip*, « frapper », « renvoyer »). Dispositif des billards électriques, commandé par des boutons dont le maniement envoie la balle à l'autre extrémité de l'appareil. Par extension, la partie désignant le tout, *jouer au flipper*, au billard électrique. *Tables de ping-pong, baby-foot et « flippers », gamins turbulents et rieurs, on se croirait dans une salle de patronage* (Marie-José Vioberg, *Lectures pour tous*, mars 1972). [J. G.]

flottement n. m. Une crise monétaire internationale et prolongée a mis en vedette une technique financière nouvelle, particulière aux nations de l'Europe unie : la chute du dollar a convaincu les monnaies européennes de *flotter*. Le terme de *flottement* exprime bien l'état de monnaies soulevées ou abaissées au gré de l'offre et de la demande, comme un navire à quai subit les va-et-vient de la marée.

On trouve parfois, pour désigner la même notion, les mots de *flottation,* de *flottaison,* de *fluctuation*. Mais aucun de ces trois prétendus synonymes n'est satisfaisant.

Flottation est un anglicisme, graphie française de *floatation,* qui signifie « action de flotter », « lancement » d'une affaire, d'un emprunt, etc. : *Lundi, en cas d'échec de la présente réunion, notre monnaie flottera sur le marché des changes, seule ou en liaison avec celle de ses voisins et amis; mais cette flottation ne sera pas abandonnée aux « forces du marché »* (Jean Denizet, *le Figaro,* 11-III-1972).

Flottaison a l'inconvénient de posséder le sens traditionnel de « plan qui divise la partie du vaisseau qui est dans l'eau de celle qui est hors de l'eau » (Littré).

Fluctuation : prenons garde que, dans son sens « financier », ce terme désigne des variations alternatives, ce qui peut n'être pas le cas d'une monnaie flottante, qui peut reposer sur une eau parfaitement calme pendant une longue période.

Dans l'une de ses « mises en garde », l'Académie s'est prononcée pour *flottement* qui, seul, selon elle, peut désigner « le cours des monnaies sans parité fixe ». *Flottement* est le terme employé par le ministère des Finances. (J. R.)

fluidité n. f. Ce mot revient très souvent dans le langage de la mode, comme une prise de position chez certains couturiers opposés au caractère masculinisé de la confection féminine (épaules carrées, bottes, silhouette massive...) : *Je veux rester dans le bon genre.* [...] *La mode d'aujourd'hui n'est plus aux joueuses de rugby. Elle fait place à la féminité, à la fluidité dans les tissus...* (Harry Halgo, *Journal du textile,* 1971). [J. R.]

— Se dit de la circulation sur les routes, mais aussi des mouvements démographiques, de la main-d'œuvre, etc. Pendant l'été, les étudiants qu'on embauche pour remplacer du personnel en vacances ou en nombre insuffisant offrent une main-d'œuvre que sa *fluidité* rend commode : *Tout autant que sa vulnérabilité, c'est sa fluidité qui fait le « charme » de cette main-d'œuvre pendulaire* (1972, *le Monde*). [J. R.]

focaliser v. tr. En physique, faire converger en un point un faisceau lumineux ou un flux d'électrons ; par extension, et par calque sémantique de l'anglais *to focuse,* concentrer en un point des aspirations, des préoccupations diverses. Dans cette acception, peut se remplacer par « fixer », « concentrer » : *La pollution d'origine automobile — sur laquelle l'opinion s'est* focalisée *— est devenue l'un des soucis majeurs de tous ceux qui vivent dans les villes* (1971, *Entreprise*). [P. P.]

folk song (expression américaine, de *folk,* peuple, et *song,* chant : « chant populaire »). Le jazz a donné au *folk song,* qui existait bien avant lui, une nouvelle vie, grâce à Joe Hill, Woody Guthrie, Bob Dylan. Il est l'une des trois branches du *pop,* avec le *blues* et le style *country : Le folk song a le vent en poupe. Chanson de geste des États-Unis depuis les premiers pas vers l'Ouest mythologique, la construction des routes et des ponts, la croissance des villes et les désillusions...* (Claude Fleouter, *le Monde,* 16-IX-1971). [J. R.]

fondamentalisme n. m. Mouvement religieux, d'origine protestante, qui s'est développé aux États-Unis pendant la Première Guerre mondiale (*G. L. E.,* t. V, p. 97).

— Néologisme utilisé par Édouard Labin (cf. *Entreprise* 4/10-XII-1970) désignant la doctrine d'enseignement qui vise, en retraçant la genèse et la destination des concepts, à enraciner dans les esprits les bases fondamentales des sciences et de leurs modes de raisonnement sous une forme claire et fertile, l'acquisition de la connaissance des résultats des sciences et la pratique de leurs applications étant réservées à la vie professionnelle.

Cette doctrine voit dans l'enseignement des « mathématiques modernes » un élément du *fondamentalisme*. (P. P.)

fondamentaliste adj. D'une manière propre au fondamentalisme. (P. P.)

freak n. m. En anglais : 1° fantaisie, lubie, farce, fredaine ; 2° un grotesque, un « drôle de numéro », un « type à part » *(Harrap's Standard Dictionary)*. La seconde acception, qui ne dément pas la première, achemine vers la définition que des animateurs de la *free-press* (petits journaux illustrés non engagés) ont donnée à Jean-Michel Palmier : *Un « freak », c'est le type esseulé dans son coin, qui crève d'ennui et de tristesse, qui se drogue et a envie de faire autre chose* (*le Monde*, 25-II-1972). Donc, une sorte de « type à part », qui rêve peut-être de s'arracher de sa solitude et de sa torpeur, de se défouler, de se libérer en se jetant dans la « farce », la « fredaine », la fantaisie et surtout dans la chanson, ce « lien entre tous les jeunes ». (J. G.)

fuite n. f. *Fuite en avant*. Cette association apparemment contradictoire de termes évoque l'image du soldat désemparé fonçant en aveugle vers les lignes ennemies, ou celle du chauffard, du dépositaire de fonds publics indélicat, cherchant dans de nouveaux risques l'oubli de la peur qui les étreint. C'est une forme du réflexe *obsidional* (du lat. *obsidio,* siège). Elle porte à la solution du désespoir : on se sent traqué, cerné, et, sans regarder, on « fonce ». Advienne que pourra!

Cet état pathologique contribue à expliquer, notamment chez les sous-développés mentaux et les sujets impuissants à dominer leur vivacité réactionnelle, des conduites de guerre telles que les bombardements « sauvages », les tortures, les viols, les massacres de civils. L'individu s'enfonce dans un univers bestial; son angoisse « devenue intolérable » se défoule « avec un horrible soulagement » (Gaston Bouthoul). Il échappe ainsi, momentanément, à son « enfer ».

On pourrait, dans une certaine mesure et à un niveau plus lucide, appliquer cette expression à l'homme d'État sur qui repose le dénouement d'une situation conflictuelle complexe dont il discerne mal l'issue. Il s'est jeté, ou on l'a jeté, dans un « guêpier ». De crainte de paraître donner raison, en se déjugeant, à ses adversaires qui l'épient et le harcèlent, il durcit ses positions et mise de plus en plus sur l'accélérateur à mesure que les difficultés s'accumulent, dans l'espoir de finalement en sortir à son avantage. (J. G.)

futuribles n. m. pl. Mot-centaure formé à partir de *futur* et de [poss]*ibles*. Désigne, selon ses créateurs, une entreprise intellectuelle visant à orienter les recherches en sciences sociales vers l'exploration des *futurs possibles,* tels qu'ils peuvent assez vraisemblablement sortir des situations présentement connues.

L'équipe d'étude constituée à cette fin, persuadée que l'avenir est grandement dépendant des actions humaines sur les structures et le fonctionnement des institutions politiques et économiques, fixe à ses travaux l'objectif suivant : éclairer les personnalités et les organismes responsables sur les conséquences *futures* des choix qui seront faits aujourd'hui, afin d'infléchir l'avenir — autant que faire se peut — vers un développement heureux, les événements malheureux étant rendus moins probables.

Il ne faut pas se dissimuler qu'à la base des choix se trouve une certaine conception du « bonheur » sur laquelle — tels les grammairiens — les politiques et les philosophes n'ont point fini de débattre..., mais il semble que devant certains dangers tels que l'arme nucléaire, la pollution de l'air et de l'eau, un large consensus puisse se développer indépendamment de toute doctrine. Le terme semble avoir été créé par Bertrand de Jouvenel ; cependant les membres de l'équipe des *Futuribles* déclarent que le mot se trouvait déjà dans les écrits du jésuite Louis Molina. La revue *Analyses et prévisions* est l'un des moyens de dissémination des travaux des *Futuribles : Cent experts en sciences politiques, réunis à Paris sur l'invitation de Futuribles, ont discuté pendant trois jours l'ajustement des institutions politiques aux tâches maintenant assumées par l'État* (1965, *le Monde*). [P. P.]

gadget n. m. (mot angl.). Petit objet sans importance, « truc », « machin ». En mode vestimentaire, le *gadget* c'est la curiosité marginale, le *badge,* par exemple, au slogan mao que l'on se colle sur l'épaule ou la cuisse, et qui suffit à vous intégrer au monde des gens « dans le vent ». À propos de diverses « interprétations » du short, surgi au printemps 1971 : *C'est là une expérience, une recherche valable pour les très jeunes, les très minces, expérience qui aura peut-être une certaine influence sur les modes futures, mais qui, pour cette saison, ne dépasse pas, comme nous l'avons dit, la notion du gadget* (1971, *Journal du textile*). [J. R.]

garoir n. m. Néologisme, formé à partir du verbe *garer,* qui a pris naissance au Zaïre (anc. Congo belge). Terme utilisé pour désigner un emplacement clôturé — et en principe surveillé — où l'on peut *garer* sa voiture. Il constitue l'équivalent du *parking-lot* anglais, vicieusement abrégé chez nous en *parking* et que les plaques officielles de la Ville de Paris nomment : parc gardé.

On pourra rapprocner *garoir* de *boudoir, fumoir, dortoir, parloir,* etc., et retenir à cette occasion que la « défense et l'illustration de la langue française » sont l'affaire de toute la francophonie, et non des seuls membres de l'« hexagone ». [P. P.]

gastronomade n m. Touriste attiré surtout par les bonnes tables : *Tous les « gastronomades » savent aujourd'hui que la* couronne *(qu'elle surmonte un coq rouge, noir ou blanc, ou une simple marmite) est le symbole de la qualité gastronomique* (à propos du guide gastronomique *Kléber-Colombes, le Monde,* 14-III-1972). [J. R.]

gaullite n. f. Terme employé uniquement dans les milieux gauchistes. Le *gaullisme* en tant que maladie, « chancre », « pourriture », qui « fout la vérole à tout le pays » (Delfeil de Ton, *Charlie-Hebdo,* 28-VI-1971). Laissant à l'auteur la responsabilité de son langage, nous ajouterons ce néologisme au vocabulaire *gaulliste* (ou *gaullien*) auquel il faudra bien, un jour, consacrer un petit dictionnaire international et « tous azimuts ». (J. G.)

générer v. tr. Figure déjà au supplément du Littré, où il est donné comme un doublet d'*engendrer,* et considéré comme équivalent.

Il a été repris, après un passage dans la langue anglaise, par les spécialistes du langage et signifie alors : « décrire explicitement les règles qui conduisent à l'ensemble des phrases d'une langue ».

Il est apparu récemment dans le langage technique de l'informatique, dans le sens de « concevoir », « articuler », « créer ».

Les ordinateurs sont chargés de programmes selon... un système qui est généré *pour chacun en raison à la fois de sa configuration et des fonctions qu'on désire lui faire remplir.* (P. P.)

gérontin n. m. et adj. Néologisme plaisant, formé à partir de la racine *géront-* (tirée du grec *gerôn,* vieillard). Désigne ou qualifie un « jeune vieillard » (période de soixante à soixante-quinze ans) par opposition aux « grands vieillards », au-dessus de soixante-quinze ans.

Le mot, plaisamment créé, n'a pas très bonne presse. Bien que le terme de *Géronte* ait, à l'origine, été dénué de tout sens péjoratif, les dernières comédies de Molière, allant outre l'étymologie de termes tels que *gerousia,* firent du *Géronte* un barbon sourcilleux, crachotant et grotesque. De plus, le suffixe -*tin* a déjà servi pour *roquentin, calotin, plaisantin,* et même *pascatin,* et a un petit relent moqueur qui détruit ce que l'expression de « jeune vieillard » a de temporairement réconfortant.

Gérontin est apparu dans certains travaux médicaux portant sur la *gérontologie.* (P. P.)

gestique n. f. Langage par le geste, comme celui que peut adopter un chef d'orchestre pour conduire ses musiciens, lors de l'exécution d'une œuvre.

Semble constituer un doublet — peu nécessaire — du néologisme *gestuelle* (n. f.), défini comme un « ensemble de gestes expressifs considérés comme des signes » : *Ce grand chef* [Eugène Ormandy] *a si bien dépouillé sa* gestique [...] *qu'il donne le sentiment d'une parfaite et bien agréable simplicité* (1972, *le Figaro*). [P. P.]

gnome n. m. *Gnomes de Zurich.* Expression peu élogieuse employée depuis quelques années dans la grande presse pour désigner les directeurs des principales grandes banques suisses, en particulier lorsqu'ils se concertent à Zurich pour prendre des décisions aux conséquences importantes dans le domaine financier international.

Le nom de *gnome* est la francisation d'un terme latin moderne attesté en 1583 : *gnomis,* et qui fut créé par Paracelse. On se pose la question de savoir s'il vient du grec *gnômê,* qui signifie « intelligence », ou s'il a été formé en *génomos,* qui habite sous la terre, à l'image de *thalassonomos,* qui habite dans la mer.

Le *gnome* est un être petit, rapide, secret, avare, qui cache son or sous la terre et veille jalousement sur lui. L'analogie était tentante, et fut employée lors des décisions prises sur le secret bancaire, le loyer de l'argent, le soutien de certaines monnaies, etc. (P. P.)

gnomistique n. f. On appelle aussi *gnomes* les « farfadets » (en néerlandais *kabouters*), ces « petits génies » de la contestation non violente aux Pays-Bas, où leur image de marque est celle d'un fouriérisme attardé. D'après les journaux, la *gnomistique* se dit du phénomène que constituent les îlots de contre-société, à la fois rebelles et philanthropiques, où les *gnomes* installent leurs néo-phalanstères, avec pour formes d'action l'« université itinérante », l'occupation d'appartements vides, l'ouverture de magasins d'articles de régime vendus sans profit, le versement du produit du travail aux vieillards déshérités. Le chef « politique » du mouvement, Roel van Duyn, a pour mascotte un nain en matière plastique, à bonnet rouge et à cape verte : « Dans la mythologie nordique, affirme-t-il, le *gnome* est à la fois actif, serviable et proche des animaux. » C'est pourquoi il vit lui-même dans un capharnaüm. (J. G.)

grève-bouchon n. f. Grève localisée, mais qui suffit à interrompre le fonctionnement d'une usine, d'un établissement de commerce, d'un service public, etc. : *Dans certains milieux, on a fait l'éloge de la grève-bouchon,* déclare M. Krasucki, secrétaire confédéral de la C. G. T., qui n'aime pas ce genre de grève, *par laquelle une minorité impose sa stratégie à l'ensemble des travailleurs non consultés.* En 1971, la grève des conducteurs du métro, qui a entraîné la quasi-paralysie de tout le réseau, a été une *grève-bouchon,* d'ailleurs inefficace. Synonyme : GRÈVE-THROMBOSE. (J. R.)

groovy adj. et n. (mot angl. tiré de *groove,* qui signifie « rainure, cannelure »). Celui qui suit le mouvement, comme entraîné par les rails de la mode : *Si vous voulez être groovy (c'est le nouvel adjectif qui a détrôné « in » ou « dans le vent »), il faut voir les spectacles off-Broadway, comme* Oh! Calcutta! (1969, *le Figaro*). [J. R.]

groupe de pression, calque de l'anglais *pressure-group* (syn. : LOBBY). Ensemble de personnes appartenant au même corps professionnel, ou défendant des opinions et des positions communes, qui interviennent dans les activités d'autres groupes —

en principe plus puissants ou plus officiels — pour les infléchir dans le sens de leurs propres intérêts matériels ou moraux.

Les États-Unis sont la terre d'élection de ces groupes, parmi lesquels les « ligues » et « communautés » féminines et même de vieilles dames manifestent une énergie particulière. D'après les romans américains sur les milieux du cinéma, le monde des studios est soumis au « bombardement » des interventions — au grand jour ou occultes — qui exercent une censure de fait contre tout manquement au « code » moral et social de la production et contre la moindre atteinte à la « respectabilité ». Ainsi, dans *Freedom of the movies* (« la Liberté du cinéma », Chicago, 1947), Ruth Inglis cite l'exemple d'un acteur parlant dans une réplique d'une « fumée aussi épaisse que les mouches dans un restaurant grec ». Une délégation de restaurateurs grecs vient incontinent, en grande tenue, exiger du producteur la coupure ou la modification de ces quelques mots, sous la menace d'une campagne de presse. D'après les sociologues, les *groupes de pression* les plus vigilants et les moins visibles sont l'émanation du « pouvoir » que détiennent les grands milieux d'affaires. Au cours du débat sur « l'urbanisme et la technocratie » organisé le 4 mars 1972 par l'U.D.R., le député Paul Granet regretta de voir l'urbanisme livré à de tels *groupes,* « que constituent notamment les promoteurs privés bénéficiant de dérogations ». D'où « une dictature de l'argent des promoteurs ». (J. G.)

grumier adj. Formé à partir du substantif *grume :* qualifie les moyens et les véhicules qui sont utilisés dans la manutention, le transport et le débit des bois en grume.

L'un des problèmes qui se posent à l'industrie des bois est, sur un plan très général, la manutention des troncs d'arbres abattus, ébranchés mais non écorcés, depuis leur lieu d'abattage jusqu'aux ateliers, aux usines ou aux scieries qui en assureront le traitement. Les dimensions des bois en grume, leur poids, leur relative fragilité en font des fardeaux dont le maniement requiert de multiples précautions, des moyens de levage puissants et des véhicules spécialement adaptés, depuis la classique triqueballe et le radeau flottant jusqu'aux wagons spéciaux de chemin de fer : ... *Porteurs spéciaux tels que wagons grumiers et wagons-poches pour le transport des produits en fusion, toutes ces réalisations témoignent de l'apport sans cesse croissant de la Société X au développement des transports ferroviaires* (1972, *Entreprise*). [P. P.]

guérilla urbaine. Méthode des révolutionnaires d'Amérique latine, ou son imitation. Elle consiste en coups de main commis dans les rues, enlèvements, prises d'otages, pillages de magasins, attaques à la bombe, etc. : *L'exemple des Tupamaros d'Uruguay, qui pratiquent la « guérilla urbaine », est ce qui se rapproche le plus de ce qu'ils* [les membres de la gauche prolétarienne] *voudraient être* (J.-F. Chauvel, *le Figaro*, 9-III-1972). [J. R.]

hagiotoponyme n. m. Formé des éléments grecs *hagios,* saint, *topos,* lieu, et *onoma-onuma,* nom. Lieu qui porte un nom de sainte ou de saint ; mot « dans le vent » au Québec, où l' « on demeure stupéfait devant le nombre considérable de localités, cours d'eau, lacs et autres détails géographiques de faible superficie » revêtus d'appellations religieuses (Jean Poirier, *Forces,* Montréal, n° 17, 1971).

Ainsi, pour nous en tenir aux noms de villages : *Sainte-Anne-du-Bocage, Sainte-Eugénie-du-Lac-Chaud, Sainte-Marthe-du-Cap-de-la-Madeleine, Sainte-Monique-des-Deux-Montagnes, Sainte-Rose-du-Lac, Saint-Abroussepoil, Saint-Alexis-de-la-Grande-Baie, Saint-Antoine-de-l'Ile-aux-Grues, Saint-Port-Joli, Saint-Théophile-du-Lac-à-la-Tortue...* Et c'est un faible échantillonnage.

L'*hagiotoponymie* de nos vieilles provinces égale-t-elle en fraîcheur pittoresque celle de la Nouvelle-France? (J. G.)

hallucinogène adj. et n. Littéralement, qui « engendre » l'*hallucination.*

Se dit des agents qui produisent l'état *hallucinatoire,* s'agissant de spectacles (films d'épouvante, de science-fiction...) et surtout de la « drogue ». Substantivement : *les* (substances) *hallucinogènes.* L'Anglais « américanisé » Allan Watts estime cependant abusif le classement de ces substances comme telles. Elles ne seraient, d'après lui, pas plus nocives que de nombreux antibiotiques délivrés dans les pharmacies.

Lorsque, en langage plus imagé que médical, G. Comte évoque ce qu'il appelle *la grande saturnale hallucinogène de mai 1968 (le Monde,* 22-V-1971), il passe du sens individuel ou groupal au sens collectif, et du propre au figuré. La présence de drogués chez les contestataires ne suffit pas à justifier pareille extension. Faut-il entendre que la nature insolite du « drame » vécu par les participants ou offert en spectacle par les journaux et la télévision a déclenché, à l'échelle de masses humaines, une vision *hallucinatoire* dépassant sa propre réalité, sans doute parce que l'action modératrice de la pensée objective s'exerçait difficilement « à chaud »? D'autre part, l'idée de licence effrénée, mais consciente et non morbide, qu'exprime le mot *saturnale* s'accorde mal avec celle d'agent irréel. Les « mots dans le vent » s'exposent plus que d'autres à des glissements de l'emploi lorsqu'ils ne sont pas maniés avec précaution... (J. G.)

hameau n. m. *Hameau stratégique,* lieu où les Américains regroupaient les populations vietnamiennes à l'abri des combats, des bombardements et de l'emprise du Viêt-nam du Nord. De même, en Afrique, où les troupes portugaises doivent faire face au « mouvement populaire de libération de l'Angola » (M. P. L. A.) : *Les guérilleros incitent les populations à ne pas se laisser regrouper dans les hameaux stratégiques des Portugais* (1972, *le Monde*). [J. R.]

handicap n. m. *Le handicap :* du point de vue biologique, catégoriel, statistique, fait d'être *handicapé;* situations et droits qui en résultent. Au singulier, ce terme recouvre l'*ensemble des handicapés :* dans le degré du désavantage (total, partiel, léger); dans sa nature (physique, mentale, *handicaps associés :* les atteintes multiples sont parfois supérieures à quatre); dans la diversité des états biologiques et sociaux qui l'accompagnent (le *handicap naturel* du vieillissement, le milieu de vie, la condition d'orphelin, le gardiennage, les moyens de tutelle); enfin, dans l'aide reçue (rééducation, réinsertion possible des accidentés dans la population active, allocation normale ou exceptionnelle, assistance, soins, distractions, centres de vacances). *Toute action n'est que palliatif dans l'attente des moyens efficaces de prévenir l'apparition du handicap* (bulletin du deuxième trimestre 1971 de la Mutuelle générale de l'Éducation nationale). [J. G.]

hasch n. m. Abréviation argotique de *haschisch* ou *hachisch* : *L'abus du « hasch » a provoqué chez eux une bronchite chronique et la malnutrition leur a logé des bacilles de Koch dans les bronches, mais ils ne le savent pas* (Suzanne Labin, « Avec les camés du bout du monde », *Lectures pour tous,* mars 1972). [J. G.]

hérodien n. et adj. Se dit des individus ou des classes qui, vivant dans un pays sous-développé, ont pu, par leur soumission aux puissances capitalistes, atteindre un niveau de vie élevé, c'est-à-dire à la façon d'Hérode, roi des Juifs, ami et allié du conquérant romain : *Les masses latino-américaines ont progressivement pris conscience de leur être insatisfait, frustré, raté et dépossédé. Face au monde développé, face surtout aux classes hérodiennes, elles s'orientent spontanément vers une « révolution distributionnelle »* (1972, la *Revue nouvelle,* Bruxelles). [J. R.]

hétérogamie; homogamie n. f. Ces mots définissent le mariage considéré, statistiquement, sous le rapport du niveau socioculturel auquel appartiennent les conjoints par leur milieu d'origine. Il y a *hétérogamie* (littéralement, « mariage composé d'éléments de nature dissemblable ») si les « groupes » socioculturels sont différents, et *homogamie* (« homogénéité conjugale ») dans le cas contraire.

D'après une enquête dont M. Louis Roussel, spécialiste de l'étude de la nuptialité, a publié les résultats en 1971 dans la revue *Population,* la tendance à l'homogamie *est plus marquée à mesure que le niveau des groupes socioculturels s'élève.* D'autre part, l'*hétérogamie* tend à favoriser l'*amélioration du statut familial de la femme issue d'un « groupe » inférieur à celui du mari.* (J. G.)

heure-cerveau n. f. Semble désigner une unité de travail intellectuel (de réflexion, de rédaction ou de compréhension) correspondant au travail cérébral accompli pendant une heure.

On peut ranger dans la même catégorie : *capital-culture*

(n. m.) qui semble désigner une mesure, d'ailleurs bien imprécise, de la richesse d'un document ou d'un ouvrage en matière de culture.

On peut penser que le nom *heure-cerveau* a été inspiré par une expression du type *année-lumière* (ou plus correctement *année de lumière*), qu'il importe de bien distinguer d'unités telles que *kilomètre par heure, tonne par heure, tour par minute,* improprement énoncées en *kilomètre-heure, tonne-heure* et *tour-minute* (km/h, t/h, tr/mn). [P. P.]

hexagonal n. m. Néologisme : langage parlé dans l'*hexagone.*

Au cours des années 60, l'habitude a été prise dans certains milieux de désigner par *hexagone* le territoire métropolitain français, en raison de sa forme quasi géométrique. Cette dénomination s'opposait aux termes d'Empire français, d'Union française, de France composée de la métropole, de départements et territoires d'outre-mer (D. O. M. et T. O. M.), etc.

Robert Beauvais, en observateur critique des habitudes et des tics de langage des technocrates, philosophes, administrateurs, politiciens et esthètes, a récemment publié un ouvrage où il analyse et décrit le jargon prétentieux en usage dans les milieux « in ». Il lui a donné le nom de *l'Hexagonal,* appelant ainsi le langage parlé dans l'*hexagone* de même que le langage parlé en France se nomme le français. (P. P.)

holon n. m. (du gr. *holos,* entier). Désigne, dans le système philosophique adopté par Arthur Koestler, un des niveaux hiérarchisés qui s'étagent entre l'électron et l'esprit humain.

Arthur Koestler a élaboré une conception du monde que l'on peut représenter par un système de formes et de structures qui fonctionne hiérarchiquement depuis le niveau le plus simple de conception et de constitution, les particules élémentaires, jusqu'à l'ensemble le plus complexe et le moins prédéterminé que puisse embrasser le philosophe, l'esprit humain.

Dans ce système, et selon le langage de Koestler, chaque échelon intermédiaire est appelé *holon,* quelles que soient sa nature et sa structure : *Sa logistique* [celle d'A. Koestler] *est basée sur la notion de hiérarchie des systèmes — ou des* holons (1971, *le Figaro*). [P. P.]

homewear n. m. (mot angl.). Littéralement, tenue *(wear)* d'intérieur *(home)*. L'expression « tenue d'intérieur », devenue évocatrice de robe de chambre et de pantoufles, c'est-à-dire d'une antipoésie et d'un mépris de l'esthétique, qu'à tort — selon les journaux de mode — on se permet une fois le verrou de sa porte poussé, doit céder devant l'anglicisme *homewear,* synonyme aux tout autres connotations. Le *homewear* s'étale depuis quelque temps en photographies éloquentes. Non plus chemise de nuit, mais *robe de nuit, nuisette, tailleur de nuit.* Avant de se mettre au lit et de « dormir en beauté », « elle » peut revêtir ce costume intermédiaire qu'est la *chemise-robe,* assez élégante et convenable pour recevoir un hôte impromptu (« parent de province entre deux trains », suggère *Elle*). Le *homewear* est un « état d'esprit » : *Des articles en mailles acryliques traités dans un esprit homewear* (1971, *Journal du textile*). État d'esprit qui veut que l'élégance ne désarme jamais, même dans la solitude et le sommeil.

« Lui aussi » doit être saisi par cet esprit *homewear :* plus de pyjama évocateur de bagne ou de camp de concentration, plus de ces robes de chambre qui le vieillissent. L'appartement chauffé autorise les tenues décontractées : *chemise-veste,* par exemple, aux motifs pop, tombant sur un slip de couleur vive, ceinturé, comme il en portera à la mer le prochain été. (J. R.)

homo télévidens n. m. Mot latin construit sur le modèle d'*homo sapiens* par Germain Bazin, critique d'art. L'*homo télévidens* est « l'homme qui regarde la télévision », l'obsédé du « petit écran », dont toute la « culture » se borne à celle dont la télévision le nourrit : *C'est à ce simulacre dadaïste* [Marcel Duchamp ornant la Joconde d'une moustache] *qu'il faut faire remonter le point d'origine de tous les vandalismes qui allaient suivre et qu'on jette en pâture à cet « homo télévidens » qui a succédé à l'homo sapiens pour satisfaire ses pulsions sado-masochistes (le Monde, 2-VI-1972).* [J. R.]

humanoïde n. m. et adj. (du lat. *humanus* auquel se joint le suff. gr. *eidès,* semblable à, comme dans *ovoïde,* en forme d'œuf). Être semblable ou comparable aux humains. N'a rien à voir avec les *anthropoïdes,* groupe de singes qui ressemblent le plus à l'homme.

Existe-t-il, dans les galaxies situées jusqu'à des milliards d'années de lumière de notre planète, d'autres mondes présentant des conditions de « vie intelligente », habités par des *humanoïdes,* possédant des *civilisations* humanoïdes, *qui pourraient avoir atteint un niveau technique beaucoup plus avancé que le nôtre?,* se demande Antoine Icart (*Lectures pour tous,* mai 1972). Il est simplement « raisonnable » de le supposer, estime l'astronome américain Erwin P. Hubble. Son collègue Otto Struve est plus affirmatif : selon lui, d'autres astres offrent des propriétés analogues à celles de notre Soleil : pourquoi des situations identiques ne produiraient-elles pas les mêmes résultats? Il reste cependant à prouver l'existence de ces planètes. Depuis longtemps engagée, la controverse sur les *humanoïdes* n'est pas close... (J. G.)

hydroptère n. m. Néologisme. Véhicule capable d'évoluer au ras de l'eau en se maintenant au-dessus de la surface liquide grâce à des surfaces portantes — ou ailes hydrodynamiques — immergées dans l'eau à faible profondeur.

À vitesse nulle ou faible, l'*hydroptère* flotte comme un bateau et ne peut se sustenter qu'à partir d'une certaine vitesse (d'après *les Échos,* 18-XI-1970). [P. P.]

hyperréalisme n. m. Dénomination d'une certaine peinture internationale, d'origine américaine, qui représente le monde extérieur avec un réalisme tout photographique : *À première vue, les hyperréalistes découlent du pop'art, qui nous renvoyait les images de la « nature urbaine », mais souvent d'un point de vue critique. Ici c'est une réalité quasi photographique qui nous est offerte* (1972, *le Monde*). Il n'empêche, comme l'indique le préfixe *hyper-,* qui signifie « au-dessus », « au-delà », que l'*hyperréalisme* soit plus qu'une représentation simplement exacte de la réalité. À Kassel, où un ensemble de peintures *hyperréa-listes* voisinaient avec le kitsch, cette nouvelle école a frappé par un *amour* de l'objet, une obsession de la chose qui la rapprochent du roman visuel de Robbe-Grillet. (J. R.)

hypersexué, e adj. Qui souligne les sexes, en langage de mode, au lieu de les effacer par l'« unisexe » : *La mode que vous proposez aujourd'hui est hypersexuée. Vous ne gommez plus les seins ni les hanches.* (*Elle,* 1-III-1971). [J. R.]

ibmer n. m. Employé de la société géante I. B. M., numéro un mondial de l'informatique : *Cette puissance fabuleuse a sa personnalité. Ses employés, Scandinaves, Français, Italiens, Espagnols, s'appellent entre eux des ibmers. I. B. M. se défend de faire de la politique, mais elle traite d'égal à égal avec les gouvernements* (1973, *l'Express*). [J. R.]

iconothèque n. f. Néologisme formé à partir du grec *eikôn,* image, et de *thêkê,* coffre. Ce nouveau terme est récemment apparu dans la grande presse, où *vidéothèque* avait été lancé il y a quelques mois. Il désigne, comme vidéothèque, un meuble ou un emplacement où sont stockés les éléments : enregistrements magnétoscopiques, cassettes, films, disques, etc., qui permettent à un particulier ou à un organisme de réaliser, au moment où il le juge opportun, un programme de télévision « à la carte » comprenant aussi bien ses propres prises de vues d'amateur que des films commerciaux, ou des émissions qu'il a enregistrées sur son propre téléviseur.

Le terme est régulièrement formé, et sa signification ne prête pas à ambiguïté : *Les grands éditeurs attendent avec impatience la mise au point définitive de la « télévision à la carte » pour lancer des bibliothèques, ou plutôt des* iconothèques *entières de vidéocassettes* (1971, *le Journal du dimanche*). [P. P.]

illustratif, ive adj. formé à partir du verbe *illustrer* et du suffixe *-atif,* à l'image du couple *démontrer-démonstratif;* ce néologisme qualifie un acte, une opinion, une pensée ou un fait propre à illustrer une théorie, à en étayer la preuve, à en donner un exemple.

Il semble qu'il puisse, suivant les cas, être remplacé par *démonstratif, convaincant* ou *probant : M. Watson, ambassadeur des États-Unis en France, donna deux exemples* [de barrières élevées en Europe contre les produits américains] *qui sont à ses yeux très illustratifs* (*Moniteur officiel du commerce international*, 22-VI-1972). [P. P.]

îlotage n. m. Néologisme formé à partir d'*îlot* (de maisons). Désigne la pratique qui consiste à confier à un policier, toujours le même, la surveillance d'un *îlot de maisons*.

Les nécessités du maintien de l'ordre public dans les grandes cités ont conduit les autorités qui en sont responsables à constituer un volume croissant d'éléments en réserve — ou à tout le moins rapidement disponibles — qui peuvent être dirigés sans délai vers la zone où se révèle la nécessité de leur présence ou de leur action. Bien que Paris ait conservé partiellement le système de groupes de gardiens de la paix par arrondissement, les exigences du service : circulation, voie publique, etc., amènent souvent les agents à opérer dans des régions chaque jour différentes. Or, le rôle du garde champêtre dans les villages, les enseignements de certains essais qui ont eu lieu dans le V\ua0e arrondissement ont montré que la patrouille quotidienne par des gardiens, toujours les mêmes, avait une heureuse influence sur les rapports entre police et population, ainsi que sur la réduction du nombre des infractions mineures. C'est ce qui a incité les pouvoirs publics à envisager d'étendre la pratique de l'*îlotage* : *L'îlotage était pratiqué avant guerre dans de nombreuses villes de province où l'agent de quartier faisait inlassablement le tour du même pâté de maisons* (1972, *le Point*). [P. P.]

image n. f. Dans le langage de la mode vestimentaire, représentation que la femme se fait d'elle-même pour son apparence extérieure, celle-ci traduisant, en principe, sa personnalité. Le couturier et les fabricants travaillent à livrer à la femme l'*image* flottant dans son subconscient, mais *accomplie : La jeune femme ne veut plus n'importe quel vêtement; elle désire un* *vêtement précis, ayant les caractéristiques spécifiques de l'image à laquelle elle cherche à s'identifier...* (1972, *Journal du textile*). « Chaque femme porte en elle la forme entière de sa projection. Rien ni personne ne peut lui dicter sa façon d'être. Elle va donner une *image* d'elle qui lui sera propre, et son apport personnel est indispensable » (1971, États généraux de la femme). [J. R.]

impartir v. tr. Signifie « attribuer, accorder, donner en partage ».

Une extension de sens se manifeste dans certaines publications, qui utilisent *impartir* à la place de verbes tels que *répartir, déléguer : On en arrive aujourd'hui à une situation où une entreprise peut impartir à peu près toutes ses fonctions, à l'exclusion de celles de décision [...]. Il est évident qu'une même société ne se risque pas à impartir toutes ses fonctions* (1971, *les Échos*). [P. P.]

inactif, ive adj. et n. Est *inactif* dans la terminologie administrative, et spécialement dans celle des statisticiens, celui qui ne travaille pas et n'est pas pour autant chômeur : les enfants, les vieillards, les handicapés physiques et certains marginaux. À propos d'un sondage, où l'on posait la question : « Regrettez-vous d'avoir acheté un poste de télévision? », il est apparu que 5 p. 100 des consultés regrettent d'avoir acheté un poste et que 87 p. 100 ne le regrettent pas. *Chez les inactifs,* dit le document officiel — et confidentiel —, *on arrive à une proportion de 95 p. 100 qui ne regrettent jamais.*

Le mot d'inactif est une trouvaille à ajouter à la liste déjà longue des euphémismes de la vie moderne (J. Dutourd, *France-Soir,* 12-X-1971). [J. R.]

incommunicabilité n. f. « *Incommunicabilité?* » *Curieuse tarte à la crème, dans un monde de plus en plus livré à la communication* (Jean Fayard, *le Figaro,* 20-IV-1970). Il semble que ce soit précisément ces moyens de communication et la frivolité de leurs *messages* qui aient fait sentir à l'homme areligieux du

XXe siècle sa solitude intime, la non-réponse à ses problèmes, la difficulté de s'exprimer par les moyens du langage. Le *nouveau roman,* si préoccupé par les problèmes du langage, est, par excellence, une littérature d'*incommunicabilité.* (J. R.)

inévitabilité n. f. Néologisme employé par un auteur dont la langue maternelle est l'italien, dans le sens de « fatalité » : *La masse* [...] *acceptait cette guerre comme un tremblement de terre, avec l'inévitabilité de quelque chose qui vous tombe sur la tête* (l'*Aurore,* 3-VI-1971).

Ce terme lourd et inélégant a été formé selon un mécanisme régulier : *perturbation* (substantif); *perturber* (verbe); *(im)perturbable* (adj.); *imperturbabilité* (substantif), avec utilisation du suffixe passif *-able,* « qui a la possibilité de... », et création par désinence en *-ilité* du nom indiquant la caractéristique correspondante. On peut d'ailleurs noter qu'à de fréquentes reprises le substantif en *-ilité* représente une caractéristique physique appréciable, sinon mesurable.

Dans le cas présent, le terme de *fatalité* paraît donner satisfaction, et sera avantageusement préféré à l'inesthétique — et inutile — *inévitabilité.* (P. P.)

informatif, ive adj. Néologisme, formé d'après *information.* Signifie « qui vise à informer, qui a pour but de renseigner » : *... Une campagne de publicité* informative *appuie le lancement du produit* (*Entreprise,* 28-V/3-VI-1971).

Si l'adjectif *formatif* est attesté depuis 1522, *informatif* est une création récente, régulièrement constituée sur le modèle de *hâte, hâtif; malade, maladif; instruction, instructif;* etc., par l'emploi du suffixe *-if.*

Il semble dans le cas présent qu'on eût pu faire l'économie de cette création en tournant autrement la phrase : *campagne d'information publicitaire,* ou *effort d'information.* (P. P.)

informatifié adj. verbal. Le suffixe marque le fait d'« être devenu », la situation, le résultat — comme dans *authentifié, certifié, codifié* (« mis en code »), etc. *L'homme informatifié* (c'est le titre d'un ouvrage de Raymond Moch, paru en 1971) est celui chez qui l'*informatique* — indispensable à sa vie professionnelle puisqu'elle « mobilise son esprit » — est « démythée » par la connaissance et la pratique. S'il est en proie à l'*informatique,* c'est en toute lucidité.

On fera la distinction entre *informatifier* et *informatiser* (v. J. R., *les Mots dans le vent,* t. I), qui signifie « munir, équiper en matériel *informatique* », s'agissant d'un homme, d'une branche professionnelle (« Le béton s'*informatise* », annonce de presse) ou d'une collectivité (« Les municipalités communistes importantes s'*informatisent* l'une après l'autre », les journaux). [J. G.]

informatifier v. tr. (de *informatique* et du suff. *fier,* du lat. *ficare,* dérivé de *facere,* faire, rendre). Pourvoir en informations par le canal de l'*informatique.* Ce néologisme est encore guillemeté, signe d'extrême jeunesse, mais il pourrait forcir rapidement.

Le temps de l'*homme informatifié* est-il lointain ou proche? (J. G.)

information n. f. *Information happening.* Celle qui, à la télévision et à l'exemple de la radiodiffusion, sans renoncer aux journaux parlés substantiels donnés à heures fixes, présente aussi des « flashes » au moment même où parvient une nouvelle importante (elle est alors donnée en surimpression) ou du moins aussitôt que le permet l'émission en cours. C'est l'*information* « continue » qui « colle » à l'événement (*happening* en anglais). Pierre Desgraupes estime que *l'information happening a les faveurs du public,* et prévoit *des « spéciaux-information » sans périodicité* (communication à la presse écrite, 3-XI-1971). [J. G.]

informatisation n. f. Action de traduire dans un langage et par une méthode *informatiques* un phénomène ou un mécanisme.

Le recours à l'*informatique* suppose que le phénomène à étudier est analysé suivant une méthode propre à cette discipline, donne ensuite lieu à l'établissement d'un programme dans un langage approprié et assimilable par une machine, et le propose enfin à un ordinateur qui le traite suivant ses normes personnelles. Ce processus, fondé sur l'analyse « logique » du phénomène, est susceptible d'être abordé sous des angles différents : types d'ordinateurs employés, langages de référence, mécanisme intellectuel de départ et de conduite du système. Il est indispensable d'éviter dans ces domaines l'incompatibilité entre systèmes, car l'un des buts visés, et non le moindre, est de permettre une dissémination plus grande de la connaissance, inséparable de l'interpénétration des analyses et des vocabulaires : *Il est nécessaire de coordonner dès maintenant les méthodes d'informatisation* (1971, *le Figaro*). [P. P.]

informel, le adj. Plus ou moins détachés des structures traditionnelles de l'Église, les *groupes informels* s'efforcent de recommencer, en marge des paroisses et des mouvements officiellement reconnus par la hiérarchie, l'expérience des communautés primitives. « Parfois, ces groupes existent en référence à un centre de renouveau spirituel, comme Taizé ou Boquen... » (1971, *Informations catholiques internationales*). La hiérarchie, à l'égard de ces groupes, est restée jusqu'à présent hésitante : *Certains ne parlent que de petits groupes, de communautés informelles, d'églises souterraines, de cellules ecclésiales nouvelles* [...]. (Mgr Marty, archevêque de Paris, 1971). [J. R.]

informel, le adj. Le *Grand Larousse encyclopédique* (*corpus* et Supplément) définit ce mot comme le qualificatif d'un groupe d'artistes du XXe siècle, qui prétend exprimer les sentiments qui animent ses membres sans recourir à des formes reconnaissables et classables. Le mot a également une acception particulière en sociologie et en psychosociologie.

Il tend à être — abusivement — employé dans le sens d'« officieux, sans cérémonie », par décalque de l'adjectif anglais *informal*. Un message *formal,* une réception *formal* sont un message officiel, une réception officielle ou cérémonieuse, en cravate blanche comme il est porté sur les invitations.

On relève maintenant des phrases telles que celle-ci : *Il s'agissait d'une rencontre* informelle *préparée par les commissaires généraux au tourisme des six pays membres* (*Trente Jours d'Europe,* mai 1971).

Selon toute probabilité, la réunion était *officieuse,* et de ce fait ne devait pas donner lieu à procès-verbal ou compte rendu.

Dans le domaine publicitaire, le mot a été également employé pour désigner par l'expression *présentation informelle* l'emballage sans luxe inutile d'un produit, là où on aurait dit familièrement « à la bonne franquette », ou, plus précieusement, « sans sophistication superflue ». (P. P.)

instrumental, e, aux adj. Sens ancien, « qui sert d'*instrument* » (les pièces *instrumentales* d'une action judiciaire), puis, « qui s'exécute au moyen d'*instruments* » (musique *instrumentale*). Quand M. J. Duhamel entendait résoudre les problèmes du ministère des Affaires culturelles à l'aide d'*un appareil qui fût, comme le disent les Anglo-Saxons,* instrumental, *qui permît de mener à bien les projets mis à l'étude* (*le Monde,* 31-I-1971 - 1-II-1971), il s'agissait bien d'un anglicisme de sens proche de « fonctionnel », d'« opérationnel » ou tout simplement d'« efficace ». En effet, l'adjectif et l'adverbe *(instrumentally)* marquent en anglais l'idée de *servir à quelque chose comme instrument ou au moyen d'un instrument approprié (Harrap's Standard Dictionary).* [J. G.]

instrumentalisation n. f. Désigne l'opération ou le phénomène par lesquels un objet, un être, une activité sont amenés à être considérés comme un instrument, un outil. Le terme a pris une vogue particulière chez les commentateurs et les exégètes de Marcuse : *La force de la technologie pourrait être libératrice par l'instrumentalisation des choses; elle est devenue une entrave à la libération par l'instrumentalisation de l'homme* (1968, *Réalités*). [P. P.]

intégratif, ive adj. Qui possède le caractère propre à intégrer un processus, une méthode : *La fonction de direction se subdi-*

vise en trois fonctions distinctes : la fonction intégrative, desti-
née à produire une solidarité suffisante dans le système pour
que les conflits y soient moteurs, la fonction normative, la
fonction politique (1971, *Entreprise*). [P. P.]

intercommunion n. f. Communion eucharistique prise par les
fidèles appartenant à diverses Églises et sectes chrétiennes.

Vatican II ignore le terme d'*intercommunion*. Il parle de
communicatio in sacris, « participation commune aux sacre-
ments ». Cette *intercommunion* est encore dite dans certains
cas *communion ouverte*. Elle permet, par exemple, aux catholiques qui ne peuvent assister à la messe dans une église catholique de le faire dans une église orthodoxe et d'y recevoir la
communion.

Lorsqu'il n'y a pas unité de foi, comme entre catholiques,
protestants et anglicans, l'*intercommunion*, sauf cas tout à fait
exceptionnel, est exclue.

Il y a intercommunion entre deux Églises ou communautés
ecclésiales lorsque chacune d'elles admet indistinctement à par-
ticiper à ses actes de ministère et de culte — y compris le culte
eucharistique — tous les membres communiants de l'autre et
réciproquement.

[...] *Il y a communion ouverte lorsque, dans certaines cir-*
constances particulières, comme peuvent l'être des rencontres
œcuméniques, tous les membres communiants des autres com-
munautés sont autorisés à recevoir la communion eucharistique
célébrée, dans la circonstance, par l'une d'entre elles, qui, pour
autant, ne s'engage pas à la réciprocité (Bureau d'études doc-
trinales et pastorales du Conseil permanent de l'épiscopat français, 1968). [J. R.]

interdépendant adj. Qui caractérise un état d'*indépendance* ou
d'autonomie impliquant toutefois des relations et même des
devoirs de réciprocité. Évoquant, à Paris, *l'avenir du Québec*
interdépendant, M. René Lévesque, leader du Parti québécois
et du courant *indépendantiste* en général, déclare : « Sépara-
tisme ne signifie pas pour nous autarcie ; loin de là. Nous

garderons des liens spéciaux intimes avec le Canada anglais, et la proximité des États-Unis nous impose une politique de compréhension mutuelle » (interview donnée au journal *le Monde*, 15-VI-1972). [J. G.]

interniste n. m. Désigne, dans le langage médical contemporain, le médecin de famille — ou généraliste — qui, connaissant son patient sous tous ses aspects, établit le diagnostic et joue le rôle de chef d'orchestre des différents spécialistes dont le concours est requis par l'affection à traiter. Ce vocable revenu d'outre-Atlantique témoigne de la considération que les milieux médicaux américains portent à juste titre au médecin de famille, qui semble avoir presque totalement disparu aux États-Unis.

Dans un récent congrès tenu à Paris, les médecins spécialistes des cancers ont constaté que, dans de nombreux cas, leurs patients avaient, du fait des thérapeutiques nouvelles, des chances de survie suffisantes pour qu'il soit nécessaire de s'occuper d'eux en tant que malades, au lieu de borner les soins à une lutte contre la maladie. Il convient donc, dans cette optique nouvelle, de remettre la cancérologie clinique sous la responsabilité d'un praticien, qui « prendra en charge la maladie, établira le protocole d'attaque de l'affection cancéreuse en tenant compte de la personnalité propre du patient et des diverses armes thérapeutiques mises par la science à la disposition des cliniciens » (Patrick Magdt). Il est même envisagé de confier à ce praticien la responsabilité du dépistage et de la prévention des cancers.

Ce type de médecin a été, lors de ce congrès, désigné couramment sous le nom d'*interniste : Trop peu de malades sont pris en charge par un* interniste *qui tienne compte de leur environnement social, professionnel et familial* (1972, *le Figaro*). [P. P.]

interpeller v. tr., **interpellation** n. f. Il y a dans le verbe *interpeller* et le substantif *interpellation* une idée de sommation de répondre qui apparaît spécialement dans leurs acceptions politique et juridique. Depuis peu, ces termes ont gagné le langage religieux. La sommation implicite est celle de Dieu, de la conscience, des pauvres, de tout ce qui met le chrétien « au pied du mur » : *Si la Bonne Nouvelle est encore vivante aujourd'hui, et nous interpelle, c'est à la tradition vivante de l'Église — rassemblement des croyants — que nous le devons* (Marcel Kinet, *Catéchismes*, juillet 1971). [J. R.]

intox ou **intoxe** n. f. (abrév. d'*intoxication* au fig.). Dans les milieux sportifs, griserie collective, surexcitation qui s'empare des supporters à la ville et dans les stades les jours de rencontres importantes de football ou de rugby ; il s'agit d'*intoxiquer* un clan pour démoraliser l'autre : « *L'intox sous toutes ses formes* » (*fanions, emblèmes, calicots, mascottes, pétards, porte-voix, trompettes, klaxons, crécelles, slogans chantés ou scandés, déguisements excentriques,* « *chabanais* » *lorsqu'une décision de l'arbitre est contestée*) *crée sans doute* « *une ambiance de kermesse* » *qui fait presque* « *partie de la règle du jeu* » *; mais il s'y mêle souvent des incidents regrettables :* « *trop de haine et de déraison* » (*l'Équipe*, 15-V-1972). [J. G.]

inventique n. f. (mot créé par Kaufmann, Fustier et Krevet, cf. *Entreprise*, 4/10-XII-1970). Méthode générale propre à stimuler la disposition à rechercher et la capacité de découvrir.

Il s'agit, en fait, d'une maïeutique interne de l'invention, dont la maîtrise permet aux personnalités responsables d'une entreprise — au sens large du mot — de définir de nouvelles lignes d'action, de nouvelles stratégies techniques ou commerciales, etc. Elle met en jeu les méthodes intuitives et les méthodes analytiques en faisant un appel constant à l'imagination de qui la met en œuvre. (P. P.)

investiguer v. tr. Soumettre à l'*investigation,* examiner, scruter, analyser. L'*investigation* désigne une « recherche attentive et suivie ». Ce terme s'applique tout particulièrement à la démarche de l'esprit scientifique dans sa façon d'aborder et d'examiner expérimentations ou expériences. C'est ainsi que, dans le domaine médical, Claude Bernard fut amené à utiliser l'adjectif *investigatif : Il a fallu nécessairement arriver* [à la conclusion] *par un raisonnement investigatif, inductif ou interrogatif, comme on voudra l'appeler...*

La recherche des vraies causes d'un problème permet de situer les réponses qu'il convient d'investiguer (1971, *le Management*). [P. P.]

isolation n. f. *Isolation phonique.* Ensemble des applications de recherches et des mesures législatives propres à créer une *île* (ital. *isola,* d'où *isoler,* séparer) entre nous et les effets qu'exercent sur notre organisme, même au repos, les *sons* (gr. *phônê*) de notre environnement citadin, c'est-à-dire l'inflation des bruits, encore appelée *pollution sonore.* Il fut un temps où l'alcoolisme fournissait aux hôpitaux psychiatriques la moitié de leur clientèle ; cette dernière compterait de nos jours 60 p. 100 d'« intoxiqués par le bruit ».

Il devient impérieux de mesurer scientifiquement l'ampleur et l'intensité des phénomènes (comme on le fait chaque jour dans les rues de Montréal) et d'utiliser des matériaux garantissant un « barrage » effectif. Cette lutte antibruit concerne les employeurs industriels, les administrations, les usagers de la route et la police. *Des médecins, des techniciens, des fonctionnaires étudient et exposent les contre-mesures indispensables à notre isolation phonique (ou acoustique). Moyennant un prix de revient qui s'élève à 3 ou 4 p. 100 du coût de la construction, des dispositifs insonorisants peuvent être installés.* (J. G.)

iutien n. et adj., formé à partir du sigle I. U. T., *institut universitaire de technologie.* Désigne ou qualifie, dans le langage de l'enseignement technique supérieur, un individu ou un acte qui appartient, a appartenu ou se rapporte à un *institut universitaire de technologie.* Dans le même langage, le *diplôme universitaire de technologie* est appelé le D. U. T.

Les nécessités de la formation de jeunes techniciens possédant un niveau satisfaisant de culture générale afin de les rendre propres à une utilisation efficace après un enseignement court (deux ans) ont amené les pouvoirs publics à créer des établissements d'enseignement spécialisé : techniques électroniques, mécaniques, pétrolières, etc., ou gestion des entreprises, formation financière. Dans ces établissements universitaires, les étudiants, titulaires pour la plupart d'un baccalauréat de type classique, sont formés aux disciplines principales de la spécialité qu'ils ont choisie, afin d'être immédiatement utilisables à la fin de ce cycle et de posséder les aptitudes voulues pour mettre en rapport, au sein d'un même organisme, des techniciens de spécialités différentes dans le cadre d'une action d'ensemble coordonnée.

Les *instituts universitaires de technologie* sont rattachés aux universités et disposent, pour leurs programmes et leur gestion, d'une autonomie marquée. La « valeur marchande » des diplômes ainsi obtenus varie avec l'institut d'origine et la spécialité choisie ; le diplôme ne donne pas l'accès direct à des fonctions de cadre lors de la première embauche. (P. P.)

ivresse n. f. *Ivresse chimique.* Sorte d'ébriété qui n'est pas due à l'alcool. *Ivresse chimique et crise de civilisation :* titre d'une monographie Sandoz.

L'usage de la drogue dite « dure » (la plus agissante) et de produits thérapeutiques détournés de leur destination médicale et absorbés massivement — souvent par injections — provoque jusqu'à des états presque démentiels de surexcitation suivis d'angoisse dépressive et de tendance suicidaire. On a pu en comparer les *mobiles* (évasion loin du réel, plongée dans l'illusion euphorique) comme les *conséquences* (autodestruction organique et psychique, abolition de la volonté) aux ravages de l'alcoolisme pathologique. Bien que d'origines différentes, la toxicophilie et l'empire d'un état alcoolique conduisent à des résultats de même nature. L'accoutumance au poison entraîne la dépendance puis la servitude absolue — avec les dangers consécutifs au sevrage, à la « crise du manque ». *L'organisme réclame de plus en plus sa ration de drogue : l'ivresse chimique est un cycle infernal.* (J. G.)

jardiné, née adj. Dans le langage des promoteurs, un espace *jardiné*, un ensemble *jardiné* est un espace ou un ensemble où l'on a prévu des apparences de *jardins* : pelouses aménagées sur le ciment, quelques arbres, un mur recouvert de lierre, etc. : *Au-dessus d'une dalle jardinée, des immeubles autonomes jouent sur des espaces verts* (1971, *le Figaro*, publicité). [P. P.]

jelly-roll n. angl. Littéralement : « rouleau de gelée » ou « pudding [cylindrique] à la gelée ». Pâtisserie commune très populaire aux États-Unis, et dont « l'analogie phallique est largement exploitée dans le *jive* [argot, javanais] des jazzmen » *(la Semaine radio-télé)*. La fabrication de la « friandise » suivra-t-elle, en France, l'introduction du mot? (J. G.)

jésuisme n. m. Nouvelle foi en Jésus-Christ, telle qu'elle se manifeste dans la jeunesse américaine et a inspiré les auteurs de *Godspell, Jésus-Christ superstar*, etc. Le *jésuisme*, hors des Églises instituées, se veut révolutionnaire : *Aux États-Unis, le jésuisme a trouvé audience parmi les hippies et les contestataires; même récupéré par le « centre », le phénomène s'inscrit dans le courant d'opposition à une société fondée sur le primat de l'argent* (1972, *Études*). [J. R.]

Jésus-Révolution, expression désignant un mouvement néochrétien, né aux États-Unis et qui groupe, à travers le monde, près d'un million de « jeunes » : *L'hebdomadaire* Time *(21-VI-1971) a popularisé l'appellation Jésus-Révolution probablement empruntée aux hippies de Seattle* (1972, *Études*). *Jésus-Révolution*, c'est-à-dire une révolution sans violence mais tout aussi intransigeante et remueuse — et destructrice — que

celle des premiers chrétiens : il suffit de prendre les enseignements du Christ à la lettre, de les vivre dans le quotidien, de ne
plus ressembler aux « chrétiens du dimanche ».

Les plus avancés des combattants de *Jésus-Révolution* sont
les *freaks*, c'est-à-dire les « monstres », les « enragés » de Jésus,
tels qu'ils sont apparus à San Francisco en 1967-1968. Tentant
de réaliser existentiellement leur *jésuisme*, ils se sont groupés
en communes rurales — où s'allient les formes de l'*āshram*
hindou, de l'auberge de la jeunesse, du couvent traditionnel —
et en communes urbaines. Les *street christians* (les chrétiens de
la rue) sont les plus nombreux et les plus dynamiques, tournés
vers l'apostolat. Leurs cafés d'accueil, ou *Jesus coffee houses,* à
l'enseigne des *Catacombes,* du *Ventre de la baleine,* des *Cha-
rismes,* du *Signe du poisson,* du *Tabernacle,* se veulent des
foyers de l'esprit au cœur d'une société de consommation sans
âme. Le signe de reconnaissance des *freaks*, c'est le symbole
emprunté aux *street christians* de Los Angeles : une main
levée, les doigts repliés, sauf l'index qui montre le ciel, auprès
d'une petite croix avec légende : *One way,* « un seul chemin ».
(J. R.)

jockariat n. m. Comme *honorariat, notariat, secrétariat...*
Profession de *jockey,* appartenance à ce corps de métier. *Com-
bien de « gamins de la cravache » (apprentis), qui rêvent de
devenir jockeys illustres, accéderont-ils au jockariat? Trois pour
cent à peine deviendront des jockeys tout court — et d'autres,
simples lads et prolétaires du cheval...* (Marie-José Vioberg,
Lectures pour tous, mars 1972). [J. G.]

joint venture ou **jointventure,** anglicisme, n. f. en français.
Engagement commun *(joint)* de partenaires industriels dans une
aventure *(venture),* en particulier lorsque les intéressés appartiennent à des nationalités différentes. L'union fait la force
devant les risques partagés, mais calculés, d'une entreprise dont
on espère tirer ensemble le profit — car il ne s'agit pas exactement, comme la publicité l'affirme, d'un « pile ou face », d'un
« saut dans l'inconnu ».

L'Américain Samuel Pisar voit dans ce genre d'association la possibilité d'une ouverture *transidéologique* vers l'Est, qui aboutirait à « une sorte de mariage inouï » entre le capital privé et l'économie socialiste : *Ce défi est-il inhumain?* (*le Monde*, septembre 1971). [J. G.]

juilletiste n. m. ou f. Vacancier de juillet : *Huit millions de « juilletistes »*. *français ont précédé en 1970 onze millions d' « aoûtiens »*. Les « septembriens » encombrent beaucoup moins les routes et les terrains de camping. (J. G.)

julvernerie n. f. Néologisme plaisant, créé par l'acteur-auteur Noël-Noël pour désigner une fantaisie dont le caractère d'anticipation scientifique et de fiction s'apparente aux œuvres de Jules Verne.

Les récits extraordinaires, relatant des aventures réelles ou imaginées, ont été de tous les temps. Pour ceux qui relevaient de la légende, ils présentaient le plus souvent des procédés, d'ailleurs mal définis, qui permettaient à l'homme de vaincre ses ennemis naturels — la distance, la vieillesse, la mort — et d'explorer sans contrainte des milieux que sa conformation lui interdisait — fond des mers, espace aérien, gouffres volcaniques, autres mondes du cosmos, etc. Lorsque les connaissances scientifiques se développèrent et rendirent possible, au moins en théorie, ce genre d'excursions, on vit se développer une littérature traitant des voyages dans le temps, considéré alors comme une quatrième dimension de même nature que les trois autres.

Sur le plan du vocabulaire, on peut rapprocher ce terme de ceux que des critiques ont bâtis sur des noms bien connus des fervents du « septième art », tels que *mac-saynettes,* en souvenir des courts métrages à maillots de bain réalisés par Mack Sennet, et *funiaiseries,* qui décrit assez cruellement le niveau intellectuel de certains films auxquels a participé l'excellent acteur qu'est Louis de Funès. (P. P.)

keynésisme, théorie de l'économiste britannique John Keynes (1883-1946). Le *keynésisme* a exercé une profonde influence sur la politique économique des États occidentaux. Selon Keynes, les gouvernements doivent tout mettre en œuvre pour assurer le plein emploi de la main-d'œuvre, grâce à une redistribution des revenus telle que le pouvoir d'achat des consommateurs croisse proportionnellement au développement des moyens de production : *L'école américaine du keynésisme, les hommes qui, dès 1934, ont adhéré complètement aux idées de Keynes* (1972, *l'Expansion*). [J. R.]

kick-down n. m. Mot anglais dont la traduction littérale est « coup de pied pour ralentir temporairement ». Désigne l'action par laquelle le conducteur d'une automobile munie d'un changement de vitesse automatique ralentit brusquement pour passer sur une vitesse inférieure, puis accélère aussitôt afin de disposer d'une reprise plus nerveuse pour dépasser un autre véhicule ou faire face à un incident imprévu de circulation.

To kick, venu du moyen anglais *kicken,* signifie « frapper violemment du pied ». On retrouve ce verbe dans l'organe de mise en marche des moteurs de motocyclette, appelé *kick-starter* ou, plus couramment, *kick.*

La conduite d'une voiture munie d'un changement de vitesse automatique ménage les nerfs du pilote et, au prix d'une certaine dissipation de puissance du moteur, assure dans tous les cas de route ou de trafic la vitesse de croisière la mieux adaptée. En revanche, lorsqu'il s'agit de prononcer une pointe de vitesse et « d'arracher sa voiture », les réactions à l'accélérateur n'ont pas toujours le caractère quasi instantané que permet la commande manuelle de la boîte. Le *kick-down* donne la possibilité de se retrouver presque immédiatement sur un rapport de vitesses plus démultiplié, et de pousser sur celui-ci en faisant « chanter » le moteur avant de repasser sur le rapport supérieur par le jeu même de l'automatisme. (P. P.)

kid n. f. Casquette de toile, imitée de celle du *Kid,* le gavroche américain des premiers films de Charlot. La visière est très longue. On porte volontiers la *kid* un peu de côté. Elle convient aux filles à cheveux courts. La *kid* suffit à marquer quiconque — et la plus réfractaire au *new-look* — du sceau de la mode. (J. R.)

kit n. m. (mot angl.). Littéralement, « trousse », « nécessaire ». Il s'agit de pièces détachées vendues ensemble, et dont l'ajustement occupera le bricoleur : meuble, horloge, radiateur, etc. Tout est fait avec le *kit,* pour que le bricoleur ne puisse commettre aucune erreur : *Avec le kit, on gagne du temps, on réalise un travail propre à partir d'un matériau à demi fini, on réussit à tous les coups* (1972, le *Bricoleur*). [J. R.]

know-how (prononcé *nô-hau*). Expression américaine signifiant, au mot à mot, « savoir comment (faire) » et qui désigne l'ensemble des moyens pratiques, recettes, tours de main, etc., qui permettent d'appliquer avec efficacité et économie une technique déterminée. *Know-how* constitue, en fait, la mise en pratique, par opposition à la connaissance théorique, d'une invention nouvelle ou d'un nouveau perfectionnement. La Communauté économique européenne, souvent moins bien inspirée, emploie comme traduction « savoir-faire ».

« L'exportateur [...] doit s'adresser à des sous-traitants pour [...] l'obtention de la licence et du « savoir-faire » (document Unice, décembre 1970). [P. P.]

laïc adj. et n. Qui n'est ni ecclésiastique ni religieux. Pour l'Église, le *laïc,* c'est le chrétien non revêtu du sacerdoce, et qui n'est pas non plus religieux, au sens de membre d'une congrégation, d'un ordre. L'appel que l'Église a lancé aux *laïcs* pour une participation plus active au culte et aux œuvres a donné à ce terme un renouveau d'actualité. Le pape Paul VI, parlant en audience générale, le 21 juillet 1971, a jugé nécessaire d'en donner une définition : *Faisons bien attention au sens polyvalent du mot* laïc. *Étymologiquement, il signifierait « populaire »;* laos, *en grec, veut dire « peuple ». C'est pourquoi, pour nous, le laïc est celui qui appartient au peuple de Dieu; cette dernière expression devant être complétée par d'autres, qui s'efforcent de la définir [...]. Pour l'Église, le laïc est celui qui est inséré dans le corps mystique, qui en est devenu le membre vivant. [...] Un aspect négatif limite la physionomie ecclésiale du laïc : le laïc n'est ni prêtre ni religieux. Cela explique que, dans le langage courant, le mot* laïc *ait pris le sens de « profane », de « séculier », puis d' « areligieux » ou, allant plus loin encore, de « laïciste », comme on dit aujourd'hui.* (J. R.)

laïcisation n. f. Le terme de *laïcisation,* dans son acception la plus courante, désigne le passage des biens du clergé à l'État, ou d'un prêtre à l'état laïc et, dans ces deux sens, il recouvre exactement *sécularisation.* Mais, dans le nouveau langage de l'Église, il a pris un sens théologique qu'on peut définir comme le transfert du christianisme du plan religieux au plan profane. Rien, chez le chrétien sécularisé, ne signale le « religieux », le « sacré », rien, dans ce christianisme sécularisé, ne distingue le naturel du surnaturel : « C'est au tour de l'homme d'être sacré », disait Sartre. Nous voici en pleine « nouvelle théologie », jugée dangereuse parce qu'un tel état de sécularisation peut aussi bien entraîner une déchristianisation complète qu'un panthéisme contraire à l'économie même du Salut. (J. R.)

langagier, ère adj. Qui se rapporte au langage. Ce terme, très usité depuis peu, a été en fait repris à la vieille langue, mais doté d'un sens différent. En vieux français, et jusque vers la fin du XVIe siècle, *langagier* était synonyme de « bavard ». Une femme *langagière* était une femme bavarde. Aujourd'hui les grammairiens l'emploient volontiers là où *linguistique* ne conviendrait pas : *Entre ces deux interlocuteurs se sont posés des problèmes langagiers. C'est à cette caractéristique de spontanéité et d'innovation que je me réfère en parlant de l'aspect créatif de l'activité langagière* (Noam Chomsky, *le Français dans le monde*, avril-mai 1972). [J. R.]

lecture n. f. Façon de lire un texte, à tel ou tel point de vue, en considérant son caractère d'époque, ses particularités de syntaxe, ses révélations d'ordre psychanalytique, etc. : *C'est le propre des grands livres que de se prêter à de multiples lectures* (Jean Gaulmier, professeur à la Sorbonne, *Études renaniennes,* Ier trimestre 1972). *La lecture marxiste de Balzac a commencé de bonne heure* (P. Barbéris, *Balzac,* coll. *Thèmes et textes,* Larousse éd.). *Le texte est en somme un fétiche, et le réduire à l'unité de sens par une lecture abusivement univoque, c'est couper la tresse, c'est esquisser le geste castrateur* (Roland Barthes). [J. R.]

lecture rapide. Sorte de *lecture* qui, depuis une dizaine d'années, fait l'objet d'un apprentissage. La *lecture lente* est la plus commune. Le *lecteur lent* va de mot en mot, remue parfois les lèvres en lisant, revient souvent en arrière : c'est la façon de ceux qui lisent pour leur plaisir et non pour l'étude, de ceux encore qui, moyennement instruits, nourrissent un respect naïf pour la « chose écrite ». Le *lecteur rapide* lit par devoir professionnel : documentaliste, lecteur d'une maison d'édition, homme d'étude qui cherche son bien à travers les livres. L'œil du *lecteur rapide* opère une sorte de « balayage » des lignes dont il ne retient que ce qui l'intéresse, s'arrêtant parfois longuement lorsqu'il a trouvé son gibier. Le *lecteur rapide* peut lire à la fois jusqu'à six mots. Tout se passe comme s'il lisait « de plus haut », tel l'aviateur qui survole le paysage. L'apprentissage de la *lecture rapide,* inconnu de l'enseignement public, est l'affaire d'écoles privées, dont la publicité abonde : *Lire un livre de 300 pages en moins d'une heure! Demandez notre brochure sur la lecture rapide* (1973). [J. R.]

Libération (la mode), mode en faveur lors de la Libération de 1944. C'est l'une des *rétros* auxquelles on se réfère, et dont parfois on s'inspire : *La mode Libération? Celles qui l'ont connue se rappellent : des épaules carrées, des jupes amples et plissées, très commodes pour la bicyclette* (1972, *Elle*). [J. R.]

lifreding n. m. Néologisme résultant du télescopage des quatre expressions suivantes : *li*censing *f*ranchising *e*xportation *d*evelopment, auquel a été accrochée la désinence *-ing.* Désigne, selon ses créateurs, un système global de développement économique et financier combinant le *licensing,* le *franchising,* l'*exportation* et le *développement.*

Dans un tel système (qui est désigné par un anglicisme au second degré que les puristes britanniques récuseront avec la même énergie que leurs amis français) une firme nationale puissante ayant bien réussi sur son marché intérieur capitalise ses investissements nationaux :

— en vendant dans leur ensemble les facteurs de son succès à des entreprises étrangères susceptibles de les mettre en œuvre et de les adapter à leur propre marché ;

— en apportant à ces entreprises associées une assistance permanente en échange de substantielles redevances ;

— en faisant profiter l'ensemble des entreprises associées du « facteur de puissance » de la marque nationale ;

— en multipliant au profit des affiliés la capacité d'innovation de chacun (d'après *le Moniteur officiel du commerce international,* 15-VI-1972). [P. P.]

lionisme n. m. Néologisme formé à partir de *Lions'*, nom anglais d'une association, et du suffixe *-isme*, puisé au latin scolastique et qui indique soit une notion abstraite, soit une doctrine ou une caractéristique propre à l'entité désignée par le mot radical.

Ce substantif désigne la doctrine ou les caractéristiques propres au *Lions' Club*. Le *Lions' Club* est une association d'origine anglo-saxonne dont le nom exprime l'idée fondamentale : *L*iberty, *I*ntelligence, *O*ur *N*ation's *S*afety, c'est-à-dire Liberté, Intelligence, Sauvegarde de notre nation. Elle est devenue multinationale et les conditions d'adhésion en sont particulièrement rigoureuses. Elle organise périodiquement des réunions destinées à développer les liens entre ses membres de différents pays et à accroître son rayonnement.

Lors d'une de ces réunions récentes, les travaux proposés ont donné lieu à des commentaires de presse tels que celui-ci : *Cependant, les dirigeants du* lionisme *ont eu le souci de prévoir de très libres débats sur les sujets les plus divers* (le *Figaro*, 9-VIII-1971). [P. P.]

lip-service n. m. En anglais, « service » (témoignage de courtoisie ou d'amitié) manifesté « par les lèvres » (du bout des lèvres). Promesse faite, engagement pris, accord scellé avec « une idée de derrière la tête » ; le cœur, la conviction n'y sont pas. Se dit de l'optimisme charitable du médecin essayant de rassurer le malade qu'il sait condamné, mais surtout — et de façon moins louable — du politique, de l'homme d'affaires, de l'imprésario qui paient leurs partenaires de paroles : *Est-on assuré que le lip-service ne se dissimule jamais sous le masque ou derrière le paravent des sourires officiels et des congratulations chaleureuses?* (J. G.)

liquette n. f. Chemise de femme, tombant sur le pantalon et fendue sur le côté, à la façon d'une chemise d'homme. (J. R.)

littéralité n. f. Néologisme formé à partir de *littéraire* et créé par Roman Jakobson, spécialiste de la linguistique structurale.

Désigne le caractère qui fait d'une œuvre donnée — considérée sous l'angle linguistique — une œuvre *littéraire;* dans l'esprit du créateur de ce terme, il existe dans une œuvre élaborée et qui s'exprime dans un langage articulé un caractère qui peut être soit proprement *littéraire,* soit poétique. Le terme de *littéralité* correspond à la première branche de l'alternative, le terme de *poésie* lui faisant pendant pour l'autre branche : *La* littéralité *est l'objet de la science de la littérature* (d'après Roman Jakobson, *le Monde,* 16-X-1971). [P. P.]

living n. m. Anglicisme, tiré du participe présent du verbe *to live,* vivre, habiter. La réduction du nombre des pièces des appartements bourgeois courants a amené à concevoir un genre d'existence où se confondent dans une même pièce celle où l'on prend ses repas et celle où l'on se tient pour une vie de famille commune, voire pour la réception de quelques amis. Ainsi a pris naissance la *salle de séjour,* terme qui s'est finalement implanté au détriment de l'anglicisme *living-room,* qui voulait dire la même chose, mais qui se parait de cette subtile auréole du vocable étranger.

Le goût des abréviations a porté certains décorateurs, ensembliers ou marchands de meubles à désigner cette pièce par *living.* Depuis quelque temps, par une extension de sens, on voit figurer dans des catalogues d'ameublement l'appellation de *living* pour désigner un meuble allongé et relativement bas, qui peut recevoir à la fois argenterie, vaisselle, livres et éventuellement objets décoratifs et bibelots. (P. P.)

localiste adj. Qualifie, dans la sociologie politique actuelle, la collectivité ou l'individu qui reste attaché à un ensemble de coutumes locales : tours de phrase, mode de vie, costume, hiérarchie des emplois, etc., qui constituent les « us et coutumes » d'une localité ou d'une étendue bien moins vaste que la province.

Localiste, qui reste attaché aux fêtes d'Arles (qui ne sont pas celles de toute la Provence), à la bénédiction des terre-neuvas, qu'on ne pratique pas dans tous les ports bretons, etc.

Le *localiste* est plus près, semble-t-il, de sa petite patrie que de sa province ou de sa nation; tout au moins passe-t-elle au premier rang dans son cœur : *Les Européens sont plus localistes ou nationalistes que régionalistes* (1972, titre de *Trente Jours d'Europe*). [P. P.]

logotype n. m. Désigne un bloc de plusieurs lettres correspondant à des syllabes courantes et fondues ensemble afin d'accélérer la composition typographique. Par extension, désigne l'assemblage de quelques lettres caractéristiques (initiales par exemple) destinées à constituer la marque d'un produit industriel quelconque et à permettre d'identifier aisément son fabricant.

Le dessin correspondant est mis au point par des stylistes et des agents publicitaires; il fait souvent l'objet d'études approfondies afin de créer sans ambiguïté une image de marque frappante et lisible dont les contours, la couleur, les dispositions assureront la personnalité : Nous assurons *l'étude et la recherche d'un graphisme ou d'un* logotype *approprié à votre marque* (publicité dans *Entreprise,* 15-III-1972). [P. P.]

loi-cadre n. f. Terme d'origine politique qui a fait son entrée en religion : *Nous sommes sortis du fixisme, des rubriques liturgiques pour en arriver à une loi-cadre qui se veut de plus en plus au service de situations pastorales différentes* (1969, Mgr Elchinger, évêque de Strasbourg). [J. R.]

loin adv. *Loin du cou.* Se dit d'un décolleté large et descendant bas. Antonyme : PRÈS DU COU. (J. R.)

loisirer v. intr. Disposer d'un temps de loisir, de non-travail. Néologisme ironique : c'est, en effet, le ministre de l'Économie des Shadoks qui, par la voix de Claude Piéplu, recommande à ses concitoyens la machine de haute perfection grâce à laquelle ils ne *loisireront* plus que huit heures par jour et seront « libres de travailler » ensuite. L'humour naît de l'interversion des verbes et du parodique *loisirer,* petit pied de nez à la *néologie* actuelle. (J. G.)

longuette n. f. Création verbale de la mode américaine, qui désigne ainsi la longueur des robes intermédiaire entre la *maxi* et la *mini* (25 à 40 cm du sol pour le jour, 15 cm du sol pour le soir, précisent les initiés). En France — sinon en français —, cette longueur est appelée *midi*. Mais les Américains raffolent des diminutifs en *-ette*, tels que *brunette,* qui font à leurs yeux très *chic français.* (P. P.)

ludothèque n. f. (du lat. *ludus,* jeu, et du gr. *thêkê,* réceptacle, armoire — cf. *bibliothèque* —, lieu où sont réunis des objets de même nature). Nous avions déjà des *discothèques* enfantines. La *ludothèque* de l'école maternelle de la rue de Bercy (qui fut la première, mais n'est plus la seule), rassemble des poupées, des loto-images, des livres illustrés aussi bien que les Meccanos traditionnels, des services à café et des instruments de travail en miniature, caisses enregistreuses, établis de menuisier, tracteurs. Ce matériel est prêté aux enfants, à charge pour eux d'en prendre soin et de le remettre en place. C'est une expérience de gestion éducative qui, par le jeu, ouvre aux petits élèves « de merveilleux univers semblables à ceux que créent les artistes » (Mme Rebecq-Maillard, conservateur du musée d'Histoire de l'éducation). *Ludothèque :* un mot tout neuf, porteur de joie, auquel on souhaite un bel avenir. (J. G.)

lumpenproletariat n. m. (mot all., de *Lump,* gueux, misérable, et *Proletariat*). Terme marxiste désignant la partie du prolétariat constituée par ceux qui ne participent pas à la production, vivent de mendicité, de rapines, n'ont aucune conscience politique et sont souvent un jouet entre les mains du capitalisme : *Le clochard est un spécimen typique du lumpenproletariat.* Par extension et dans un sens figuré, les catégories professionnelles sacrifiées : conseiller au conseil des prud'hommes de Paris, M. N... déclare au *Monde* (28-II-1973) : *Lumpenproletariat de la magistrature, nous sommes pourtant la véritable justice populaire.* (J. R.)

lumpen-tapirat n. m. Un mot « sauvage », mais surtout « canularesque », forgé par Georges Pérac dans son roman *les*

Choses : C'était peu, mais c'était mieux que le baby-sitting, que les gardes de nuit, que la plonge, que tous les emplois dérisoires, distribution de prospectus, écritures, minutages d'émissions publicitaires, vente à la sauvette, lumpen-tapirat — traditionnellement réservé aux étudiants.

Lumpen-tapirat, de *Lump,* mot allemand signifiant « misérable » (le *lumpenproletariat,* dans le langage marxiste, c'est le « sous-prolétariat »), et de *tapirat,* argotisme de l'Ecole normale supérieure. Le *tapir,* c'est l'élève à qui l'on donne des leçons. Le *tapirat,* le préceptorat. Le *lumpen-tapirat,* c'est le préceptorat exercé à des prix de misère. (J. R.)

lunambule n. m. (de *lune,* et du lat. *ambulare,* marcher ; cf. *funambule*). Cette jolie traduction du russe *Lunakhod* désigne le petit engin télécommandé, à huit roues, déposé le 17 novembre 1970 dans la mer des Pluies par la station-fusée *Luna XVII* et orné d'un fanion de l'U.R.S.S. et d'un portrait de Lénine. Il fut immédiatement baptisé « lessiveuse à roulettes ». La pelle dont il était muni lui a permis, au cours de ses déplacements, de prélever des échantillons minéralogiques dont les images télévisées étaient transmises à la Terre à des fins d'analyse. Les Américains ont fait beaucoup mieux depuis. Mais cette forme de recherche offrait le double avantage d'être (relativement) économique et surtout de ne pas exposer de vies humaines. Le gentil *lunambule* connut son heure de popularité. (J. G.)

magmateux, euse adj. Qui tient du *magma,* qui se présente comme un *magma,* un ramassis : *Le secrétaire national, M. Michel Rocard, devait lancer une attaque violente contre la tendance magmateuse* (1971, *le Figaro*). Lors du congrès du P. S. U. de juin 1971, on avait parlé du *magma agitatoire* pour désigner la collection d'individus de tendances diverses qui ne s'accordaient que sur la nécessité de l'agitation. (P. P.)

magouille n. f. Confusion, grenouillage, « panier de crabes ». Néologisme récent, auquel le journaliste Viansson-Ponté consacre un petit article dans *le Monde* du 25-III-1973 : *Enfin un mot tout neuf... un mot qui a du bagou, qui évoque le magot, qui gratouille, gargouille... Qui fait penser tout à la fois à gribouille et à une grenouille. Une de ces inventions populaires dont on chercherait en vain l'auteur, spontanément surgie, aussitôt adoptée.* (J. R.)

mailing n. m. Terme anglais signifiant « courrier », « voie postale ». Dans le langage publicitaire, cet anglicisme est employé pour désigner l'envoi par voie postale de circulaires, lettres d'appel, publicités diverses ou bulletins de souscription à toute une catégorie de clients éventuels ; le choix de ceux-ci est opéré à partir de listes complètes telles qu'annuaires téléphoniques ou listes électorales, ou, au contraire, par sélection à l'aide d'annuaires professionnels, ou d'école, ou d'échantillonnages établis à l'occasion de tel ou tel sondage : *5 000 nouveaux contrats ont été signés avec les établissements X..., Y..., Z..., et d'autres établissements connus et contactés par* mailing (*Entreprise*, 28-X/3-XI-1971). [P. P.]

malgachisation n. f. Néologisme formé à partir de *malgache,* à l'image du couple *Pasteur-pastorisation.* Désigne l'opération par laquelle une activité intellectuelle, économique, sociale ou politique s'exerçant en République malgache voit ses objectifs, ses structures et ses cadres relever exclusivement de nationaux malgaches qui y remplacent progressivement les éléments allogènes : ex-colonisateurs, coopérants, missions techniques étrangères, etc.

À la suite de l'accession à l'indépendance de nombreux États ayant eu précédemment des liens institutionnels avec la France, les gouvernements de ces États ont passé pour la plupart des accords de coopération avec l'ancienne puissance colonisante ; ces accords ont joué principalement dans les domaines militaire, technique, industriel et éducatif. La naissance d'une nouvelle élite autochtone, le manque d'adaptation de certaines méthodes d'enseignement, l'apparition d'une fierté nationale chaque jour plus affirmée conduisent ces États à revendiquer le transfert de ces activités à leurs nationaux. En République malgache, le problème se posait depuis 1968 avec quelque acuité dans l'enseignement à tous ses degrés. L'éviction du président Tsiranana et la venue au pouvoir du général Ramanansoa ont accéléré ce processus, sans entraîner pour autant une attitude antifrançaise généralisée : *La malgachisation de l'enseignement est un objectif recherché aussi bien par le peuple malgache que par son gouvernement* (1972, *les Échos*). [P. P.]

malnutri n. et adj. Désigne ou qualifie un individu qui souffre de *malnutrition,* qui est soumis à un régime alimentaire insuffisant en volume ou en qualité (carences diverses, défaut de vitamines, nombre de calories trop bas, etc.).

Le problème de la faim dans le monde a pris une acuité nouvelle avec les études qui ont été faites dans un passé récent sur les inconvénients d'une croissance non contrôlée dans différents domaines. Dans les pays dont l'accroissement de la population est particulièrement marqué, l'augmentation des ressources alimentaires suit rarement le même rythme. Il en résulte, même lorsque de grandes famines peuvent être évitées, un déséquilibre et une insuffisance des rations de nourriture qui ont les conséquences les plus déplorables sur la santé des individus et des collectivités : avitaminose, pourcentage élevé de la mortalité infantile, rachitisme, béribéri, etc.

On parle parfois, à cette occasion, d'individus ou de populations *sous-alimentés,* bien que les rations alimentaires soient souvent suffisantes pour apaiser l'impression de faim. Le terme de *malnutri,* construit par analogie avec *mal loti,* exprime la même notion sous une forme qui se veut plaisante en dépit du caractère attristant du phénomène ainsi évoqué : *Les* malnutris *de l'Amérique latine* [...] *sont les derniers à vouloir s'élever dans l'échelle sociale à la force du poignet* (1972, *la Vie française*). [P. P.]

mange-disques n. m. Désigne des appareils de reproduction sonore par disques microsillons dans lesquels il suffit de glisser le disque — comme une lettre à la poste — pour que l'appareil le joue sans avoir à poser de façon précise une tête de lecture sur le sillon de départ.

La « musique en conserve » a connu depuis l'avènement du disque microsillon une expansion sans précédent : disques tournant à 33 ou à 45 tours par minute se sont répandus dans toutes les couches de la société, et notamment parmi la jeunesse. À cet essor a correspondu celui des appareils de reproduction, détrônant les anciens « phonographes » pour se nommer « tourne-disques », souvent associés à un récepteur de radiophonie. Mais le désir de nombreux auditeurs « d'emporter leur musique avec eux », satisfaction que donnent le récepteur portatif de radio et le magnétophone, a conduit les constructeurs à rechercher un appareil simple, fonctionnant sur piles et à peu près dans toutes les positions, et pour lequel mise en place de la tête de lecture et mise en marche du moteur d'entraînement se fassent automatiquement lors de la présentation du disque. Telle est l'origine de cette série d'appareils qu'un grand magasin parisien a baptisés *mange-disques.* (P. P.)

manualiser v. tr. Ravaler au rang de travailleur *manuel.* Verbe récemment apparu dans une série de textes qui traitent de l'emploi croissant des méthodes modernes de gestion et de conduite industrielle dans les entreprises capitalistes. Il reflète la déception née du fait que ces nouvelles techniques n'ont pas contribué à libérer le travailleur de l'assujettissement à sa tâche contraignante. Il est même apparu que certains travailleurs intellectuels employés dans l'informatique se sont vu *manualiser : L'informatique a abouti moins à mécaniser le travail manuel qu'à manualiser le travail intellectuel* (cité par *les Échos,* 7-IX-1971). [P. P.]

marchand n. m. *Marchand de voyages.* Entrepreneur de tourisme, spécialisé dans les « voyages organisés » ; le voyage est ici assimilé à une quelconque marchandise : *Autant de voyants qui s'allument et rendent plus craintifs ces marchands de voyages pris entre les tenailles de leurs contrats à respecter et les caprices de leurs clients* (J.-P. Quélin, *le Monde,* 3-VI-1972). [J. R.]

marginaliser v. tr. Désigne l'action de maintenir ou de diriger une opinion, une manifestation de l'esprit vers la *marge* d'un corps de doctrine, afin de l'affaiblir, de la réduire à un accessoire ou à un appendice avant de la vouer à un effacement total.

En fait, le verbe *marginaliser* a connu une vogue d'autant plus grande que s'est répandu l'usage de l'adjectif *marginal* pour qualifier les chrétiens qui, sans renier leur foi et leur attachement au Christ, remettent en cause pour diverses raisons les structures hiérarchiques de l'Église catholique, constituant autant de communautés priantes qu'il y a d'animateurs, avec tous les risques de déviation ou même de schisme que recèle l'abandon de la Tradition, inséparable de l'Église : ... *Les diversités de Rennes existent dans l'unité apparente de chaque paroisse;* [...] *il faut les laisser s'exprimer sous peine de les* marginaliser *et d'appauvrir l'ensemble de l'Église* (1972, *la Croix*). [P. P.]

marina n. f. Néologisme d'origine américaine. En anglais, *marina,* d'après la racine *marine,* désigne initialement une promenade longeant la mer, telle la promenade des Anglais à Nice, ou une estacade formant jetée-promenade, comme à Brighton.

Le sens s'est ensuite étendu, et *marina* désigne aussi un bassin ou un port disposant de nombreux postes d'amarrage plus ou moins bien abrités pour des canots à moteur et des bateaux de plaisance. Sur la côte est des États-Unis, de nombreuses *marinas* constituent, en fait, des bassins à flot où les plaisanciers, en dehors de la saison des croisières ou des régates, remisent leurs bâtiments désarmés à touche-touche sous la surveillance de quelques gardiens.

En français, et notamment dans le langage des promoteurs en immobilier, *marina* désigne un ensemble construit en bordure de mer, et dans lequel le propriétaire ou le locataire d'une maison ou d'un appartement dispose, à proximité immédiate de son logement, d'un poste d'amarrage à quai pour son bateau ; selon le degré de confort, ce poste est ou non relié au réseau général d'eau, d'électricité et de téléphone. La *marina* devient alors une cité amphibie, pourvue de voies de circulation pour véhicules et piétons sur sa face tournée vers la terre, et d'un réseau de quais et d'appontements à flot sur sa face maritime. Cette conception semble pour l'instant limitée à la Méditerranée, où l'absence de marées simplifie les problèmes d'accès et d'accostage à niveau constant. (P. P.)

marketing n. m. (anglicisme). Service commercial d'un produit. Le *marketing* prépare ce dernier pour la vente, en s'efforçant de le mettre « en situation » de séduction et de réussite lorsqu'il apparaîtra aux yeux de la clientèle. Ce bon accueil résultera conjointement de « l'analyse d'indices prévisionnels d'écoulement » (étude du marché), de l'« habillage » esthétique et psychologique de l'article par les soins du « designer », et de la détermination du prix « convenable ». Le *marketing* doit, par conséquent, tenir compte aussi bien des besoins et des désirs du plus grand nombre possible d'acheteurs que du « plaisir oculaire » de ces derniers, sans négliger la marge bénéficiaire « optimale ».

Le Comité d'étude des termes techniques français le définit

ainsi : « Recherche des stratégies commerciales les plus efficaces, et contrôle des opérations lancées en exécution de la stratégie des ventes ». On a proposé çà et là des équivalents assez « farfelus », calques morphologiques plus ou moins approchés ou formations savantes. Citons *marchaison, mercante, mercantage, mercantement, marchetage, marchéture, merxologie, péripoléinisme...* Les participants à la IVe Biennale du français universel (Menton, septembre 1971) ont préféré, pour des raisons d'intelligibilité, *techniques commerciales*. On retiendra aussi le slogan : *Le marketing, c'est : l'habit fait le moine!*

Quand il a « projeté » le produit vers « l'acte d'achat », le *marketing* passe la main au *merchandising*. (J. G.)

massification n. f. Action élargie aux dimensions des *masses;* résultat de cette action. Néologisme inspiré par celui de *mass media : Un Marcuse qui, avec les thèses de l'homme unidimensionnel, élaborait une critique de la massification de la culture* (Jean Cazeneuve, interview des *Nouvelles littéraires,* 12/18-I-1972). [J. R.]

mausolisation n. f. C'est à la piété d'Artémise II, reine d'Halicarnasse, en Carie, que l'on doit le magnifique monument funéraire qu'elle éleva à son époux Mausole, et qui fut classé comme l'une des Sept Merveilles du monde antique. Le nom de *mausolée* est passé dans le vocabulaire courant, où il désigne un monument funéraire particulièrement somptueux, tel que celui qui reçut au Père-Lachaise la dépouille d'Adolphe Thiers.

En 1969, il fut un temps question de déplacer la dalle qui recouvre sous l'Arc de triomphe le tombeau du Soldat inconnu. Les motifs invoqués étaient de divers ordres, et cette hypothèse provoqua de vives protestations, notamment parmi les anciens combattants de 1914-1918. Quelle que fût la beauté du monument qui aurait reçu ce symbole de sacrifice, elle ne pouvait — estimait-on — offrir le caractère quasi sacré de l'Arc et de sa flamme. Les pouvoirs publics apaisèrent rapidement les remous qui s'étaient élevés, et c'est ainsi qu'on put lire dans la presse que : ... *Le ministre des Anciens Combattants a manifesté hier après-midi son hostilité à toute* mausolisation *des restes du Soldat inconnu* (1969, *le Parisien libéré*). [P. P.]

meccamaison n. f. Maison en modèle réduit, construite « sur mesure » par le propriétaire éventuel, qui en assemble les éléments à l'aide d'une boîte de pièces détachées. Le fabricant évaluera ensuite le coût du bâtiment réel, et le candidat au logement « modulé » prendra sa décision. Ce procédé lancé par M. Chalandon s'inspire des *Meccanos,* jeux bien connus de construction pour enfants et adolescents. *La « meccamaison », jeu sérieux pour adultes, permettra-t-elle à ceux-ci de résoudre leurs problèmes immobiliers?* « C'est le Bodygraph du logement », a déclaré le ministre. Comparaison superficielle (c'est le cas de le dire), puisque le Bodygraph du tailleur ne mesure que l'« extérieur » du client : un « silhouetteur », en somme. (J. G.)

médiathèque n. f., comme *pinacothèque, cinémathèque, sonothèque...* Somme et synthèse de la communication enregistrée que multiplient et accélèrent les *mass media,* pour les besoins de la pédagogie proprement dite comme pour ceux de l'éducation permanente et de l'information « différée ». L'idée de *médiathèques* est dans l'air. Elle regroupera dans une unité de fonctionnement la pluralité des ressources audio-visuelles qui ont permis de constituer des collections spécialisées de documents : films, disques, reproductions de tableaux, diapositives, bandes magnétophoniques, histoire et techniques de l'art musical, de l'art théâtral...

Il ne s'agira pas, cependant, de « tuer » l'imprimerie : Jean Hassenforder, qui voit dans les « *médiathèques* organisées » un moyen de « rénovation pédagogique », est l'auteur d'une thèse sur *la Bibliothèque, institution éducative.* Mais il estime depuis longtemps que « la documentation spécialisée, si nécessaire, ressent les dangers du ghetto ».

La *médiathèque* sera peut-être l'instrument le plus efficace d'une recherche que le sociologue britannique Raymond Williams définissait ainsi en 1965 : « Ce que nous appelons société n'est pas seulement un ensemble de structures politiques ou économiques, mais aussi un réseau de communications par lesquelles l'expérience humaine est décrite, partagée, modifiée et conservée. » (J. G.)

médiocratie n. f. (du lat. *medius,* moyen, et du gr. *kratein,* commander). Littéralement, autorité, pouvoir exercé par les gens des classes moyennes, ou par les « valeurs moyennes » de la hiérarchie sociale. Cependant ce n'est pas dans cette acception que M. Malterre, président de la C. G. C., emploie ce mot dans un article intitulé « La violence et la médiocratie, les deux écueils de la France » (*le Dauphiné libéré,* 27-IV-1972), lorsqu'il estime que les « cadres », « épine dorsale de notre société industrielle », sont, « en priorité », en butte aux attaques « de la médiocrité », c'est-à-dire d'intellectuels dévoyés et d'agitateurs.

Demeurant strictement sur le plan linguistique, on observera que M. Malterre semble confondre *médio,* de *medius,* « qui est au milieu », élément non péjoratif, et *mediocris,* médiocre, « qui est en dessous de la moyenne » au sens physique, intellectuel ou moral. La clarté aurait exigé *médiocricratie,* même si cette formation n'est pas euphonique... Sur l'adjectif *médiocre,* Balzac avait déjà inventé *médiocratie* qui n'avait pas, dans son esprit, de sens péjoratif : c'était le gouvernement exercé par les classes moyennes. (J. G.)

médiocratisation n. f. Terme calqué sur *démocratisation.* La *médiocratisation,* c'est la tendance à la *médiocrité : Peut-être pouvez-vous, en groupe, corriger la médiocratisation de la politique... en faisant de la politique* (1971, *Entreprise,* lettre aux députés). [P. P.]

medium n. m. (mot lat.). Moyen de communication. Singulier de *media,* ce mot est plus rarement employé. La radio-télévision est *medium,* de même que la presse, l'affiche, le disque : *Simultanément, quatre expositions viennent de se tenir à Paris sur ce medium, l'affiche* (1972, *France-Soir*). [J. R.]

mégamort n. f. Néologisme inventé par un prêtre, Jean Toulat, auteur de *la Bombe et la vie,* « mot-valise » fait du préfixe grec *méga-* (grand) de *mégatonne* (unité d'énergie atomique valant l'explosion d'un million de tonnes de T. N. T.) et de *mort.* La *mégamort,* c'est la mort « en grand » telle qu'elle serait la conséquence d'une guerre atomique : *Le peuple français doit pouvoir dire s'il accepte ou non cette stratégie de « mégamort »* *sur laquelle il n'a jamais été consulté.* (J. R.)

mégapole n. f. (néologisme). Ensemble de villes d'abord voisines, puis juxtaposées par l'extension de leurs faubourgs (conurbation), et qui tendent à donner ainsi naissance à une agglomération unique et gigantesque, image démesurément *(méga)* agrandie d'une ville *(polis)* et de ses divers quartiers.

N. B. — Cette création est en fait un doublet de *mégalopolis,* tel que ce mot figure au Supplément du *Grand Larousse ency-clopédique.* (P. P.)

mercantocratie n. f. Néologisme créé par Alfred Sauvy *(les Mythes de notre temps)* à l'image de *technocratie, aristocratie, démocratie, médiocratie,* etc. S'oppose dans l'esprit de l'auteur à *technocratie.* Une technocratie est un type de société où le technicien — ou technocrate — est le maître et décide en fonction de ce qui lui paraît être le progrès technique le plus marqué, manifestant ainsi sa préférence pour le « beau joujou », comme on dit parfois dans certaines sociétés nationales ou nationalisées françaises.

La *mercantocratie,* au contraire, est une forme de société où les éléments de décision sont uniquement financiers *(mercan-tiles)* et où les choix sont opérés par ceux qui défendent les intérêts matériels chiffrables de tel ou tel groupe de pression proche du pouvoir. (P. P.)

merchandising n. m. (néologisme angl. formé sur *merchan-dise,* terme du commerce de gros, du négoce). Le *merchandi-sing* n'est pas, comme on pourrait le croire, « à l'amont », mais bien « à l'aval » du *marketing* (voir ce mot). Il prend en charge le « sort » du produit au moment où celui-ci apparaît sur le marché. C'est l'art d'écouler « la marchandise qu'il faut, en

bonne place, en quantité voulue et au prix convenable »
(Comité de terminologie de l'Association américaine du marketing). Il se rattache encore à la « promotion des ventes » par une
coordination de la publicité et de la « dynamique » personnelle
du vendeur.

Écartant les équivalents *marchandisme* et surtout *mercanti-
sation,* les participants à la IVe Biennale du français universel
(Menton, septembre 1971) ont proposé *techniques marchandes.*
(J. G.)

méritocratie n. f. Commandement, dans les entreprises,
exercé non par les diplômés ou les anciens, mais par ceux qui le
méritent : *Le principe de la « méritocratie », selon lequel chacun devrait obtenir fonction et rémunération correspondant à
ses capacités et à son travail, se transforme en « gradocratie »,
en une hiérarchie complexe de statuts et de privilèges* (Raymond Aron, *le Figaro,* 3-VI-1971). [J. R.]

messe-débats n. f. Messe au cours de laquelle, après la lecture
de l'Évangile, les chrétiens sont appelés à s'exprimer. Il ne
s'agit pas de prières jaculatoires, de témoignages spirituels
spontanés, comme cela se passe dans certaines sectes protestantes (quakers, pentecôtistes, Armée du salut), mais de discussions sur les problèmes actuels de l'Église, de débats : « Après
la lecture de l'Évangile, des fidèles disent ce qu'ils pensent.
L'expérience nous a appris que, dans ce cas, seuls les leaders
s'expriment » (1971, *Informations catholiques internationales*).
[J. R.]

microréalisation n. f. Néologisme formé à partir du préfixe
micro- et de *réalisation.*
Ce terme, créé par le Secours catholique, désigne une réalisation modeste, à l'échelle de la plus petite collectivité humaine :
hameau ou village, destinée à améliorer les conditions matérielles de vie de sa population dans les pays du tiers monde.
La *microréalisation* va du creusement d'un puits à l'enseignement de méthodes aratoires plus modernes, en passant par la

construction d'une case-dispensaire ou par l'équipement d'un atelier d'enseignement de la couture aux femmes d'un village de Haute-Volta.

Elle n'exige que de faibles capitaux de départ et présente pour ceux qui y participent l'avantage de constituer une réalisation concrète dont on peut connaître assez vite l'achèvement et les résultats. (P. P.)

miettes. *Travail en miettes.* Expression qui tend à constituer un vocable particulier; elle désigne de façon générale le mode d'organisation du travail manuel qui consiste à fragmenter au long d'une chaîne de fabrication les tâches élémentaires confiées aux « O. S. », morcellement tellement poussé que chaque exécutant ne peut percevoir le pourquoi de son travail et est ainsi amené à perdre tout l'intérêt qu'il devrait lui consacrer. C'est pour lutter contre les effets déprimants — ou agressifs — qui découlent de ce *travail en miettes* que certaines firmes industrielles ont tenté, en France comme à l'étranger, de « briser la chaîne » pour constituer de petits groupes de travail, sortes d'ateliers élémentaires, dont chacun serait chargé d'un élément déterminé : montage d'un moteur, d'une boîte de vitesses, etc. Toutes les tâches ne se prêtent pas également à une telle articulation, et l'expérience est trop récente pour qu'il soit possible d'en tirer des enseignements durables. (P. P.)

mieux-vivre. Posséder un poste de « télé », une voiture, une résidence secondaire, est-ce le bonheur? Jusqu'à présent, les économistes, les technocrates, les hommes politiques ont constamment vanté les vertus de la croissance. Mais, à travers le monde, avec soudaineté, mille clignotants se sont mis à fonctionner, signalant les excès de pollution, de nuisances filles de la société de consommation contre laquelle, déjà, en 1968 se dressaient violemment les jeunesses du monde. On parle aujourd'hui du *mieux-vivre,* c'est-à-dire du bonheur, écho, dans les pays capitalistes, des revendications exprimées en pays soviétiques, eux aussi saisis par la fièvre d'une croissance toute matérielle, les impératifs d'une planification inhumaine : *Ce sont les pro-*

blèmes du mieux-vivre qui devraient, aujourd'hui, en France, orienter par priorité les efforts du gouvernement et les critiques de l'opposition (Jean Fourastié, *le Figaro*, 16-X-1971). [J. R.]

migrant adj. et n. Mot formé à partir d'un verbe hypothétique *migrer,* qui figure dans les deux dérivés : *immigrer* et *émigrer.* Désigne les personnes qui, pour des raisons politiques, économiques ou personnelles, quittent leur patrie pour venir travailler — le plus souvent temporairement — dans un pays étranger.

Les problèmes d'accueil, de logement, de formation professionnelle et d'insertion des *migrants* dans la société française sont multiples. Difficultés de langage, manque de qualification, déficits en logements adaptés, passivité ou ignorance à l'égard des dispositions législatives ou réglementaires s'ajoutent au fait que, pour la plupart, les *migrants* sont venus en France dans l'espoir de percevoir des salaires plus élevés que ceux auxquels ils peuvent prétendre dans leur patrie. Cette situation les pousse à vivre au plus juste pour pouvoir envoyer quelque argent aux leurs. De nombreux dévouements individuels, quelques groupements privés et les services officiels de main-d'œuvre et de travail s'efforcent de leur venir en aide, mais la tâche, déjà immense, ne cesse de croître.

On peut noter que le substantif *migration,* directement venu du latin, est attesté en français depuis 1327. Il correspond au verbe *migrare,* changer de résidence.

Émigration date de 1750, *immigration* de 1768 ; *émigrant* et *immigrant* respectivement de 1773 et de 1787 ; *émigrer* de 1780 et *immigrer* de 1858. Il semble que les événements qui conduisirent à la guerre d'Indépendance américaine puis ceux de la Révolution française contribuèrent à implanter ces termes dans notre langue. *Migrateur* (adj.) est pour sa part attesté en 1867. Mais on n'a relevé jusqu'ici aucune trace de *migrer.* (P. P.)

minibus n. m. Petit *autobus* pour le transport des personnes ou des marchandises : *Soixante-deux minibus électriques expérimentaux vont être construits à l'usine automobile de Tcheboksary, à 600 km de Moscou* (1972, *le Figaro*). [J. R.]

mini-cassette ou **minicassette** n. f. Magnétophone léger, récent, ainsi appelé d'après sa petite boîte, ou *cassette,* qui contient la bande ou le ruban. Un dispositif d'enroulement et de déroulement sur deux axes remplace les bobines du magnétophone classique. De plus, l'emploi, sur bandes, en tant que matières magnétiques, d'oxydes de cobalt ou de chrome au lieu des oxydes de fer précédemment utilisés, devrait, dans un proche avenir, améliorer la qualité du son. Le 23 février 1972 M. Jacques Duhamel enregistra sur *mini-cassette* le texte de lancement d'une campagne publicitaire, après accord conclu entre l'O. R. T. F. et deux sociétés productrices : *La mini-cassette va-t-elle,* se demandèrent les journaux, « *populariser le son en bandes », conciliant la fiabilité des appareils et leur prix?*

Déjà l'on parle de *cassettothèques* de circulation et d'archives. Mais le premier objectif n'est-il pas de faire de la *mini-cassette* l'équivalent — au regard du magnétophone aux vingt ans écoulés — de ce que le transistor est à l'ancien poste de T. S. F.? Un appareil maniable, presque « de poche », enregistrant ce que l'on veut, où et quand l'on veut, et sans que l'on ait à changer trop souvent les bobines. (J. G.)

La bande magnétique peut également être employée à l'enregistrement d'images captées en direct ou prises sur un récepteur de télévision. Le boîtier et la bande qu'il contient constituent alors ce qu'on nomme *vidéocassette,* afin de les distinguer de la *musicassette,* qui est une cassette destinée aux enregistrements sonores. En ce cas, *musicassette* et *vidéocassette* sont les deux types de *minicassettes* que l'on trouve depuis peu sur le marché : *Nous avons [...] multiplié les commentaires dans ce domaine, depuis les satellites de communication jusqu'à la distribution par câbles en passant par les vidéocassettes* (1971, *le Figaro*). [P. P.]

mini-manteau n. m. Manteau très court. *Le Figaro* du 20-IV-1971 en parle comme d'une « canadienne encanaillée », du moins tel que le présentent certains couturiers italiens « dans la ligne Marlène ». (J. R.)

mini-pull n. m. Pull-over très court, découvrant le nombril. Il serait né, en Amérique, d'un pull-over rétréci par le lavage et que son possesseur aurait porté tel quel : *Le mini-pull est unisexe.* (J. R.)

miracle n. m. Lorsque l'économie d'un pays « décolle » et s'élève au-dessus des prévisions, on parle volontiers de *miracle*. On s'est d'abord étonné du *miracle allemand* lorsque la République fédérale de Bonn, sous le gouvernement du chancelier Adenauer, s'est relevée de ses ruines et s'est située, moins de dix ans après sa défaite, au premier rang des nations européennes. Autre peuple, également au nombre des vaincus de la Seconde Guerre mondiale et dont les performances d'ordre économique ont surpris le monde : le Japon. Ce fut le *miracle japonais*. On parle aujourd'hui du *miracle espagnol : Dans un pays qui avait raté la révolution industrielle, cela mérite plus encore qu'ailleurs le nom de miracle; après tant d'autres, voici donc, à l'appel de l'Opus Dei, mystérieuse confrérie de moines-managers, le « milagro » espagnol* (1971, *l'Expansion*). Et la France? *Le miracle économique français est une réalité,* affirme M. Poniatowski dans *la Revue des deux mondes* de mars 1973. (J. R.)

mix-and-match n. m. (mot angl. signifiant « mélanger et assortir »). Vêtement fait de « pièces détachées » combinées au choix de la cliente. Le *mix-and-match* tend à remplacer la robe, le vêtement d'une pièce qui impose à la femme une image globale de sa personne, par une composition où se traduisent toutes les faces de cette même personne : *Un ensemble mix-and-match combiné en fonction de votre personnalité et qui en fera ressortir les dominantes. N'êtes-vous pas à la fois sage et gamine, idéaliste et sensuelle?* (1971, *Vogue*). *Ce à quoi elle aspire, c'est qu'on mette à sa disposition un jeu de construction, une sorte de grand jeu de Meccano vestimentaire lui permettant de composer à sa guise des tenues personnalisées* (1971, *Journal du textile*). N'est-ce pas là la meilleure définition du *mix-and-match?* (J. R.)

mobilier urbain. Se dit de tous les objets dont les rues sont dotées : lampadaires, bancs, abris, panneaux de signalisation, kiosques, etc. Le mouvement actuel pour la *qualité de la vie* a attiré l'attention sur l'esthétique comme aussi sur la commodité de ce *mobilier urbain*. Ainsi les abris d'autobus ne doivent pas être conçus en fonction de la publicité dont ils sont le support, mais du confort des voyageurs ; de même on doit éviter toutes les *défense de*, les *il est interdit sous peine d'amende...*, etc. : *On s'est penché sur le dossier du* mobilier urbain *et une exposition en a indiqué les grandes lignes. Il aura fallu des décennies pour faire prendre conscience au piéton — et aux responsables de nos rues — de la laideur des bancs, des lampadaires, des corbeilles à papier et des abris d'autobus qu'ils côtoyaient...* (*Journal de l'année*, 1970-1971, Larousse éd.). [**J. R.**]

modélisation n. f. Désigne l'opération par laquelle on établit le *modèle* d'un système complexe, afin d'étudier plus commodément et de mesurer les effets sur ce système des variations de tel ou tel de ses éléments composants.

Les phénomènes économiques contemporains dépendent d'éléments multiples dont la recherche et l'énumération sont déjà deux sérieuses difficultés. L'imbrication de ces éléments, dont certains sont mesurables alors que d'autres sont rebelles à une évaluation chiffrée, rend pratiquement impossible de déterminer *in vivo* l'effet de leurs variations, outre le risque que représenterait une telle expérience pour les individus qui se trouveraient dans sa zone d'action.

C'est pourquoi les économistes se sont efforcés, au prix de schématisations parfois discutables, de construire des *modèles* mathématiques ou électroniques qui constituent une sorte de représentation des réalités qu'ils veulent étudier. En faisant varier tel ou tel élément de ces modèles, ils espèrent ainsi prévoir ce qui se passerait dans la réalité si l'élément correspondant variait de la même façon. Les possibilités de cette méthode sont limitées par la difficulté où l'on se trouve d'introduire dans de tels modèles des notions comme l'aspiration au bien-être ou la peine des hommes.

La *modélisation* est le nom qu'on donne à la réalisation de tels modèles. (P. P.)

modulaire adj. Le *mobilier modulaire,* fait d'« éléments » en plastique, permet toutes sortes de combinaisons : le fauteuil de l'après-midi devient, avec quelques « éléments » ajoutés, le lit du soir, et deux fauteuils ajustés donnent une table basse. *Modulaire* paraît être le dernier-né de tous ces dérivés de *moduler : module de service* des astronautes ; *module,* épreuve des universités pluridisciplinaires qui aiguillera l'étudiant vers certaines disciplines (plusieurs *modules* forment un jeu d'épreuves). Un marchand forain *module* ses prix de vente en fonction des lieux, de la saison, du pouvoir d'achat de la clientèle, ce qui ressortit, n'est-ce pas ? au *marketing.* (J .R.)

moine-manager n. m. Surnom donné aux religieux « technocrates » (terme non péjoratif en Espagne) qui, adeptes de l'*Opus Dei,* cherchent à libéraliser les techniques et les méthodes de leur économie nationale. Les *opusdéistes* se considèrent politiquement comme centristes. Il faut comprendre, parmi les *moines-managers,* des « numéraires » laïques ayant prononcé les vœux de chasteté, de pauvreté et d'obéissance. Ces économistes, ces techniciens, ces banquiers occupent discrètement des positions de confiance au sein de nombreuses entreprises : « Nous sommes des citoyens ordinaires. Notre appartenance est affaire de conviction personnelle et privée. Nous ne sommes pas des ambassadeurs de la religion » (M. Lopez Rodo, ministre commissaire du plan de développement). [J. G.]

monstre n. m. En terme de métier, les objets (volumineux) de rebut, abandonnés par leur propriétaire dans la nature ou sur la voie publique : *Ces déchets encombrants qu'en termes techniques on appelle les « monstres » : appareils ménagers hors d'usage, vieux postes de télé, mobilier irrécupérable, deux-roues à bout de souffle et autres résidus du progrès, dont les pouvoirs publics savent aussi mal se débarrasser que les particuliers qui, sans vergogne et sans honte, les ont jetés n'importe où* (1971, *le Figaro*). [J. R.]

mosaïque adj. *Culture mosaïque.* Expression du sociologue Moses pour désigner la culture morcelée qui est aujourd'hui celle des masses. Auprès de la culture traditionnelle, acquise de façon rationnelle, lente, systématique et volontaire, la *culture mosaïque* se compose au hasard des magazines, des films, des spectacles de télévision, des émissions radiophoniques : *Ce jeune homme est-il cultivé? Disons que sa culture mosaïque jalonne ses ténèbres de quelques feux.* (J. R.)

mosik n. f. Musique, dans le langage de certains milieux gauchistes comme celui dont le journal *Actuel* est l'organe. Grimace orthographique et phonétique, comme la pratiquait Rimbaud pour purifier certains mots salis par l'usage. La *mosik,* c'est la musique de l'*underground* américain, le jazz pop où bat le cœur de la négritude et des opprimés : *Plus aucun fossé ne sépare les fils d'O. S. et de P.-D. G. quand ils écoutent ce qu'ils appellent la « mosik »... Exécrée ou ignorée par les adultes, la mosik est devenue le signe de ralliement de la nouvelle génération, parfois son cri de guerre. Les décibels de Mick Jagger sont plus importants que les discours du Dr Leary qui demande à ses fidèles de résister biologiquement* (1972, la *Nef*). [J. R.]

motivationnel, le adj. Relatif aux *motivations.* Qualifie, dans le langage du *merchandising,* l'élément qui provoque la décision favorable d'un acheteur éventuel, le *prospect : En Europe, l'activité de l'esthétique industrielle fait toucher à toutes les machines et à tous les produits industriels. Sauf l'automobile, parce qu'il ne s'agit pas de design, mais de styling — c'est-à-dire de design motivationnel* (1972, *Entreprise*). [J. R.]

moto verte (en angl. *trail bike*). Sorte de motocyclette conçue pour le tout-terrain (moteur haut perché, échappement surélevé, pneus à « tétines »). La *moto verte* est celle qui, s'échappant de la route, escalade les sentiers de montagne, cahote à travers la forêt, bondit de roche en roche. On la nomme aussi « moto de *trial* », c'est-à-dire d'épreuve.

La vogue de la *moto verte* s'est singulièrement manifestée en

Italie, mais les principaux constructeurs sont japonais et espagnols. Pratiquer ce sport exige une excellente forme physique et un entraînement particulier. La conduite de la *moto verte* sur un terrain difficile nécessite de continuelles corrections au guidon et une souplesse de jambes égale à celle des skieurs. Il faut savoir, parfois, conduire debout, les genoux serrant le réservoir, en déplaçant continuellement le poids du corps pour conserver une bonne assiette, tandis que les jambes jouent le rôle d'amortisseurs : *Une moto verte, c'est une machine haute sur roues, d'une cylindrée généralement comprise entre 125 cm^3 et 360 cm^3, spécialement conçue pour être à l'aise sur route, mais plus encore hors route* (1973, la *Prévention routière*). [J. R.]

mouroir n. m. Hospice de vieillards, où l'on ne dispense aux pensionnaires qu'un minimum de soins : *Le seul recours des vieillards, c'est l'hospice. Dans la plupart des pays, il est parfaitement inhumain. Juste une place pour attendre la mort, un « mouroir » comme on a dit dans une récente émission sur la Salpêtrière* (Simone de Beauvoir, la *Vieillesse*, 1970, Gallimard éd.). *En janvier, je visitais à Calcutta les « mouroirs » de mère Teresa et ces camps interminables où neuf millions de réfugiés se préparaient à repartir vers leurs villages* (Jean Rodhain, *Messages* du Secours catholique, décembre 1972). [J. R.]

multimedia adj. pl. (préfixe *multi-*, du lat. *multi,* nombreux ; *media,* pl. de *medium,* moyen, support de communication, comme dans *mass media*). Un spectacle *multimedia* s'attache, au moyen d'« aides » variées, à « intégrer » le spectateur. Ainsi Jean Genet créant, par le film et les diapositives, un environnement coloré qui élargit au monde extérieur la scène et la salle de théâtre ; ou Guy Lauzin introduisant dans sa reprise du *Rhinocéros* d'Ionesco des montages audio-visuels esthétiques et percutants.

La cantatrice Carla Henius, spécialiste de la musique contemporaine, et son équipe ont donné dans les Goethe Instituts — centres culturels allemands installés en France — des « concerts *multimedia* » d'une esthétique très étudiée. La « canzona » du compositeur Dieter Schoenbach en constitue le « clou ». C'est une « fusion de mouvement plastico-visuel, de projections de lumières et d'objets », avec les improvisations du soprano « surimpressionnant » ses propres enregistrements. Les peintures projetées sur les murs du fond, les lentes ondulations de rubans phosphorescents dans une « lumière noire » harmonisent la construction visuelle et les sonorités. Ces expériences préparent peut-être un nouvel âge de l'art théâtral et de l'art musical associés. (J. G.)

multinational, e, aux adj. Qui concerne plusieurs nations, qui implique une participation internationale (surtout en économie). La réalité de ce caractère est mise en doute par certaines critiques. Seules, parmi les « grandes compagnies », répondraient strictement à pareille qualification la Royal Dutch Shell, l'Unilever et la Brown Boveri. Ainsi, les filiales de cette dernière sont parfois « aussi grosses » que la maison mère, et, *depuis peu, les décisions se prennent en équipes vraiment multinationales. Quant à la masse des grandes sociétés classiques, elle ne serait pas plus multinationale que ne l'était la Grande Armée, dont les contingents nationaux divers ne servaient rien d'autre que les desseins de l'Empereur (le Monde,* 7-VII-1970). L'Empereur, ici, s'appelle Dollar, et les mots *multinational* et *multinationalité* ne sont que subterfuge, euphémisme et trompe-l'œil. Faudra-t-il leur imposer un statut d'appellation contrôlée? (J. G.)

multiple n. m. Œuvre d'art *multipliée* industriellement, ce qui est une façon de promouvoir la culture des masses, comme aussi de nier la valeur attachée par la civilisation bourgeoise à l'authentique, à l'unique, au rare : *Le pop américain évolue vers le gadget, le multiple...* (1971, *Elle*). [J. R.]

multipolarisme n. m. Néologisme formé à partir du préfixe *multi-* et de la racine *pôle*. Désigne en politique le système des rapports entre puissances lorsque plus de deux éléments antagonistes de poids comparables se trouvent en présence.

Alors qu'on parlera de *bipolarisation* de la politique intérieure française pour décrire l'affrontement d'une « gauche » articulée sur le parti communiste et d'une « droite » se réclamant du gaullisme, on parlera de *multipolarisme* dans des problèmes de politique étrangère de l'ordre de ceux du Proche-Orient, par exemple, où Égypte, Syrie, Irak, etc., se trouvent engagés à des titres divers dans un même affrontement : *L'insertion de petits pays dans le nouveau jeu de multipolarisme des puissances (au Proche-Orient) montre dans quelle mesure l'État* [d'Israël] *a besoin d'un organisme doté d'autorité* (1972, *le Figaro*). [P. P.]

multisaisonnier, ère adj. Qualifie la possibilité, pour un équipement hôtelier ou pour un site de vacances, d'être employé en dehors de la *saison* principale pour laquelle il a été initialement conçu. C'est ainsi que l'aménagement de locaux propices à l'organisation de congrès offre des possibilités nouvelles *hors saison* à des stations balnéaires ou thermales ; les cures marines, le ski d'été, le tourisme d'été en montagne permettent d'utiliser plus longtemps les équipements divers réalisés dans les stations correspondantes et d'en amortir plus facilement les coûts de construction et d'exploitation : *Ce centre* [de vacances] *de cent cinquante lits a une vocation multisaisonnière* (1971, *le Figaro*). [P. P.]

muralisme n. m. École de peinture mexicaine qui, depuis la mort d'Orozco en 1949 et celle de Rivera en 1957, a pour chef de file Alfaro Siqueiros. Romantique et coloré, l'*art muraliste* — ou, plus simplement, le *mural* — déploie des thèmes révolutionnaires ayant pour unique personnage « polyforme » la foule en mouvement. Ce langage « géant » n'est pas d'une nouveauté absolue : ainsi, les fresques des églises franciscaines italiennes « racontaient » jadis, longuement, un épisode après l'autre, la vie des saints aux fidèles, un peu à la manière des sérigraphies de notre époque. Mais le mouvement mexicain n'invite pas à la méditation : « explosif », pathétique, culturel, encouragé au moins verbalement par le président Echeverría, il construit sur

« des murs vociférants » un discours anticapitaliste en images qui symbolise la révolution, « seconde nature de la société mexicaine » depuis un demi-siècle (Jacques Michel, *le Monde*, 5-I-1972).

Le peintre de chevalet peint comme un causeur de salon. Le muraliste parle aux masses. Il doit prendre la voix des grands meetings, créer des symboles lisibles de loin pour tous (Alfaro Siqueiros). [J. G.]

muséobus n. m. (formé de *musée* et de l'aphérèse populaire *bus*, autobus). Musée sur roues qui, à l'exemple des *bibliobus* et des *cinébus*, va trouver son public au lieu de l'attendre. Animé par Maud Linder, fille du premier comique de l'écran français, le *muséobus* reprend ou rejoint la tradition des « cinématographes » ambulants et du théâtre « sur tréteaux ». C'est une semi-remorque transformable en un minimusée de soixante mètres carrés qui a d'abord exposé vingt et une toiles de Rouault et projette également des diapositives. Un musée qui « roule pour vous », qui apporte « dans les plus humbles villages la joie jusqu'alors réservée aux citadins » (Maud Linder, *Elle*, 25-X-1971).

On peut remarquer que le suffixe *bus,* désinence d'*omnibus* (pour tous), est devenu caractéristique d'un moyen de transport en commun *(omnibus, autobus, aérobus, airbus),* et est même employé seul dans le langage familier : « Je vais essayer d'attraper le *bus* ». En anglais, le verbe *to bus* signifie « voyager en *autobus* ». Les mânes de la famille *omnes* doivent en frémir d'aise, en compagnie de celles de Jean-Sébastien Mouche... : *Dans la région parisienne, premier voyage du muséobus avec Fernand Léger* (titre du *Monde,* 6-XI-1971). [J. G.]

musicolier n. et adj. Ce joli mot désigne un mouvement d'initiation des enfants de l'*école* primaire à la *musique,* par les soins de leurs maîtres et d'instrumentistes professionnels ou amateurs (hautbois, cor anglais, basson, clarinette...). Nos premières villes *musicolières* se trouvent, pour la plupart, dans la région parisienne ; mais cette activité commence à faire tache d'huile :

Une illustration parfaite, originale et bénéfique des disciplines d'accueil... Jamais un enseignement n'a suscité un tel enthousiasme (les maîtres). *L'âme d'un instrument, la technique d'un artiste, la valeur d'une inspiration, c'est tout cela que font découvrir aux enfants les musicoliers* (Marcel Landowski). [J. G.]

musicothèque n. f. Comme *bibliothèque, cinémathèque, discothèque*... Collection d'instruments et de documents intéressant l'art, l'histoire et la pratique de la musique, comme il en existe en Allemagne et en Italie. Radio-Canada ouvrit en 1939, pour les besoins de ses émissions, une « *bibliothèque musicale,* autrement dit de matériel orchestral et de partitions », que ses usagers prirent l'habitude d'appeler *musicothèque. Dès lors, les employés attachés à ce secteur devinrent les « musicothécaires »* (*Circuit fermé,* Montréal, 1-V-1970). Ainsi, l'organe crée le mot, qui entrera dans nos dictionnaires d'usage lorsque se multiplieront en France les « bibliothèques musicales » scolaires ou publiques. (J. G.)

nationalitaire adj. Formé à l'image des séries *totalité-totalitaire, unité-unitaire,* etc. Qualifie les idées, les tendances ou les mouvements qui tendent à se réclamer d'un certain *nationalisme,* que celui-ci se fonde sur l'existence d'un État, d'une race, d'une ethnie ou même d'un dialecte. Ce terme semble avoir connu un certain succès lors des prises de position qui se sont manifestées à l'occasion du procès des « autonomistes bretons ». *Les plus activistes [...] en sont venus à rêver de sécession, à tirer des conséquences nationalitaires de fidélités locales dignes d'estime* (1972, *le Figaro*). [P. P.]

national-pétrolisme n. m. Désigne la doctrine suivant laquelle les pays producteurs de pétrole entendent assortir la fourniture de ce produit de conditions dictées par leurs propres ambitions nationales, cependant que les utilisateurs cherchent à s'affranchir des pressions politiques qu'entraîne une telle attitude : *Ce national-pétrolisme, de quoi est-il fait?* (1968, *l'Expansion*). [P. P.]

nautel n. m. Néologisme composé à l'image de *motel* — à partir de *moteur* et d'*hôtel* — par télescopage des mots *nau*-tique et *hôtel;* désigne un gîte d'étape pour plaisanciers où sont fournis l'amarrage à quai et l'hébergement, limité en principe à une nuit et à la seule fourniture du petit déjeuner.

Le tourisme automobile a donné naissance à un type d'établissement nommé *motel,* où l'automobiliste trouve un emplacement de stationnement contigu à une chambre de plain-pied, où l'hébergement est généralement limité à une nuit et ne comporte aucune prestation annexe de services. Le touriste s'alimente à un bar voisin, manipule lui-même ses bagages et cire ses chaus-

sures. Dans le même esprit, une catégorie d'établissements analogues est projetée dans les ports de plaisance et les *marinas*.
Bâtiments bas disposant de postes d'amarrage en nombre égal
aux chambres qu'ils contiennent, ils permettent aux plaisanciers
de trouver un gîte d'étape terrien, à proximité de leur bateau,
sans avoir à recourir aux services d'un hôtel plus éloigné et plus
coûteux ou à l'hébergement d'un ami installé dans la station.
(P. P.)

néantisation n. f. Fait de *néantiser* (voir ce mot). Abolition,
réduction à l'« état *néant* ». À propos de *l'Éclipse,* de Michel-
angelo Antonioni : *Peu de films nous ouvrent d'aussi vertigi-
neuses perspectives sur une certaine néantisation de toute vie
intérieure* (Pierre Gay, *Cinéma 62,* numéro de novembre).
[J. G.]

néantiser v. tr. Emprunté à l'allemand par J.-P. Sartre, au sens
absolu d'« ôter au *néant* jusqu'au moindre semblant d'être »
(l'Être et le Néant). Introduit par cet auteur dans le vocabulaire
de la philosophie, *néantiser* a plu aux critiques de cinéma et de
théâtre. Ils en ont fait le synonyme à la mode d'*abolir, anéantir,
réduire à l'état zéro. Comment cet homme* [Woyzeck, dans le
drame de Büchner], *néantisé par la méchanceté, par la bêtise
bottée et casquée, pourrait-il se conduire en homme?* (Renée
Surel, *les Lettres françaises,* 7-V-1964). Un écrivain — non
désigné — a félicité M. Jacques Duhamel d'avoir *néantisé*
(interdit dans les salles publiques?) un film qui, d'après lui, est
« un ignoble petit morceau de cinéma » (cité par Jacques Cellard, *le Monde,* 12/13-III-1972). [J. G.]

négativisme n. m. Est défini par le *Grand Larousse encyclopédique* comme : « le système caractérisé par le refus de toute
réalité et de toute croyance » (acception philosophique); « la
diminution de l'activité passive ou active, en dépit de toute
sollicitation » (acception psychiatrique).
Par extension de sens, dans le langage socio-politique, attitude intellectuelle de refus à l'égard de telle ou telle doctrine, de

telle ou telle prise de position politique, économique ou sociale : *Face au management moderne* [...] *l'attitude syndicale doit d'abord rejeter tout négativisme stérile* (étude C. F. D. T., *Cadres et professions,* nº 246).

La citation rappelée est un exemple de la contamination du langage courant par le vocabulaire du spécialiste. Dans le corps de l'étude en cause, que son auteur veut générale, il semble que *négativisme* aurait pu être avantageusement remplacé par *opposition, refus, attitude négative.* (P. P.)

néo-positivisme n. m. Doctrine de ceux pour qui tout représente une valeur objective et mesurable. Le *néo-positivisme* tend à remplacer le cerveau de l'homme par l'ordinateur : *Le néo-positivisme détermine nos informations à appréhender toute la vie économique, sociale, politique, alors que leurs réseaux statistiques n'en peuvent retenir que certains aspects quantitatifs; ce sont en général les moins déterminants pour le bonheur de l'individu...* (Georges Elgozy, *le Désordinateur,* 1972, Calmann-Lévy éd.). [J. R.]

néo-racisme n. m. Se dit du *racisme* des gens de couleur à l'égard des Blancs : *Les écrivains noirs, bien que parfois emportés par leur haine, se rendent compte des dangers d'un tel néo-racisme, et nous en convenons volontiers* (Ignacy Sachs, *la Découverte du tiers monde,* 1971). [J. R.]

nixonite n. f. Néologisme créé à partir du nom du président Nixon. Désigne une doctrine économique de circonstance qui met en œuvre blocage temporaire des prix et des salaires, et qui a été préconisée et appliquée par le président Nixon dans les mois qui ont précédé sa réélection. (On peut noter que le suffixe *-ite,* classique dans le langage médical des affections, a été préféré à *-isme,* cependant plus indiqué lorsqu'il s'agit de nommer une doctrine ou un système.)

De multiples causes ont entraîné aux États-Unis un état d'inflation dont l'une des conséquences a été la montée des prix et, en corollaire, l'exigence croissante d'une augmentation des salaires. Pour tenter d'enrayer ce phénomène, et d'éviter que son accélération prît une allure explosive, le président des États-Unis a décidé de bloquer temporairement prix et salaires. Cette mesure autoritaire a soulevé nombre de protestations, tant dans les milieux économiques que dans le monde syndical. Il semble cependant qu'elle ait eu l'effet de freinage des hausses qu'on en attendait, sans nuire pour autant à l'expansion économique du pays : *La nixonite, dit-on, gagne du terrain en France, et M. Giscard d'Estaing lui-même fait montre d'un intérêt marqué pour les résultats obtenus outre-Atlantique* (1972, *les Échos*). [P. P.]

non-mot n. m. Type de mot composé négatif attesté au XIXᵉ siècle (*non-respect,* Balzac, *le Père Goriot; non-piété,* Barbey d'Aurevilly, *les Diaboliques*) et qui prolifère actuellement. Ce mode de formation exprime le contraire, le refus, l'absence ou l'inexistence d'une manière qui n'est pas toujours explicite : Robert Le Bidois se demandait un jour ce qu'est au juste la *non-vérité* pour les catholiques ; et que faut-il entendre par une *non-personne?*
  Cependant, lorsque — dans son *Étude linguistique et sémiotique des dictionnaires français contemporains* — Mᵐᵉ Rey-Debove observe : *Le mot rare tend vers le non-mot,* le sens s'éclaircit ; les vocables à faible circulation constituent un simple excédent, ou surcroît marginal, de l'usage enregistré par les dictionnaires du français courant. Leur teneur échappe presque à la réalité du mot « en exercice », du langage « actif ». (J. G.)

non-public n. m. De même type que *non-travail* (période ou situation intermédiaire, diversement occupée, entre la vie professionnelle et les loisirs proprement dits). Le *non-public* — celui, par exemple, que compose à l'égard du théâtre l'immense majorité des Français — est moins réfractaire qu'indifférent par manque de curiosité ou d'information. Il s'agit d'atteindre et de conquérir cette masse inerte plutôt que vraiment hostile.
  C'est ainsi que Jeanne Moreau, le cinéaste et producteur publicitaire Christian Gion et le metteur en scène Jean-Louis

Richard ont résolu de transformer nos salons de coiffure en lieux de rencontre avec le *non-public* féminin. Pendant la durée moyenne du passage sous le casque, évaluée à quarante-sept minutes, sera offerte à la clientèle une revue audio-visuelle à support de publicité, sorte de magazine non plus « sur papier », mais « sur cassette » : il s'intitulera évidemment *In*. Cette façon inédite de séduire le *non-public* exigera toutefois la création d'un marché encore aléatoire. Ses promoteurs paraissent estimer que le fait d'agir sur des personnes assises et immobiles offre l'avantage psychologique d'une meilleure réceptivité. (J. G.)

noosphère n. f. Si l'atmosphère est l'enveloppement de la sphère (terrestre) par la vapeur, la *noosphère* est celui de cette même sphère par l'esprit (gr. *noos*). En écologie, la *noosphère* est l'influence de l'esprit sur la nature, que cet esprit soit celui de l'homme ou celui de l'animal qui lui aussi modifie parfois l'environnement : *Dans l'action des castors, constructeurs de digues, sur l'écologie, un écologiste canadien, P. Dansereau, voit un exemple de ce que Vernadski et Teilhard de Chardin ont appelé la noosphère* (1972, *Forces*, revue de l'Hydro-Québec). [J. R.]

no show. Expression anglaise dont la traduction littérale est « ne pas se montrer ». Elle désigne, dans le langage des compagnies de transport aérien, la défaillance involontaire, et non signalée, d'un passager au moment de l'embarquement. De ce fait, la compagnie ne peut réattribuer la place ainsi devenue disponible à un autre passager et est donc victime d'une perte sèche.

C'est pourquoi la plupart des compagnies aériennes demandent confirmation de la réservation au plus tard soixante-douze heures avant le départ du vol correspondant, faute de quoi le passager titulaire de son billet risque de voir sa place affectée à un autre voyageur : *L'un des ennuis des transports aériens est le no show* (1972, *les Échos*). [P. P.]

occultation n. f. Ce mot, ainsi que le verbe *occulter,* jusqu'à présent limité à certains emplois spéciaux, est d'un usage courant, en un certain style recherché, pour « cacher », « dérober » à la vue ou, au figuré, à la pensée, à la conscience. On parle de l'*occultation des principes constitutionnels* (1971, *le Monde*). Les jeunes gauchistes se plaignent, dans un tract (1972), que l'on *occulte leurs revendications.* On lit, dans *l'Express* du 29 mars 1971 : *Le général de Gaulle surestime son rôle lorsqu'il occulte complètement les Américains, les Anglais et les Russes.* Dans *la Nef* (1973), on déplore que *la réalité anthropologique* de l'enfance ait été *jusqu'à présent occultée.*

Jusqu'à ces derniers temps, les termes d'*occulter,* d'*occultation* ne s'employaient qu'en astronomie : *Il arrive que la Lune occulte Mars;* à propos d'éclairages de signaux lumineux : *Pendant l'occupation toute lumière était obligatoirement occultée.* En langage scientifique, on les utilisait en divers sens. Ainsi Buffon parle de l'*occultation* du coucou. Une feuille *occultante* se disait d'une feuille devenue invisible parce qu'elle s'enroule autour de la tige.

Nouvel exemple de termes vieillis qui, dans l'actuelle effervescence langagière, retrouvent une nouvelle jeunesse. (J. R.)

ombudsman n. m. Terme d'origine scandinave désignant en Suède une personnalité non politique dont la fonction est d'agir en vue de défendre le citoyen contre les abus et les inadaptations administratives. En Grande-Bretagne on nomme souvent *ombudsman* le « commissaire parlementaire pour l'administration ». En France, à l'imitation de la Suède, on a désigné un *ombudsman,* plus souvent nommé « médiateur », en la personne de M. Pinay, ancien ministre. En 1971, M. Michel Poniatowski avait proposé la création d'un haut-commissariat à la « défense des droits de l'homme » : *Le haut-commissariat à la défense des droits de l'homme jouerait ce rôle d'ombudsman : protéger et défendre les administrés* (1971, *le Figaro*). [J. R.]

omelette n. f. Désigne, par plaisante extension de sens, dans le langage familier des affaires et de la politique, le résultat de l'opération qui consiste à grouper dans une seule négociation globale un ensemble de propositions et d'arrangements nés de compromis successifs, afin de les faire accepter en bloc par les négociateurs des deux partis. C'est une traduction humoristique du *package deal* cher aux anglophones... et aux snobs. (P. P.)

oncletomisme n. m. Néologisme formé sur *oncle Tom*, héros d'un célèbre roman américain. Désigne l'attitude d'un Noir américain qui cherche à présenter l'aspect rassurant du bon Noir, souriant, candide, sensible aux attentions paternalistes des « bons maîtres », à la façon de l'oncle Tom de Mme Beecher-Stowe : *On lui* [Louis Armstrong] *a reproché son comportement sur scène, son oncletomisme à peu près constant, sa prudente neutralité sur tout ce qui pouvait, de près ou de loin, toucher à la politique* (1971, *les Lettres françaises*). [P. P.]

one man show (locution angl.). Spectacle donné par un seul artiste de théâtre, de music-hall, de cirque, etc. S'emploie, par extension et ironiquement, lorsque cet acteur unique, sur lequel convergent tous les feux de l'actualité, est un homme politique, un chef d'État. À propos du discours annuel prononcé par le président des États-Unis devant le Congrès, *le Figaro* annonce un *one man show et un grand finale sur la scène du monde cette semaine*. (J. R.)

op' art (*optical art*). Expression calquée sur *pop' art* (*popular art*, J. G., *les Mots dans le vent*, t. I). « *Art* né d'une recherche élaborée de l'effet *optique* » par le choix des matériaux (luxalon, polyester, Plexiglass), par les formes symboliques, par les couleurs « agressives » ou psychédéliques des décors

(*Marie-Claire,* février 1972). Le temple de cet art nouveau, moderniste et peut-être futuriste, serait les nouvelles installations de Radio-Télé-Luxembourg, avec en particulier la salle de réunions du 6e étage et la façade monumentale aux 1 200 projecteurs dont l'intensité lumineuse est modulée sur le volume sonore de l'émission en cours. Il est trop tôt pour préjuger l'avenir. (J. G.)

optimiser v. tr. Améliorer, perfectionner, rapprocher de l'*optimum.* C'est *une science des États-Unis qu'il faudrait créer en Europe. Grâce à cette « américanologie », nous pourrions profiter pleinement de ce laboratoire de sept millions de kilomètres carrés,* afin *d'expérimenter, de corriger et d'« optimiser » notre avenir* (Jacques Henry, *Science et Avenir*). Dans une acception plus technique : *optimiser* les pièces de rechange, les conditions d'usinage, les rendements... D'où les substantifs *optimation* et *optimisation,* ce dernier qualifié de « monstre » dans *Vie et langage,* décembre 1967, p. 712. (J. G.)

optoélectronique n. f. Terme formé de la racine grecque *optikê,* art de la vision, et du mot *électronique.* Désigne la technique qui permet de transformer l'énergie électrique en énergie lumineuse, et réciproquement, offrant ainsi la possibilité de recueillir, de transporter, de stocker et d'interpréter en un temps très court une quantité considérable d'informations par une étroite interaction des électrons et des photons (*Industries électriques et électroniques,* IIe semestre 1972). [P. P.]

ordonnancement n. m. Ce mot a la signification générale de « mise en œuvre ». Il désigne en outre une opération de la législation financière, qui consiste à assurer avec toutes les garanties de régularité administrative l'inscription d'une opération exécutée à la requête des pouvoirs publics et son règlement par les soins du Trésor. Il désigne également dans l'industrie le déclenchement et le contrôle de l'avancement d'une commande à travers les différents services de fabrication, depuis sa mise en œuvre jusqu'à l'expédition au client.

Par extension, et abusivement, on parle aujourd'hui d'*ordon-nancement* d'un ouvrage, d'un travail complexe : *Un bon réali-sateur de programmes* [il s'agit de l'enseignement programmé] *doit toujours être capable de remettre en cause tout l'ordonnan-cement d'un ouvrage classique* (1969, *Entreprise*). [P. P.]

O. S. n. m. Abréviation pour *ouvrier spécialisé*. Il en est beaucoup parlé, depuis quelque temps, à propos de la « qualité de la vie », ces O. S. étant ceux auxquels cette « qualité » manque particulièrement. Ils sont en effet pour la plupart soumis à ce *travail à la chaîne,* mode tayloriste de production qui ne paraît plus aujourd'hui indispensable comme il l'était au début de ce siècle : *Qui sont ces ouvriers spécialisés dont, paradoxalement, la caractéristique majeure est de ne posséder aucune spécialisation?* (1972, *Travail et condition ouvrière*). D'après l'I. N. S. E. E., les O. S. sont des « travailleurs manuels salariés occupant un poste d'emploi qui nécessite une simple mise au courant, mais pas de véritable apprentissage ». Ils se situent entre les simples manœuvres (la plupart recrutés parmi les *migrants*) et les ouvriers qualifiés, dont le métier exige un apprentissage parfois de plusieurs années : *Dans la plupart des cas, être O.S. signifie travailler à la chaîne* (1972, *Travail et condition ouvrière*). [J. R.]

ouverture n. f. Terme en vogue depuis quelques années dans les milieux politiques pour désigner un esprit d'entente des partis de la majorité avec les partis voisins. Il a passé dans le langage religieux, le plus souvent sous la forme *ouverture au monde* : *L'ouverture au monde qui est prêchée aujourd'hui par les clercs comme un thème obligé pourrait ne pas aller sans une certaine « fermeture à Dieu »* (Stanislas Fumet). [J. R.]

pacification n. f. Par euphémisme, action militaire destinée à mater une rébellion — dans une colonie, un pays sous protectorat —, à écraser l'adversaire, à le réduire à l'impuissance, ce qui est bien en effet rétablir un état de paix. Il a été souvent question, pendant la guerre d'Algérie, de *pacification : Le jeune Français n'est pas parti pour faire la guerre, il est un pacificateur, mais la pacification est pire que la guerre; il est venu pour protéger les musulmans terrorisés par les rebelles, et on lui demande d'encercler les villages avec des fils de fer barbelés et de mettre en fiches tous les habitants* (Pierre Vidal, *la Torture de la République,* 1972, éd. de Minuit).

Au Viêt-nam, l'action de l'armée américaine se recouvrait parfois du terme de *pacification,* et pour les adversaires ce mot désignait un effort de mainmise définitive sur l'Indochine. Ainsi le journal nord-vietnamien *Quan Doi Nhau Dan* parle du *renforcement de la guérilla populaire locale et de l'attaque contre le plan ennemi de pacification.* (J. R.)

padding n. m. (mot angl.). Rembourrage : *Quand nous avons vu les paddings de certains couturiers pour redonner de la carrure, nous avons pensé qu'il y avait là un point de mode durable* (1971, *le Monde*). Une certaine tendance à la masculinisation de la femme répand, spécialement dans les vêtements inspirés de certaines « tenues de travail » (mécanicien, boucher, boulanger, etc.), le *padding* des épaules. (J. R.)

paléo-gaulliste n. m. ou f. (préfixe *paléo-,* du gr. *palaios,* ancien, comme dans *paléolithique*). *Gaulliste* demeuré fidèle à ses premières convictions, qu'avec un peu d'ironie d'autres jugent dépassées : *L'Europe que M. Pompidou a laissé*

M. Debré décrire à la télévision ressemblait trop, disait-on [chez les partenaires de l'U. D. R.], *à celle des paléo-gaullistes* (*l'Express*, 2-V-1972). Peut s'employer également comme adjectif. (J. G.)

pancapitalisme n. m. Le capitalisme pour tous ; un nouvel état de relations entre le capital et le travail, qu'instaurerait l'*intéressement* généralisé sous la forme d'actions ou, en langage plus politique, le résultat de la *participation* du personnel des entreprises aux bénéfices réalisés par ces dernières.

L'économiste Marcel Loichot, auteur de *la Mutation ou l'Aurore du pancapitalisme,* voit dans cette formule la solution pacifique à venir du conflit entre le capitalisme classique et le socialisme, qui entendent, l'un demeurer, l'autre devenir possesseur des moyens et instruments de production : la lutte de classes perdrait toute raison d'être avec le partage du gâteau... La *panacée pancapitaliste* mettra-t-elle fin aux antagonismes séculaires, ou s'agit-il d'un mythe parmi ceux qu'enfante notre inquiète société ? « Attendre et voir. » (J. G.)

panoplie n. f. D'après le *Grand Larousse encyclopédique,* désigne l'armure complète d'un chevalier, le « trophée d'armes accroché à un mur » — et pour cette acception Littré précise : « sur un panneau de bois ou recouvert de velours en forme d'écu ordinairement » — et enfin, par extension : « ensemble de jouets imitant quelque équipement militaire ou quelque uniforme, et présenté sur une feuille de carton fort ». Aujourd'hui *panoplie* peut signifier la variété d'armes dont dispose une nation : *La panoplie de l'U. R. S. S. s'est enrichie d'un sous-marin atomique à fusées nucléaires.* On retrouve ici le sens étymologique du terme : toutes les armes (du grec *pan,* tout, et *hoplon,* arme). Par extension, variété de moyens d'action. À propos d'une société britannique acheteuse d'immeubles et de terrains en France : *La panoplie est variée : achats de terrains, construction, etc.* (1972, *le Monde*).

Au sujet de l'inflation « style 1970 » : *Les contrôles administratifs, les actions classiques sur le crédit et la monnaie, le*

freinage des hausses salariales constituent beaucoup plus des
panoplies qui ont fait la démonstration de leur inefficacité que
les moyens d'une politique (1973, *l'Expansion*). [J. R.]

pantas n. m. pl. Pantalons s'arrêtant au-dessous du genou ou à
mi-mollet, à l'usage des enfants des deux sexes et des femmes.
Les *pantas,* sous forme bouffante, qui évoque les anciens
« golfs », portent le nom de *pantacycles* en mémoire des pion-
niers ou pionnières de la bicyclette. Ils sont dits *pantabottes*
quand leur hauteur et l'élastique qui les retient sont adaptés à
cet accessoire, et *lèche-bottes* quand ils ballottent et ne sont pas
serrés au-dessous du genou. Les *cosaques* et *moujiks* sont des
variétés de *pantas*. — Variante : PANTACOURTS. (J. R.)

panthère n. f. *Panthère noire*. Ce terme ne s'applique plus
seulement aux contestataires noirs des États-Unis, mais à d'autres partisans de groupes ethniques. Ainsi, *le Figaro* du 27 mai
1971 signale une manifestation des *Panthères noires de Jérusalem qui se posent en défenseurs des juifs d'origine orientale
socialement discriminés par rapport aux juifs d'origine européenne.* (J. R.)

parachuté, e adj. Se dit de ce qui est imposé inopinément du
dehors, comme un *parachutiste* lancé d'un avion : *On a vu que
nombre de P.-D. G. avaient été parachutés à leur poste, venant
de l'extérieur de l'entreprise et nommés directement à la présidence* (1972, *Sociologie du travail*). [J. R.]

paralittérature n. f. Production — surtout romanesque — « en
regard », « à côté » (préfixe *para-*) des catégories littéraires consacrées. Elle comprend l'utopie, le fantastique, la science-fiction
et la « politique-fiction », comme aussi les interminables romans
populaires du XIXe siècle, les premiers romans judi-
ciaires et policiers tels que ceux de Gaboriau, et tout le
« corpus » souvent anonyme de nos vieilles chansons folklo-
riques, bachiques, érotiques, politiques et satiriques.
Les *Entretiens sur la paralittérature* du colloque de Cerisy

(1967), publiés en 1969, attirent notre attention sur des aspects méconnus, curieux et parfois captivants de la production française et étrangère, souvent oubliés par les historiens littéraires : *La paralittérature fait partie des anciens comme des nouveaux itinéraires de la stylistique, des mondes mal explorés du réalisme comme des mondes de la fantaisie.* (J. G.)

parapluie n. m. Cet objet passablement ridicule a trouvé le moyen de s'insinuer dans les locutions les plus graves et les plus tragiques. Ainsi, au XIXᵉ siècle, le *parapluie noir* c'était l'ombre turque jetée sur les peuples soumis : Grèce, Albanie, Égypte, etc., non par une idée de protection, mais de « mise à l'ombre », d'ennui, de servitude. Depuis la Seconde Guerre mondiale, le *parapluie atomique,* c'est la puissance nucléaire dont les deux Grands protègent leurs alliés : *Le dollar et le parapluie atomique, ces deux tentations pour les pays du tiers monde. Le Figaro* du 15 février 1971 note l'aspiration chez les dirigeants du Caire à voir s'ouvrir au-dessus d'eux le *parapluie onusien,* c'est-à-dire à être placés sous la protection morale et peut-être militaire de l'O. N. U. (Rappelons, pour mémoire, le sens argotique de *parapluie,* métier d'emprunt, métier « bidon » qui cache une autre activité, celle-là inavouable. *Tout truand a son parapluie : assurances, décoration, export-import... Là-dessous, il « travaille ».*) [J. R.]

paraprivé, e adj. Néologisme formé par application du préfixe *para-,* à côté de, à l'adjectif *privé.* — Antonyme : PARAPUBLIC.

Ces deux adjectifs qualifient des organismes ou des entreprises qui, nonobstant leurs régimes administratif et fiscal propres, présentent à l'emploi des caractéristiques qui les apparentent étroitement, soit à des organismes privés *(paraprivés),* soit à des établissements publics *(parapublics)* : *Quant aux salariés des entreprises, surtout du secteur nationalisé, mais aussi du secteur privé ou paraprivé, insuffisamment soumises à concurrence, comme la banque ou les assurances, ils se comportent souvent comme si celles-ci étaient uniquement destinées à les faire vivre* (1968, *le Figaro*). [P. P.]

parc n. m. Aux nombreuses acceptions de ce mot : *bassin* d'ostréiculture, *enclos* pour le bétail, *entrepôt* d'artillerie, *zone* protégée pour la conservation de la faune et de la flore, *aire* publique ou privée réservée au stationnement des voitures, deux autres se sont ajoutées :

— *Ensemble résidentiel* comprenant des espaces verts, notamment dans la région de Versailles, qui en est « truffée » *(le Monde)* : *parc Saint-Cyr, parc Montaigne,* etc.

— *Estimation quantitative* d'un phénomène intéressant l' « espace » national — toute idée de limitation, de clôture étant oubliée : *Le parc automobile français est l'un des plus denses du monde. Notre parc de résidences secondaires s'accroît de quelque deux cents unités par jour. Notre parc électronique demeure insuffisant et mal réparti.* (J. G.)

parcellisation n. f. Désigne l'opération par laquelle un travail complexe est morcelé en un certain nombre de tâches élémentaires répétitives d'où est exclue la notion de participation à une œuvre d'ensemble.

L'application du système Taylor à l'industrie a conduit les spécialistes de l'organisation du travail à fragmenter la construction d'un matériel complexe en un certain nombre d'opérations élémentaires, échelonnées le long d'une chaîne de fabrication, et dont chacune est confiée à un ouvrier à qui est demandé d'accomplir une tâche, toujours la même, à une cadence dont il n'est pas maître. La monotonie des gestes ainsi requis, l'absence d'intérêt pour un acte qui ne s'insère pas de façon visible dans la réalisation du produit final, le rythme d'exécution de la tâche amènent les ouvriers à ne plus s'attacher au travail qui leur est imparti, et dont ils ne voient qu'une partie, une *parcelle,* toujours la même.

Des expériences ont été tentées, notamment dans une usine d'automobiles en Suède, pour constituer de petites équipes responsables d'un sous-ensemble tel que moteur, boîte de vitesses, etc. L'expérience est trop récente pour qu'on en puisse tirer dès maintenant une conclusion : *L'industrie est... uniquement le travail à la chaîne, la déshumanisation de l'homme par* la parcellisation des tâches, les contraintes imposées aux travailleurs (1972, le Figaro). Sans aller jusqu'à condamner formellement ni la mécanisation ni la parcellisation des tâches, Herzberg souligne l'inadaptation de plus en plus patente du système (1972, l'Expansion). [P. P.]

parcomètre n. m. Néologisme formé à partir de *parc*, lieu de stationnement ou de *parcage* des voitures, et du suffixe *-mètre*, qui mesure, avec intercalation d'un *o* euphonique. (Le vocable de *parcmètre* a été également utilisé par certains auteurs.)
Dispositif placé au droit d'une place destinée au stationnement d'une voiture, muni d'un système de comptage automatique du temps, que l'utilisateur met en marche par introduction d'une ou de plusieurs pièces de monnaie, acquérant ainsi le droit de laisser stationner sa voiture à l'emplacement choisi pour une durée déterminée, variable avec la somme introduite dans l'appareil. Un voyant extérieur avec aiguille mobile permet au personnel de contrôle d'un ensemble de *parcomètres* de déterminer aisément le délai dont dispose encore un véhicule, ainsi que celles des voitures dont les propriétaires ont dépassé le temps maximum auquel ils avaient droit : *En présence des réfractaires du* parcomètre, *ces dames* [les contractuelles de la Préfecture de police] *devront garder le cœur aussi dur que l'appareil lui-même* (1971, le Monde). [P. P.]

Parisocratie n. f. Néologisme formé à l'imitation d'*aristocratie*. Désigne collectivement l'*intelligentsia parisienne*, qui s'arroge le droit de décider du succès d'un auteur ou d'un acteur, et dont les opinions doivent avoir force de loi pour l'ensemble des « sous-développés » qui vivent hors de l'agglomération parisienne (parfois réduite à deux ou trois arrondissements élus).
De tout temps, l'air de Paris ou l'air de la Cour ont exercé un vif attrait sur la province. La faveur royale, ou impériale, l'assentiment des courtisans ou du faubourg constituaient autant de consécrations dont le lustre illuminait le bénéficiaire et retentissait au sein des villes de province où existait une vie intellectuelle et artistique que les moyens modernes de communication

ont tendance à désagréger. Des locutions courantes ont conservé le souvenir de cette influence : « Il n'est bon bec que de Paris. » La capitale a vu se développer des cénacles littéraires, des chapelles, des clans, des groupes de « happy few », d'où les préoccupations politiques ou sociales ne sont pas toujours absentes. Ce sont ces agrégats — au sens exact du mot — qui énoncent des jugements définitifs et qui entendent ainsi faire ou défaire les réputations, et ignorent souvent tout des auteurs de valeur qui se limitent à leur petit canton de province : *Est-ce une tare de ne pas appartenir à la Parisocratie?* (1972, *le Figaro*). [P. P.]

participatif adj. Qui se rapporte à la *participation*. La *participation* a été l'un des éléments fondamentaux de la transformation de la société capitaliste évoluant dans le régime libéral. Prônée par certains avec enthousiasme, accueillie avec une même réserve par ceux qui en devaient faire les frais et ceux qui en eussent été les bénéficiaires, elle a donné naissance à de multiples écrits dont certains n'étaient pas des modèles de pensée ou de style. L'adjectif *participatif* signifie « qui met en œuvre la *participation* », dans le sens limité qui vient d'être rappelé pour ce vocable : ... *Si l'on se place dans un système* participatif [opposé à un système autoritaire]... *les conditions psychologiques et sociologiques deviennent différentes* (1971, *Entreprise*). [P. P.]

passage n. m. *Passage en pointillé*. En langage policier, moment de la filature d'une « bande » où les repères, les signes, les informations s'espacent et tendent à s'effacer, comme le fil d'un cours d'eau en période de sécheresse. Cette solution de continuité tronçonne l'itinéraire du réseau dont il s'agit d'atteindre le point d'arrivée : *Dans la « filière » de la drogue en Amérique latine, les agents du Bureau des stupéfiants reconstituent le « schéma », le « circuit » de l'héroïne et de la transmission des commandes. Mais il reste des vides, des passages en pointillé, des points d'interrogation* (*Lectures pour tous*, mai 1972). [J. G.]

186

passéisme n. m. Attachement, fixation aux seules valeurs du *passé,* notamment en littérature et en art (*misonéisme :* hostilité à l'endroit de ce qui est neuf). Ce mot fut d'abord italien. Le *futurisme,* mouvement d'origine milanaise qui rassemblait autour de F. T. Marinetti de nombreux écrivains, hommes de théâtre, compositeurs, architectes, peintres et sculpteurs, publia — notamment dans *le Figaro* —, en 1909 et en 1911, ses premiers manifestes fougueux contre le *passéisme* national et international où s'enfermaient, selon lui, les vieilles écoles insensibles à l'« esthétique de la machine », à la « religion-morale de la vitesse », à la « peinture des sons, des bruits et des odeurs », aux « mots en liberté », etc. Le futurisme déclara même la guerre au clair de lune...

En langage plus tempéré, Louis Armand, philosophe de l'action, voyait dans le *passéisme* « un détournement de l'intelligence ». C'est ce qu'affirma, au lendemain de sa mort, son collaborateur Michel Drancourt, coauteur de *Plaidoyer pour l'avenir : Son esprit audacieux, son sens de la prospective effrayaient les conservateurs, les* passéistes *comme nous les appelions dans nos échanges.* (J. G.)

paumé, e adj. Perdu. Se dit souvent de jeunes asociaux, tombés au piège de la drogue, habitués de la délinquance, vagabonds. L'argotisme *paumé* s'est répandu en même temps que se développait cette jeunesse « marginale ». Il n'a pas la connotation moralisante d' « égaré », de « perdu ». Il appartient au vocabulaire même de ces inadaptés. À propos d'un groupe de jeunes gens et jeunes filles coupables de plusieurs hold-up, *France-Soir* titre : *Les parents des enfants paumés avouent leur impuissance,* et plus loin : *Les six enfants paumés sont apparus mardi aux assises du Rhône sous un jour beaucoup moins sympathique* (29-III-1973). Dans la revue *la Nef* (1973), à propos du livre de Marie Cardinal, *la Clé sous la porte,* ce titre : *les Parents-martiens et les enfants paumés.* (J. R.)

pavoiser v. tr. et intr. Hisser le pavois, déployer les drapeaux en signe de victoire. Au figuré, dans les milieux sportifs, manifester aux talents d'une équipe ou d'un « poulain » une confiance aussi absolue que prématurée : c'est vendre la peau de l'ours avant de l'avoir tué ; peut-être faudra-t-il, après la rencontre, baisser pavillon.

En argot de la boxe : *Tel pugiliste qui pavoisait la veille du combat se retrouve déconfit, mal en point, le nez « pavoisé »* (tuméfié et ensanglanté). Son adversaire lui en a fait voir de toutes les couleurs... (J. G.)

pédagogisme n. m. Au sens traditionnel : « Système de *pédagogue.* Manière de *pédagogue.* (Peu us.) » [*Larousse du XXe siècle.*] *Le pédagogisme puissamment ordonné de Comenius. Le pédagogisme psychologique et caritatif de Pestalozzi.* Le mot n'a pas toujours été pris dans une acception aussi élogieuse.

Au sens actuel, attention très vive portée à la remise à jour et à la rénovation des *méthodes pédagogiques,* dans une atmosphère de culture vivante et une perspective de progrès social ; mais, aussi ouvert soit-il aux transformations du monde d'aujourd'hui, le *pédagogisme* n'est pas « engagé ». Il procède par enquêtes, expériences, initiatives et confrontations où chacun se met au service de tous — comme le fait, par exemple en Italie, le *Movimento di cooperazione educativa.* On refuse « de prendre position sur des problèmes plus généraux et d'amorcer une critique plus radicale et plus « politique » de l'institution scolaire » (F. Gaussen, *le Monde,* 7/8-VI-1972). [J. G.]

pédagothèque n. f. Néologisme formé à partir de *pédagogue* et du suffixe d'origine grecque *-thèque,* signifiant coffre, armoire, pièce de rangement. Désigne un ensemble de moyens d'informations (méthodes, documentation, moyens audio-visuels) et de salles équipées qui permettent aux autorités chargées de l'enseignement continu et du « recyclage » de trouver dans une même enceinte les renseignements et les matériels aptes à les orienter et à les aider dans leur action.

Dans la formation de ce mot, *pédagogue-pédagogie* a été pris dans l'acception générale : qui a trait à l'enseignement, en perdant de vue que le sens originel de *pédagogue* est « celui qui instruit *les enfants* » (du mot gr. *pais, paidos,* enfant). Il y a donc eu glissement de sens dans la recherche des composants, et création d'un vocable lourd et particulièrement dénué d'élégance.

Les néologismes issus du grec au XIXe siècle étaient également lourds et peu élégants : sémaphore, télescope, télégraphe, scaphandre (plus ancien), etc. Au moins étaient-ils régulièrement constitués. *Le C. N. I. P. E. ouvre les portes de sa pédagothèque* (1972, *les Échos*). [P. P.]

pédobaptisme n. m. Doctrine traditionnelle selon laquelle on doit conférer le sacrement du baptême aux petits enfants : *La pratique obligatoire du pédobaptisme ne conviendrait donc plus aujourd'hui. Telle est l'hypothèse et l'option de Daniel Boureau* (1971, *Catéchismes*). [J. R.]

peeling n. m. (de l'angl. *to peel off the skin,* littéralement : enlever la peau). Dans *Charlie-Hebdo* (13-IX-1971), « Isabelle » prête à l'un de nos ministres *un masque à la Eddie Constantine qui se serait fait un peeling.* Comprenons : qui se serait fait laver, desquamer la peau. Un *peeling* est simplement une exfoliation des couches superficielles de l'épiderme. Persuadons-nous que c'est mieux dit en anglais... (J. G.)

pentecôtisme n. m. Il ne s'agit plus de la secte protestante bien connue, née aux États-Unis vers 1900, et qui a ses pasteurs, ses lieux de culte et déjà ses traditions, mais d'un mouvement récent et spontané, lui aussi né en Amérique, et qui a conquis un grand nombre de jeunes, de diverses confessions : *Le pentecôtisme est à coup sûr le ciment de l'unité entre les diverses tendances de « Jésus-Révolution ». Si la première Pentecôte a finalement révolutionné le monde, pourquoi n'en serait-il pas de même de la seconde?* Mais pour la plupart des contestataires européens, extrêmement politisés, le *pentecôtisme,* par son biblisme anglo-saxon, son rigorisme moral, serait une tentative de récupération des ferments révolutionnaires épars aux États-Unis. (J. R.)

penthouse n. m. Mot américain formé à partir de *pent-pente,* venu du français médiéval et qui signifie « pente », « dévers », et du substantif anglais *house,* maison. *Penthouse* désigne en anglais : un toit en pente accolé à un mur ou à un bâtiment et constituant un abri (auvent); une petite construction accolée à un bâtiment (appentis); une construction légère édifiée sur le toit d'un bâtiment et destinée à couvrir le débouché d'un escalier, le moteur d'un ascenseur, une citerne, etc.; enfin, par extension, une petite habitation bâtie sur la terrasse d'un immeuble important et élevé.

Le *penthouse* que l'on trouve fréquemment dans les textes américains désigne ce dernier genre de construction, sorte de « fermette », ou de petit hangar habitable, édifiée sur les toits des immeubles de Greenwich Village, à New York. Les *penthouses* sont habités par des originaux, des artistes, offrent pour la plupart un confort assez rudimentaire et constituent une sorte de protestation contre l'univers concentrationnaire des grandes métropoles.

Dans cette acception, le terme commence à apparaître dans les revues et les journaux français, bien que la chose désignée n'ait point encore paru en France : *Le penthouse n'est pas dans les plans de l'architecte, il est surajouté.* (P. P.)

perchoir n. m. Désigne, en argot parlementaire et journalistique, la présidence de l'Assemblée nationale. Ce mot ne s'est répandu dans la presse qu'en 1973, à propos du renouvellement du titulaire : *Et vous ne serez pas, vous, deux fois Premier ministre de la Ve en descendant du perchoir,* a dit un ministre à M. Chaban-Delmas, qui renoncera à son projet de candidature. (J. R.)

pérenne adj. (du lat. *perennis,* durable). Au premier synode épiscopal après le concile, on a entendu le maître du sacré palais reprocher au cardinal Garrone de n'avoir pas donné sa place, dans son rapport sur les séminaires, à la philosophie *pérenne.* Au concile, le décret *Optamum totius Ecclesiae* avait prescrit pour la formation philosophique de s'appuyer sur le

« patrimoine *pérenne* philosophique à jamais valable... » *(pere uniter valido).*

La philosophie *pérenne* est un réalisme de la connaissance selon lequel l'esprit humain peut, par ses propres forces, atteindre et exprimer objectivement quelque chose des réalités transcendantes. (J. R.)

pertinence n. f. Par extension de sens, désigne le bien-fondé, l'adéquation ou l'opportunité d'une action, compte tenu des conditions extérieures du milieu dans lequel elle s'exerce.

Cette extension de sens semble empruntée à la langue anglaise. En anglais comme en français, la *pertinence* se définit comme le caractère ou la qualité de ce qui convient à l'objet dont il s'agit, de ce qui est *pertinent*. Cet adjectif vient lui-même du participe présent du verbe *pertinere :* convenir.

La *pertinence* sera donc, par une première extension déjà admise en français, la qualité de ce qui est conforme à la raison, au bon sens. En outre, en anglais, *pertinence* (ou *pertinency*), c'est aussi ce qui est convenable, ce qui est applicable, ce qui convient, ce qui est approprié à...

C'est dans cette deuxième famille d'acceptions que l'on peut relever des cas où la *pertinence* devient l' « opportunité ». Ainsi, lorsqu'on étudie les conditions dans lesquelles des objets manufacturés risquent d'agir, soit dans leur usage normal, soit lorsqu'ils sont abandonnés après usage, sur la pollution du milieu ambiant, on pourra lire que *la pertinence de* [leur] *fabrication ne doit plus être dictée uniquement par ses avantages économiques et techniques apparents* (1972, *Entreprise).* [P. P.]

phallocrate adj. et n. m. Néologisme, formé à partir de *phallus* et du suffixe *-crate* que l'on retrouve dans *aristocrate, autocrate, démocrate,* etc. Désigne plaisamment ceux qui prônent ou acceptent un type de société dans lequel le symbole de l'élément dominant de l'action est l'organe viril : *Aussi Boudat n'offre-t-il à nos rêves de phallocrates qu'un seul nu — d'ailleurs admirable — représentant une jeune Japonaise de dos.*

En 1972, des manifestantes, introduites dans les tribunes de l'Assemblée nationale, ont entonné la Carmagnole du M. L. F. (Mouvement de libération de la femme) :

> *Ah! ça ira, ça ira, ça ira!*
> *Les phallocrates à la lanterne,*
> *Ah! ça ira, ça ira, ça ira!*
> *Les phallocrates on les pendra...*   (J. R.)

philosophade n. f. Néologisme formé à partir de *philosophe* à l'aide du suffixe *-ade,* emprunté aux idiomes du Midi et qui, selon Maurice Grévisse, marque dans certains cas une nuance caricaturale ou péjorative (cf. *arlequinade, capucinade, dragonnade,* etc.).

Créé par Jean Giono, ce terme désigne un système purement verbal, sans aucune insertion dans le réel ou dans la pensée, un débordement de logos étranger à tout concret ; c'est, dans le domaine philosophique, l'équivalent d'une logorrhée sans contrôle ni fondement : *Quand je cherche à appréhender les liens entre le code génétique et la cellule, la cellule et les tissus, l'embryogenèse et la phylogenèse, la conscience médullaire et la conscience réfléchie, le phonème et le discours, la psychologie des individus et le comportement des foules, je suis dans l'hypothèse, dans une théorie des systèmes, mais pas dans les philosophades* (Arthur Koestler, *le Figaro,* 2-X-1971). [P. P.]

piétonnier, ère adj. Néologisme formé à partir de *piéton* sur le modèle du couple *canton-cantonnier.* Qualifie les voies et les emplacements réservés aux *piétons.*

L'accroissement du nombre des véhicules automobiles a pour conséquences d'engorger la circulation des voitures, et de rendre difficile, sinon dangereuse, celle des *piétons :* non-respect des règles de circulation, stationnements abusifs sur les trottoirs, etc. En outre, et quoi que paraissent craindre certains commerçants, l'impossibilité de stationner dans une voie à nombreux magasins est de nature à compromettre le chiffre d'affaires de ceux-ci. Enfin, certains quartiers d'intérêt historique sont défigurés par une circulation aberrante, qui y décourage tout à la fois le négoce et le tourisme. C'est pourquoi certaines villes ont décidé que tels de leurs quartiers, telles de leurs rues seraient interdits aux véhicules, et deviendraient de ce fait une zone *piétonnière* : tel est le cas de la rue du Gros-Horloge à Rouen, de l'îlot de Saint-Séverin à Paris, de certains vieux quartiers d'Annecy, etc.

Le résultat de cette mesure est généralement jugé favorable après une période d'adaptation de la part des riverains : [Après] *transformation en cheminements piétonniers des rues X, Y, Z, T, etc., le secteur piétonnier pourrait être étendu* (1972, *les Échos*). [P. P.]

pitrécranthrope n. m. Néologisme plaisant formé par télescopage des vocables *pitre* et *écran*, à l'image du nom de *pithécanthrope*.

C'est Gonzague Saint-Brice qui, dans *le Figaro* du 26 août 1972, a créé ce mot doublement centaure pour désigner Jerry Lewis. Cet acteur américain, révélé aux Français par quelques films comiques, a donné naissance à toute une littérature où sont décrits ses traits de caractère, retracées les diverses étapes de sa carrière et énumérées les nombreuses occupations annexes auxquelles il se livre intensément lorsqu'il ne tient pas un rôle à la scène ou à l'écran. Clown que certains disent de génie, photographe boulimique, il est ainsi baptisé par un auteur qui n'a pu résister à la cascade de calembours qui fait dériver de *pithécanthrope* (du gr. *pithêkos*, singe, et *anthrôpos,* homme) le pitre roi de l'écran, au moins aux États-Unis.

Tout au plus peut-on regretter que Gonzague Saint-Brice se soit arrêté en si bonne voie. Eût-il sacrifié l'*h* de -*thrope,* que le jeu de mots aurait pris une force nouvelle, aux dépens de notre problématique ancêtre parfois désigné par l'expression de « chaînon manquant ». (P. P.)

plagiste n. m. Néologisme formé à partir du mot *plage* et du suffixe -*iste*. Désigne le concessionnaire d'une plage privée qui fournit, moyennant finances, le droit d'accès à la plage et la location des matériels nécessaires à la vie sur la plage : parasols, chaises longues, cabines, etc.

Le rôle et les astreintes des *plagistes* ont été mis particulièrement en évidence au cours de l'été de 1971, où une vague de protestations s'est élevée contre les privilèges, jugés excessifs, dont excipaient les *plagistes*, notamment sur la côte méditerranéenne : extension des zones réservées et payantes, refus du droit d'accès au bord de mer, etc. La querelle fut suffisamment vive pour qu'un membre du gouvernement s'en mêlât. (P. P.)

plaisancier n. m. et adj. Néologisme formé à partir de *plaisance*. Personne qui jouit habituellement — au moins en période de vacances — d'un navire de *plaisance* destiné aux régates, au cabotage ou à la circumnavigation.

Vers la fin du XIXe siècle, l'habitude s'était répandue de désigner par *yacht* un navire de plaisance à voiles ou à moteur. Ce mot de prononciation difficile (*iak,* et non *iôt,* car il est d'origine hollandaise) faisait immédiatement naître l'image d'un bateau blanc aux lignes fines, à la peinture sans cesse renouvelée et aux cuivres irréprochablement briqués, nanti d'un équipage de choix et dirigé par le *yachtman,* monocle à l'œil, pantalon de flanelle blanche et casquette marine en tête. Le sport correspondant se nommait *yachting.*

La diffusion de la navigation de plaisance a retouché cette image dans le sens de la simplicité. Foin du snobisme et des faux anglicismes ; vivent la *plaisance* et ses *plaisanciers! Les sociétés X et Y ont conclu un accord permettant aux* plaisanciers *français de passer deux mois en Grèce aux moindres frais* (1971, *le Figaro*). [P. P.]

planétarisation n. f. Mise à la portée de notre espèce tout entière, par l'image et par le son, d'une connaissance directe impossible avant l'âge de la télécommunication ; d'où, action s'exerçant sur l'homme — suivant la formule consacrée — « à l'échelle *planétaire* » : *L'information visuelle engendre, à travers ses messages non issus de l'environnement immédiat des individus, une sorte de planétarisation du monde et par là de l'existence humaine elle-même* (G. Cohen-Séat et P. Fougeyrollas, *Cinéma et télévision*).

Au sens socioéconomique : *La planétarisation d'un niveau de vie satisfaisant à la dignité humaine n'est malheureusement pas pour demain.* (J. G.)

plapier n. m. Mot-centaure créé par les Américains à partir de *pla*(stic) et de pa*per* : (pa)*pier*. Désigne un matériau constitué de divers *plastiques* et qui, non dégradable, présente les qualités de souplesse du *papier,* tout en offrant une résistance mécanique et thermique plus grande ainsi qu'une bonne protection contre l'humidité et les ruissellements. (P. P.)

plasturgie n. f., **plasturgiste** n. m. ou adj. Dans ces mots imités de *métallurgie-métallurgiste* et de *sidérurgie-sidérurgiste,* l'élément grec *ergon* marque l'idée de « faire » ; le suffixe -*iste* ajoute celle d' « exercer un métier ». Un ingénieur *plasturgiste* est un ingénieur en chimie organique spécialisé dans la *plasturgie,* ou fabrication d'objets, de pièces d'outillage en matières plastiques. *La plasturgie — qui a Oyonnax pour berceau français — devient une branche importante de la construction des ordinateurs, en particulier des périphériques.* (J. G.)

plurifonctionnalité n. f. Désigne la capacité d'une organisation, et en particulier d'une entreprise industrielle ou commerciale, à modifier ses programmes, ses schémas de *fonctionnement* et éventuellement ses structures, afin de faire face à l'évolution de la technique et aux fluctuations de la vie économique du milieu dans lequel elle opère.

L'entreprise, lieu d'échange de services entre ceux qu'elle emploie et sa clientèle, est généralement marquée par sa finalité propre. C'est ainsi qu'une fabrique d'emballages de produits alimentaires vise à produire les matériels les plus aptes à protéger les denrées contre les agressions extérieures et à permettre leur acheminement et leur conservation dans les conditions les meilleures d'hygiène, de facilité de manutention et de stockage, et de coût. Une telle entreprise, pour subsister, a dû être à même d'affronter l'intrusion des emballages en matières plastiques, les emboîtages en polyuréthane ou en cartons paraffinés, la substitution des boîtes métalliques aux récipients de verre, etc. D'où la nécessité d'une souplesse dans la conception et l'adaptation des chaînes de fabrication, sans parler des facilités plus ou moins grandes d'obtenir tel produit de base pour une nouvelle fabrication, et du problème que peuvent poser les étiquetages en langue étrangère en fonction des débouchés à l'exportation des fabrications en cause : *La plurifonctionnalité est la seule façon pour l'entreprise de s'adapter au changement* (1972, *Entreprise*). [P. P.]

poche n. m. Désigne elliptiquement un *livre de poche,* d'où le genre masculin, ici assez insolite : *Pluie de* poches *à la Foire aux livres de Nogent* (titre du *Figaro,* 17-V-1971).

Un autre exemple de ce tour elliptique est donné par l'usage du mot *transistor* pour désigner un récepteur radio autonome fonctionnant à l'aide de *transistors* (alors qu'on n'a jamais dit un *tube* ni une *lampe* lorsque les fonctions de détection et d'amplification étaient assurées par des tubes électroniques...).

Dans le cas du *poche* — pour *livre de poche* —, il semble qu'il conviendrait de limiter cet emploi à la langue parlée familière, ne fût-ce qu'en raison de l'anomalie qui consiste à donner à un nom, féminin à l'origine, le genre — masculin — de l'objet qu'il désigne, puisque la langue française ignore le genre neutre... : *La guerre des « poche » aura-t-elle lieu?* (*le Monde,* 7-I-1972). [P. P.]

pointu adj. Plus incisif, plus hardi, ce qualificatif cherche à prendre la relève de la locution *de pointe* (v. *les Mots dans le vent,* t. I) comme expression de l'intensité, de la technicité, du modernisme. On commence à parler des secteurs pointus *de la circulation, de la concurrence, de la recherche ou de la spécialisation industrielle.* À ne pas confondre avec *point chaud, secteur chaud,* qui marquent l'état ou la prévision de situations critiques ou conflictuelles. (J. G.)

pollution n. f. Attesté dès le XIIe siècle (*profanation* d'une église), ce mot ajoute à l'idée de *nuisance* (v. *les Mots dans le* *vent,* t. I) celle de souillure corruptrice, de contamination avilissante. L'abondance quotidienne de ses emplois est un avertissement donné à l'homme par son langage. On peut proposer le classement ci-après — sans cloisons étanches — des catégories de *pollutions :*

1. Les unes dégradent les rapports entre l'être vivant et les éléments naturels (l'atmosphère, la terre, les eaux...), soit qu'elles blessent la vue (déchets polluants solides, *smog* [v. *les Mots dans le vent,* t. I]), soit qu'elles demeurent invisibles (la plupart des polluants gazeux, les retombées thermiques ou radio-actives).

2. D'autres font tomber notre organisme sous le fait médical. Ainsi, à Los Angeles, l'autopsie d'un clochard non identifié établit que cet homme n'était pas un « résident » ; « Il a des poumons roses alors que tous les habitants de la ville ont les poumons noirâtres, presque noirs » ; les citadins sont donc tous pollués (Jean Benoît, *Forces,* Montréal, n° 15, 1971). La « liberté sexuelle » aggrave la *pollution génétique* (le nombre des malades vénériens). La vente massive de produits de qualité inférieure — celle des corps gras en particulier — entraîne la *pollution alimentaire,* que dénoncent les hygiénistes. La *pollution de la drogue* met l'organisme sous la dépendance servile des stupéfiants qui le détériorent.

3. D'autres, enfin, amoindrissent ou défigurent notre vie morale ou affective et les conduites qui en résultent. Ainsi, *la pollution esthétique* (laideur de certains paysages urbains, dégradation de la végétation et des eaux, destruction d'espèces animales qui embellissent notre environnement); *la pollution psychique* en général : « Les bruits, les odeurs, la surpopulation, l'encombrement, la pauvreté, la désolation, le désordre, le mauvais goût » (Jean Benoît). L'écrivain aveugle Jacques Lasseyran s'apprêtait à faire, à Zurich, une conférence sur *la pollution du moi* lorsqu'il mourut accidentellement. Des journalistes s'élèvent contre *la pollution de l'argent,* source de nombreux scandales.

Les méfaits de la *pollution* attestent l'impact grandissant (au sens fort du terme) d'une sorte de choc en retour qui inverse les rôles : la nature esclave reprend l'homme sous sa dépendance. Jean-Pierre Andrevon estime que, *dans les mois et les années qui viennent, sous une forme très particulière,* une littérature va se développer *qui sera centrée sur la description de la Terre en proie à la pollution* (*Fiction,* numéro de janvier 1972, p. 142). Prétexte aux jeux fantastiques de la science-fiction, ou menace réelle? (J. G.)

polyform n. m. Ouvrage composé d'éléments à formes multiples. Alfaro Siqueiros a ainsi appelé une fresque de 8 400 mètres carrés qui, après trente années de travail, décorera le plus vaste hôtel du monde, à Mexico. Essayant, a-t-il déclaré, de s'inspirer des bâtisseurs de cathédrales, il a voulu « représenter la marche historique de l'humanité en Amérique latine ». D'autre part, une immense sculpture de Jean Dubuffet : *Groupe de quatre arbres,* trouvera bientôt sa place dans une banque de Manhattan.

L'attirance vers l'art grandiose et démesuré inspire à Paul Vincent cette réflexion : « Tout se passe comme si l'homme, frappé par la puissance de l'infiniment petit et la dynamique de l'atome, voulait oublier sa faiblesse dans l'enflure » (*le Dauphiné libéré,* 10-XI-1971). Réaction de gigantisme : l'art porté à la dimension des grands ouvrages industriels.

Le mot *polyform* se prête à la francisation et à l'emploi comme adjectif. (J. G.)

pop adj. Se dit des vêtements ornés de motifs style « art pop » : *Chemise pop en peau de chamois naturelle incrustée dans le dos d'un « Apollo » en cuir bicolore...* (1971, publicité). [J. R.]

portrait-robot n. m. Portrait d'un individu recherché par la police, d'après les témoignages de ceux qui l'ont aperçu : *L'assassin du caissier sera-t-il confondu par son portrait-robot établi par la police judiciaire?* Se dit, par extension, du portrait d'une certaine catégorie de personnes, de leur « image » tracée au moyen de renseignements divers, de sondages : *Pour dresser*

le portrait-robot du prêtre tel que celui-ci est vu dans le public,
on a demandé aux gens de choisir des qualificatifs dans une
liste (Julien Pohel, *le Clergé français,* éd. du Centurion, 1967).

Le mot de *robot,* emprunté au tchèque *robota,* désigne à
l'origine un homme automatisé par ses conditions de travail ;
robot est encore, en français, un automate d'aspect humain.
Dans l'expression *portrait-robot,* on ne trouve plus trace des
acceptions primitives. Déraillement de sens dû aux faits divers
de la grande presse : *Le poivrot doit renoncer à ses illusions, il*
est fermement prié de se prendre pour le prolétaire dont le parti
a dessiné le portrait-robot (1973, *les Temps modernes).* —
Synonyme : PROFIL. (J. R.)

power flower. Locution américaine : littéralement, le pouvoir
de la fleur. C'est là un slogan hippie, manifestant une aspiration
au retour à la vie simple, ce que traduit, en français, une
chanson de Gilbert Bécaud : « C'est la rose, l'important »... :
La civilisation des enfants-fleurs suppose que les adeptes du
power flower, des drogues hallucinogènes et de l'art psychédé-
lique pratiquent avec une bonne volonté touchante la fraternité
universelle... (1969, *Information et documents).* [J. R.]

praxéologie n. f. Théorie du travail efficace, qui connaît un
succès croissant, spécialement aux États-Unis. *La praxéologie*
a été créée en 1913 par le professeur polonais Tadeusz Wotar-
bunski (1966, *Perspectives polonaises).* [J. R.]

praxis n. f. (mot grec, repris d'abord par la psychologie allemande). Application, exécution, manière d'agir : *Il n'y a pas de*
praxis privilégiée qui sécrète d'elle-même la vérité sociologique
(Edgar Morin, *Communication,* décembre 1968). [P. P.]

préconciliaire adj. Qui se situe avant le concile Vatican II : *On*
dit que la convocation du Synode 1969 n'a tenu qu'à un fil, tant
est restée vivace, dans certains milieux romains, une mentalité
préconciliaire (1970, *le Monde).* [J. R.]

prégnance n. f. Qualité par laquelle une structure s'impose à nous spontanément et avec force. La *prégnance* est le fait des structures simples, régulières et complètes. D'une structure imparfaite, notre esprit tend à en créer une dont la *prégnance* le satisfasse et qui soit conforme au « modèle » de l'objet ou de l'idée. Ainsi un bracelet brisé exposé quelques instants à notre vue sera perçu comme un anneau régulier, image conforme à celle que nous nous faisons d'un bracelet. D'après la *Gestalttheorie* (théorie de la forme), le mécanisme des souvenirs obéit à la même loi. Les images-souvenirs prêtent à la réalité perçue ou sentie une forme simplifiée, stable, une *prégnance* qui en assure la durée. (J. R.)

prématernelle n. f. Projet qui offrirait aux parents la possibilité de mettre leurs enfants en *collectivité prématernelle* — évidemment facultative — à l'âge de dix-huit mois. C'est, d'après les psychologues, celui où la relation de l'enfant à la mère commence à s'élargir vers la conscience d'un entourage et vers les rudiments d'un comportement social. Cette antichambre de l'enseignement préscolaire, peut-être inspirée de l'*asile-nid* froebelien, ne serait « ni crèche, ni jardin d'enfants, ni halte-garderie, mais un espoir éducatif offrant un autre milieu que la famille, entre l'éducation d'instinct de la mère et celle, tardive, de l'école » (M. A. Jaboulay, *le Dauphiné libéré*, 15-IV-1972). Milieu d'accueil agréable et serein, la *prématernelle* soustrairait d'autre part ses petits hôtes, au moins durant quelques heures, à la pollution sonore et aux autres nuisances qui contaminent l'environnement urbain. Il s'agit d'une idée « dans l'air » plutôt que dans le vent ; mais elle paraît s'acheminer vers le stade expérimental. (J. G.)

prénaissance n. f. Néologisme formé sur le modèle de l'adjectif *prénatal*. Euphémisme de courtoisie employé dans le langage de la mode au lieu et place de *grossesse*, jugé inesthétique et évocateur trop précis de l'alourdissement de la silhouette d'une future jeune maman : *Les plus parisiennes des robes de* prénaissance *chez X...* (*le Figaro*, publicité, 8-VI-1971). [P. P.]

près adv. *Près du corps,* ajusté, moins que collant : *Ce tee-shirt très près du corps est si agréable à porter en jouant...* (1971, *Vogue*). [J. R.]

présidentialisme n. m. Régime qui accorde au président de la République la prééminence sur le pouvoir d'assemblée : *Il ne semble pas cependant que M. Pompidou y* [au régime présidentiel] *soit très favorable si du moins les événements ne le forcent pas à choisir entre présidentialisme et régime d'assemblée...* (1972, *le Figaro*). [J. R.]

pressing n. m. Anglicisme provenant du participe présent du verbe *to press,* qui signifie « repasser ». Le terme de *pressing* appartient à cette famille de participes-orphelins où l'ellipse chère aux Français a remplacé *dancing-hall* par *dancing, skating-rink* par *skating* et *parking-lot* par *parking.*

Le mot *pressing* désigne généralement un magasin où il est possible de faire détacher un vêtement et de lui faire donner un coup de fer à la vapeur, magasin auquel est souvent associée une blanchisserie où sont lavés et repassés les différents linges de corps et de maison.

Mais une nouvelle acception vient de germer dans la presse sportive. L'exemple suivant dispensera de toute explication : *Les sommets du basket furent atteints au cours de ce match pendant lequel les Cubains exercèrent un* pressing *constant* (1971, *le Figaro*).

Bien sûr, on aurait pu écrire : une *pression* constante, encore que cette expression soit évocatrice de l'énoncé d'un problème de physique. Mais l'attraction du *forcing* a joué. Il ne s'agissait pas d'une ruée ou d'un emballement final (un *rush*), mais bien d'une action persistante qui permettait d' « accéder aux sommets du basket ». (P. P.)

prêt-à-porter n. m. « Vêtement exécuté sur des mesures normalisées et que l'on peut mettre, grâce aux retouches, à la taille exacte du client » *(Larousse en trois volumes)*. Le *prêt-à-porter* s'oppose, en ce qui concerne la mode féminine, aux créations des couturiers — grands ou petits — et, pour les hommes, au traditionnel complet de tailleur. Il s'est paré, pour les jeunes, de toutes les séductions de la mode, et parfois de la plus avancée, quittant ainsi le caractère industriel et morne de ses débuts. Le Salon 1971 du *prêt-à-porter* a montré, porte de Versailles, les dernières idées des stylistes. Le Salon de la boutique, qui le côtoyait, était encore du *prêt-à-porter*, mais, « dans le domaine de l'élégance et du prix, d'un cran au-dessus » (1971, *Journal du dimanche*). [J. R.]

privatif adj. Marque la *privation* ou le caractère négatif (en grammaire, particules, préfixes *privatifs*). Lorsque des sociétés immobilières vendent « des maisons luxueuses aux jardins *privatifs* », ce ne sont pas les jardins qui sont *privatifs;* c'est, à l'égard d'autrui, le droit qu'ont le propriétaire et les siens d'en jouir. Il faut donc comprendre : jardins *exclusifs, privés*. (J. G.)

procédure n. f. Anglicisme qui ajoute un sens nouveau aux sens juridique, informatique et psychologique que possède déjà ce terme (v. *G. L. E.* et *G. L. E.*, Suppl.). Le mot *procédure* désigne en anglais une méthode de travail, une façon de mener à bien une opération complexe en fixant les règles suivant lesquelles chaque élément qui la compose doit être formulé, puis articulé avec les éléments qui le précèdent et le suivent. C'est ainsi que, dans le domaine des télécommunications, les règles à suivre pour la transmission et la réception des messages, appelées *règles de service* dans la terminologie antérieure à 1939, sont devenues les *procédures*.

Cette assimilation s'étend maintenant aux méthodes de travail des organismes les plus divers, en y incluant au besoin le programme général de leurs travaux pendant un laps de temps déterminé, ainsi que la structure des ordres du jour des réunions successives.

C'est ainsi qu'on écrit que ... *les ministres* [des Affaires étrangères] *des six pays avaient, à Viterbe en juin 1970, mis en place leur procédure* [de consultation politique] (*Trente Jours d'Europe*, juin 1971). [P. P.]

profil scientifique n. m. Désigne le groupe de mots clefs que fournit un chercheur afin d'orienter la recherche documentaire à laquelle il procède vers une classification déterminée de documents scientifiques ou techniques. *Profil,* venu de l'italien *profilo* — de *profilare,* dessiner en *profil* —, a laissé au sens propre des doublets dans le français du XVIe et du XVIIe siècle : *pourfiler, porfiler,* c'est-à-dire orner un vêtement de broderies en bordure.

Dans sa nouvelle acception, le *profil scientifique* est en fait le groupe clef caractéristique d'un objet de recherche, et son utilité est de permettre à l'organisme de classement — ordinateur ou autre — de réunir rapidement les documents d'origines diverses qui fournissent des informations sur cet objet.

Le terme a pris un sens plus abstrait avec le *profil psychologique,* obtenu dans la méthode de Rossolimo en notant sur un même graphique la courbe donnant les résultats de divers tests concernant le même individu. Par extension, la notion a été reprise pour désigner le schéma qui représente la courbe — ou la zone — où doivent se trouver les aptitudes nécessaires à telle ou telle situation. On a de même parlé de *profil* pour l'évaluation des aptitudes des jeunes conscrits au service armé. (P. P.)

profitabilité n. f. Désigne, dans le vocabulaire de l'économie, la mesure du *profit* que l'on peut dégager, dans une opération ou un système donnés, des capitaux qui y ont été investis.

On peut se demander si le terme de *rendement,* déjà fixé dans notre langue depuis un siècle et demi, ne pourrait être retenu au lieu et place de ce néologisme. Ceci paraît d'autant plus souhaitable que le terme de *profitabilité* désigne le bénéfice qu'un investisseur retire des capitaux qu'il a mis dans une affaire. Mais il est à craindre que *profitabilité* ne nous soit revenu par francisation de quelque *profitability,* qui figure au Webster, et que ce néologisme ne soit de ce fait auréolé d'une sorte de vague prestige qui permettra à ceux qui l'emploient d'affirmer en toute sincérité que « ce n'est pas la même chose que *rendement...* » : *Le directeur général fait établir un cahier des charges et... calculer son R. O. I.* (return on investments), *c'est-à-dire la* profitabilité *des capitaux investis* (1972, *Entreprise*). *Une entreprise américaine qui veut acheter une usine en Allemagne doit la payer 13,5 p. 100 plus cher qu'avant* [le réalignement des parités monétaires]. *Mais chaque mark de profit rapporté vaut autant de dollars en plus. Au total, la* profitabilité *de l'investissement... reste inchangée* (1972, *le Figaro*). [P. P.]

programmatique adj. Néologisme formé à partir de *programme* et du suffixe *-ique,* principalement employé dans la terminologie scientifique. Cet adjectif semble, dans la bouche de son créateur, signifier « qui est relatif à un *programme* » (politique). C'est au moins ce qui ressort de la citation ci-dessous, où une simple modification dans la construction de la phrase : « ... un accord de stratégie ou de programme... » aurait permis d'éviter la mise au monde d'un nouveau monstre : *Il est contraire au développement d'un pôle révolutionnaire autonome de rechercher un accord stratégique ou* programmatique *avec le P. C.* (motion du congrès du P. S. U., *l'Aurore,* 29-VI-1971).

L'orientation politique prévoit que les relations [des deux partis] *s'organiseront autour... de discussions de caractère* programmatique (conférence de F. Mitterrand, *le Figaro,* 2-VII-1971). [P. P.]

prop'art n. m. Néologisme formé à l'image de pop'art. Désigne l'utilisation de l'image — et des autres formes d'*art* — en faveur de la *propa*gande politique.

Rien n'empêcherait, dans la même optique, de compléter la série par pub'art, art consacré à la publicité, pros'art, art consacré au prosélytisme, la suite étant laissée à l'imagination de chacun. Il n'empêche que, depuis la publication du *Viol des foules,* de Tchakotine, chacun sait la force qui émane d'un sigle judicieusement choisi et multiplié sur les objets que l'on rencontre tous les jours : croix gammée, trois flèches, croix de Lorraine, faucille et marteau, croix occitane, etc. L'art du propagandiste consiste alors à créer un signe très caractéristique, aisé à reproduire, de signification aussi claire que possible, sorte d'héraldique schématisée que les sections de propagande répandront ensuite à profusion sur les murs, les véhicules, les affiches, etc. (P. P.)

prophétisme n. m. Attitude des chrétiens, comparable à celle des *prophètes,* qui parlaient par inspiration, se faisaient les porte-parole de Dieu, entrevoyaient l'avenir (étymologiquement, le *prophète* est celui qui « dit » [du gr. *phêmi,* je dis] « avant » [du gr. *pro,* avant]). Il est courant aujourd'hui d'opposer le *prophétisme* à l'Église institutionnelle : *Autre danger, le prophétisme. Aujourd'hui, beaucoup, lorsqu'ils parlent de l'Église, se disent inspirés par un souffle prophétique* (Paul VI, audience générale du 24-XI-1969). Il est cependant évident que le *prophétisme,* toujours présent dans l'Église, reste sa source d'énergie spirituelle, et qu'il précède l'intervention de la raison analytique.

Le chanoine Bockel, archiprêtre de la cathédrale de Strasbourg, dans son opuscule *Pour un renouveau de la paroisse,* nous montre ces trois jeunes voyageurs, un Allemand, une Suissesse et une Française (« dont je n'aurais su préciser les confessions respectives... »), qui lui rappelaient, à leur passage à Strasbourg, les « apôtres partant pour Antioche... Ainsi, telle intercélébration, certes théologiquement prématurée, n'est pas sans évoquer la première réconciliation de Jérusalem... ». Au sujet de ces trois visiteurs, le chanoine prononce le nom de *prophétisme... Qu'est-ce qu'un geste ou un comportement prophétique? Est prophétique, le geste qui, posé par quelqu'un ou un groupe partageant pleinement la condition humaine [...], répond d'abord aux vrais besoins de l'homme, dans la mesure aussi où cet acte est révélateur du mystère de Dieu, qu'il rend la « bonne nouvelle » séduisante et la révèle libératrice, qu'il engage à l'accueillir et à s'y compromettre...* (J. R.)

proximiste n. m. Néologisme formé à partir de la racine *proximité* — dans le sens de *proximus,* « celui qui est le plus *proche* » — et du suffixe *-iste,* qui caractérise le tenant d'un système ou d'une doctrine. Désigne un individu qui appartient à une catégorie d'hommes incarnant le soulagement du *prochain*.

Les voies de la popularité sont obscures et diverses, et les sondages que l'on réalise dans le public pour déterminer la cote de tel ou tel personnage, ou le classement proposé d'une liste de personnalités, révèlent parfois bien des surprises... D'après Jacques Laurent, de telles opérations montrent que les sentiments de l'homme de la rue le portent à classer en tête ceux qui lui paraissent le plus humains — sinon le plus accessibles ou le plus compréhensibles —, ceux dont on peut dire qu'ils sont « sur la même longueur d'onde » que la sensibilité des individus questionnés. C'est ce sentiment de partage fraternel des émotions, des joies et des peines qui constitue ce que l'auteur appelle le *proximisme,* et les individus aptes à les faire naître ou à l'entretenir sont dénommés *proximistes : Il est significatif que les trois premiers noms* [de cette liste : Albert Schweitzer, le pape, Charlie Chaplin] *soient proximistes* (Jacques Laurent, *les Bêtises,* p. 300). [P. P.]

psychobiographie n. f. « Étude de l'interaction entre l'homme et l'œuvre et de leur unité saisie dans ses motivations inconscientes », selon la définition qu'en donne Dominique Fernandez, l'auteur du néologisme, dans son essai *l'Arbre jusqu'aux racines* (1972). La *psychobiographie* repose sur ces deux postulats : 1º l'homme est à la source de l'œuvre, mais ce qu'est vraiment cet homme ne peut être saisi que dans l'œuvre (idée dont on trouve l'origine dans le *Contre Sainte-Beuve* de Marcel Proust) ; 2º la vie et l'œuvre se développent à partir d'une source commune, souvent ignorée de l'écrivain lui-même et qui ne peut être découverte que par la voie psychanalytique. (J. R.)

pub n. m. Anglicisme, abréviation de l'appellation anglaise *public house,* établissement public où l'on sert des boissons alcoolisées.

Le *pub* fut, à l'origine, une institution typiquement britannique. Local à l'éclairage discret, où la lumière se concentre sur les pompes à bière, comptoir de bois luisant et sombre, clientèle essentiellement masculine, coiffure en tête, et attendant l'heure bénie où il sera permis de servir des alcools... Les subtilités du bon usage y sont innombrables ; et tel *pub* de Camberlay, jugé infréquentable en semaine par les officiers du Royal Staff College, y accueille libéralement ceux-ci le dimanche matin, à la sortie de l'office religieux.

Un essai de transposition de ce genre de cadre a été tenté en France à l'instigation de quelques grandes marques de bières anglaises. L'un d'eux, proche de Saint-Germain-des-Prés, a même été inauguré en grande pompe par un haut représentant de l'ambassade de Sa Gracieuse Majesté, avec *bobbies* (policemen) d'origine et brouillard — artificiel — très londoniens.

On parle maintenant couramment du *pub Renault,* du *pub Winston-Churchill,* et de bien d'autres... (publicité non rétribuée). [P. P.]

pub n. m. Abréviation pour *publicité*. Le *pub,* c'est l'ensemble des objets *publicitaires* consacrés objets d'art, et vendus ou exposés comme tels. Ainsi, des maquettes, plus grandes que nature, d'emballages pharmaceutiques, des affiches, étiquettes, le « bonhomme Michelin », un cuisinier de tôle peinte attirant l'attention sur un restaurant de routiers, etc., tout cela, c'est le *pub,* rejeton tardif du *pop'art : Le pub se vend bien* (1972, *le Figaro*). [J. R.]

punaise n. f. Le journal *Stern* apprenait récemment à l'opinion de la République fédérale d'Allemagne que de minuscules microphones émetteurs, sortes de « mini-espions », permettent de capter sur ondes ultra-courtes des conversations téléphoniques confidentielles entre ministres ou hauts fonctionnaires. D'où l'appellation méprisante de *punaises* donnée à ces « insectes » clandestins, faciles à dissimuler, difficiles à dépister. Les responsables de la sécurité au ministère de l'Intérieur ont aussitôt reçu pour consigne de les déloger des immeubles gouvernementaux. (J. G.)

pyjadrap n. m. Néologisme-centaure formé à partir des deux premières syllabes de *pyja*ma et du mot *drap*. Désigne, dans le langage de la publicité pour le linge de maison, un nouveau type de *drap* de dessous qui, au lieu d'être en forme rectangulaire assez grande pour permettre le repli des quatre côtés du drap sous le matelas, constitue une sorte d'enveloppe couvrant le dessus du matelas et fixée aux quatre angles de celui-ci par un gousset sans repli sous le matelas.

Le matelas est ainsi, en quelque sorte, « habillé » pour la nuit, d'où ce recours au *pyjama* dont Edmond de Goncourt stigmatisait le luxe byzantin et le caractère efféminé dans les dernières années de son *Journal,* vouant aux gémonies ceux qui faisaient de la réclame pour cette sorte de « vêtement à dormir ». (P. P.)

pyrodrame n. m. Néologisme formé à partir de la racine *pyr(o)-,* feu, et du mot *drame,* à l'image de *mimodrame* et de *mélodrame.* Désigne le spectacle constitué par une succession de pièces d'artifice dont la mise en œuvre s'opère suivant un scénario écrit à l'avance, avec accompagnement d'airs appropriés, et dont le but est de raconter une histoire ou d'évoquer une atmosphère par des moyens qui emploient à la fois la musique, le bruit, la lumière et les couleurs. Ce genre de spectacle donne lieu chaque année, à Cannes, à un concours entre diverses nations possédant de remarquables spécialistes en *pyrotechnie,* et à l'attribution de prix pour les réalisations jugées les plus réussies : *En raison de l'impossibilité d'une répétition préalable, chacun des pyrodrames présentés à Cannes est unique (le Monde,* 30-VIII-1972). [P. P.]

pyrotrope adj. formé de la racine *pyr(o)-* (du gr. *pûr, puros,* feu) et du suffixe *-trope* (du gr. *tropos,* direction, attirance). D'après le psychiatre Jean Oulès, l'*instinct pyrotrope* pousse à mettre le feu. Le malade n'est plus capable d' « utiliser ses freins » devant ce qu'il sait être un interdit social : il devient un obsédé, un « maniaque du feu » *(pyromane)* et *fait le geste qui le soulage* en allumant un incendie (Claire Simpson, *Lectures pour tous,* mars 1972). Il paraît s'agir d'une déviation pathologique de cette fascination de la flamme que Gaston Bachelard a merveilleusement décrite dans sa *Psychanalyse du feu.* (J. G.)

quadriphonie n. f. Néologisme formé à l'image de *quadri-chromie,* du radical latin *quadri-,* quatre, et du suffixe d'origine grecque, *phonie,* désignant la transmission des sons. La *quadriphonie* est une nouvelle technique de reproduction sonore qui vise à améliorer l'impression de relief donnée par la *stéréophonie* — deux sources sonores, l'une à droite, l'autre à gauche — en y adjoignant une reproduction « en profondeur » par le remplacement de chacune de ces deux sources par deux haut-parleurs situés l'un en avant, l'autre en arrière. La restitution s'opère alors par l'intermédiaire de ces quatre sources sonores, d'où le nom de *quadriphonie.*

Cette technique ne semble pas offrir de difficultés particulières lorsque le support de l'enregistrement est une bande magnétique ; elle est en revanche hérissée d'écueils lorsqu'on envisage de l'appliquer à des enregistrements sur disque : *Les grands éditeurs de disques, dans leur majorité, ne semblent pas très préoccupés par la quadriphonie* (1971, Contact).

On doit noter que le fâcheux exemple de néologisme bâtard (latin + grec) donné par *quadrichromie* dans le domaine de l'impression en couleurs a été malheureusement suivi par *quadriphonie,* alors que *stéréophonie* est pour sa part normalement constitué. (P. P.)

qualité n. f. *Qualité de la vie.* Depuis peu d'années les pays hautement industrialisés semblent s'être aperçus que le *quantitatif,* poursuivi presque exclusivement par la technocratie, a laissé oublier le *qualitatif :* de plus en plus de voitures, mais l'air des villes devient irrespirable ; des logements par centaines de mille, mais trop souvent fragiles, laids, sans âme, facteurs de ségrégation sociale ; des hypermarchés, mais d'accès difficile, sans séduction, etc. Les noms de *pollution,* de *nuisance* frémissent comme des clignotants, à travers la presse de tous les partis, sur toutes les ondes, sur toutes les lèvres. On découvre que la *croissance* n'est pas seulement celle du « plus », mais qu'elle doit être aussi celle du « mieux ». *Ni le capitalisme (évidemment), ni le socialisme soviétique ne peuvent donner aux hommes cette « qualité de la vie » — l'expression a connu un franc succès puisque tous les partis politiques l'ont adoptée —, cette qualité de la vie qui fait le bonheur* (1973, *le Figaro*). [J. R.]

quart monde. Expression qui, dans les milieux catholiques, désigne ceux qu'on nomme aussi « marginaux » : un *monde* présent au milieu de nous, celui des migrants, des handicapés sociaux ou physiques : *Est-ce que je vais promouvoir et défendre la justice dans Paris, auprès du quart monde?* (Mgr Marty, archevêque de Paris). Il y a donc, après le monde capitaliste, le tiers monde, fait d'États non rattachés à l'un ou à l'autre bloc, ce *quart monde,* qui n'est pas enserré dans des frontières, flottant, déraciné, appelé là où il y a des besoins de main-d'œuvre, refoulé en cas de récession économique : *Le quart monde est le principal champ d'activité du Secours catholique.* (J. R.)

question n. f. *Remettre en question,* examiner de nouveau, d'un œil neuf, par l'abandon des formules apprises. C'est l'une des tendances de l'époque. Tandis que les générations précédentes œuvraient sur le fondement d'usages, de croyances, d'articles de foi admis une fois pour toutes, celles d'aujourd'hui *remettent en question* cet héritage, qu'elles n'acceptent que sous bénéfice d'inventaire. Dans l'Église même, les articles de foi fondamentaux sont *remis en question.* À propos de l'attitude de ses collègues, une jeune femme, professeur à Melun, confie à J.-C. Guillebaud, du *Monde* (29-III-1973) : *Ils n'ont pas toujours accepté de se remettre en question, d'être constamment remis en question par les élèves...* (J. R.)

rabougrinage n. m. Néologisme créé à partir de l'adjectif *rabougri*. Désigne la tendance par laquelle un individu ou une collectivité s'efforce de rassembler sous une forme rétrécie, cataloguée et sans imprévu l'ensemble des êtres, des choses et des sensations qui constituent son entourage de tous les jours : *Cette tendance à tout classer, à tout expliquer, à tout rationaliser..., cette tendance à tout étiqueter sans grand espoir d'osmose, le « rabougrinage », quoi!* (François Ducour, *le Figaro*, 4-XI-1972). [P. P.]

racisme n. m. Ce mot tend à déborder son sens propre d'animosité, de mépris ressentis à l'égard de représentants d'une race jugée inférieure, pour désigner tout sentiment hostile dirigé contre une catégorie quelconque d'individus. Ainsi, depuis que se sont produits quelques incidents dont des « jeunes » ont été les victimes — coups de fusil tirés sur des « chahuteurs » nocturnes, rafles de hippies à Genève, etc. —, on parle de *racisme antijeune*. (J. R.)

radicalisation n. f., **radicaliser** v. tr. Quand Michel Rocard estime que les masses *ne sont pas encore radicalisées,* il ne se réfère certainement pas au radical-socialisme, partisan de réformes modérées et progressives. Il pense plutôt à ce qu'Eugène Descamps entendait déjà par la *radicalisation* de l'action syndicale : le contraire de l'opportunisme, l'intention d'aller jusqu'au bout, d'atteindre l'essentiel, c'est-à-dire l'objectif défini par la C. F. D. T., et qui veut être une « morale sociale » en même temps qu'une prise de conscience : « la société socialiste démocratique et autogérée ».

Les deux néologismes — substantif et verbe — retrouvent ici

le sens premier de l'adjectif *radical* : ce qui remonte à la source, aux principes fondamentaux. Cette acception est courante en Grande-Bretagne et aux États-Unis où, par exemple, les journaux parlent de la *radicalisation* (le « durcissement » contestataire) des Noirs, ou des étudiants que leurs années de collège ont *radicalisés* : hostiles à la guerre du Viêt-nam, ils ne s'en cachent pas. (J. G.)

ralbol! Onomatopée de création estudiantine, contraction de l'expression *(en avoir) ras le bol*. Exprime la saturation quasi insupportable provoquée par un raisonnement, une discussion doctrinale, un exposé magistral jugés trop longs ou sans intérêt, l'irruption de la police dans les locaux universitaires, etc.

Ce cri correspond à l'expression : « en avoir jusque-là », accompagnée d'un geste horizontal montrant, selon le cas, la ligne des narines ou celle des sourcils de l'individu ainsi saturé. On peut noter au passage que *bol* semble s'appliquer à la tête du patient. *Ralbol!* est une expression assez caractéristique de la « difficulté d'être » de la jeunesse française pour que certains hebdomadaires étrangers en aient fait un sujet d'article : *Their rallying cry nices* ralbol — *a contraction of the slang expression* On en a ras le bol, *meaning « We're fed up to the gills »* (*The Times*, 5-VII-1971). [P. P.]

recherche n. f. *En recherche.* État d'un groupe qui se préoccupe de se trouver une doctrine, un mode de vie, un but. Particulièrement fréquent dans le nouveau langage de l'Église : *À l'invitation de nombreux groupes français, parmi lesquels la « Communion de Boquen », « Vie nouvelle » et « Témoignage chrétien », 1 600 chrétiens en recherche se sont retrouvés à Rennes pour échanger fraternellement* (1972, *la Revue nouvelle*). [J. R.]

reconductible adj. *Reconduire* un contrat, un budget, c'est le renouveler de façon plus ou moins automatique, sans qu'une décision de principe doive intervenir de nouveau dans ce renouvellement.

Reconductible qualifie le caractère de ce qui peut être *recon-duit.* Le terme est formé à l'image du couple *déduire-déductible;* et, s'il est inélégant, on ne peut dire qu'il soit incorrect. Il ne pourrait être remplacé que par une périphrase du type « qui peut être *reconduit* », dont le maniement, en certains cas, man-querait également d'élégance : *La location* [des ordinateurs] *est, en effet, comprise dans les crédits de fonctionnement, qui sont reconductibles d'année en année* (1971, *le Figaro*). [P. P.]

réductionnisme n. m. Se dit quelquefois d'une méthodologie qui ramène l'enseignement des mathématiques aux seules opé-rations de la logique formelle, c'est-à-dire à la rigueur d'un « jeu » abstrait.

Bertrand de Jouvenel entend par ce mot la *réduction* à des modèles uniformes de la diversité naturelle du monde extérieur. C'est l'opposition du « principe de similitude » à la « mosaïque » des peuples, des civilisations, des images de nos façons de vivre. Le règne du *réductionnisme* serait une Europe « où les villes ne seraient plus différentes que par le nombre des habi-tants » ; où les individus ne se distingueraient qu' « en termes de plus ou de moins, de diplômes, de qualifications, de places, de revenus, de réussite », tout le reste s'identifiant à un système unique des choses. « Quelle serait alors la valeur de l'Europe pour la marche du genre humain? » (*le Monde,* 24-II-1972). On nous invite ainsi à peser les conséquences possibles d'une sorte de standardisation universelle et stéréotypée. À la même page du journal, le poète anglais W. H. Auden déclare : « Le pire qui pourrait arriver à l'Europe, ce serait de devenir un « melting pot », un creuset dans lequel s'effacent les différences cultu-relles. »

Souvenons-nous de la fable de La Motte-Houdar : *les Amis trop d'accord,* chez qui « L'ennui naquit un jour de l'unifor-mité ». (J. G.)

rééduquer v. tr. Remettre un égaré dans le ligne du parti, euphémisme employé dans les républiques populaires, comme l'U. R. S. S., la Chine. À propos de l'écrivain russe Boukowski, rappelant une première condamnation de trois ans dans un camp de travail, *le Monde* (1972) note que *ce traitement ne l'avait pas rééduqué...* (J. R.)

regard n. m. *École du regard.* École de romanciers — dont Robbe-Grillet est l'initiateur — qui s'attachent à la description minutieuse de ce qui se voit, et en particulier de l'objet : *Je me suis opposé, dans ce livre, à votre école du regard, dit Bassani... Les écrivains de l'école du regard sont des moribonds appartenant à une Europe moribonde, mais le plus curieux est qu'ils l'ignorent...* (1971, *le Monde*). [J. R.]

régionale n. f. Femme vivant en province. Ce nom se substitue à « provinciale ». L'hebdomadaire *Elle* a lancé le néologisme dans un numéro du 7 décembre 1970. La couverture porte : « Le bonheur d'être une *régionale* », et on lit, en préambule à l'enquête qui suit : « Oublions les « provinciales », ce mot démodé. Rangeons-le avec le temps qui passe. Un vocable nouveau vient d'apparaître dans les discours et les études sur la province : *région.* Il nous a donc semblé tout naturel d'appeler leurs habitantes les *régionales* et d'aller rencontrer quelques-unes de ces femmes neuves qui vivent leur vie dans leur ferme ou leur ville, lucides, pathétiques, conscientes d'elles-mêmes... »
Les mots de *province,* et donc de *provincial* sont dépréciés, évocateurs d'une vie étroite, enfermée, celle des romans de Mauriac, pour qui « la province est peuplée d'emmurés vivants, d'êtres qui n'imaginent pas que se puissent jamais réaliser leurs désirs... » L'idée de décentralisation, de *régionalisation,* impose pour tout ce qui concerne la province, « mot odieux », selon Malraux, un rafraîchissement des vocables... (J. R.)

réification n. f. Le fait de *réifier,* c'est-à-dire de transposer de l'abstrait au concret, du mental à la « chose » (du lat. *res, rei*) : d'où les mots *chosification, chosifier, chosisme,* employés antérieurement, avec des acceptions assez voisines, par les psychologues et les sociologues, en particulier par Émile Durkheim.
L'allure savante et assez hermétique de ce néologisme a

séduit notamment les critiques de cinéma et de télévision qui veulent être « à la page ». Il n'a pu leur échapper que l'audio-visuel excelle à traduire nos sentiments, nos passions, nos conflits en réalités phénoménologiques, en images de conduites. Ainsi, les mille et une manières dont les grands comiques de l'écran manipulaient des objets exemplifient à merveille le passage de l'idée dans le « gag » : soit que la « chose » contrecarre l'intention du personnage (Buster Keaton aux prises avec la résistance de la boîte de conserve qu'il veut ouvrir, dans *la Croisière du « Navigator »*), soit, au contraire, qu'elle devienne instrument astucieux et obéissant, prêt à tous usages (la *badine* de Charlot). C'est de la psychologie « chosifiée » — de « l'abstrait réel » (Jean Beuchet). À ce point que l'image *réifiée* des relations fonctionnelles entre les objets et les êtres entraîne, chez certains spectateurs, « une reconnaissance qui, lorsqu'elle est parfaite, ne permet plus au sujet de distinguer le réel de sa représentation » (professeur Stafford, au *Congrès international de filmologie,* à la Sorbonne). N'avons-nous pas là une forme achevée de la *réification?*

Au niveau de l'observation et de la réflexion sociologiques, les *mass media* ont fourni à Jean Baudrillard (pour son ouvrage *la Société de consommation, ses mythes, ses mystères*) un excellent terrain d'étude sur *les processus de la réification* dans le domaine du sexe et de la vie de loisirs. (J. G.)

rejuvénation n. f. Néologisme formé à partir de *juvénile,* attesté depuis le XVe siècle, par la voie *juvénation-rejuvénation.* Désigne dans la langue des instituts de beauté l'opération par laquelle les spécialistes s'efforcent de faire disparaître les stigmates les plus apparents de l'âge : rides, bourrelets de graisse, poches sous les yeux, affaissement des tissus, calvitie naissante ou canitie, sans prétendre pour autant rajeunir la personne qui subit ces traitements.

Depuis la fontaine de jouvence, et l'heureuse action de Médée sur Éson — tant connue des cruciverbistes —, l'humanité n'a cessé de rêver aux moyens propres à rendre une nouvelle jeunesse à ceux qui souhaitent en retrouver l'image.

On peut, à la rigueur, lutter contre les apparences ; mais, jusqu'à présent, il semble que seuls quelques privilégiés ont pu bénéficier sur les bords du Léman de traitements coûteux dont on dit grand bien, et qui paraissent, au moins pour un temps, lutter contre le vieillissement plus que contre ses symptômes.

Les instituts plus modestes se diront « centre médical de *rejuvénisation* », ou « d'amaigrissement », appellation plus discrète et qui risque moins de provoquer des réactions chez des clients déçus du résultat. « Retapage » serait trivial ; « rajeunissement » trop dangereusement prometteur... (P. P.)

relativiser v. tr. Ce verbe semble, d'après le contexte, signifier « rapporter à, juger en fonction de » : *L'Église* (quand elle examine un projet « socialiste ») [...] *doit avoir soin* [...] *de le relativiser, et au besoin de le contester et de le purifier au nom même de l'Évangile* (1971, *le Figaro*). [P. P.]

reprographier v. tr., **reprographieur** n. m., **reprographique** adj. De *reprographie,* expression maintenant consacrée : ensemble des techniques, des procédés et des outillages qui assurent la *reproduction* rapide de documents écrits ou *graphiques* (v. *les Mots dans le vent,* t. I). *Reprographier une circulaire. La qualité des reprographieurs actuels instaure une véritable « révolution reprographique »* (les annonces). [J. G.]

résiduel adj. Qui constitue une rémanence, un reste, un *résidu : Nous maintiendrons une force résiduelle au Viêt-nam, ainsi que la menace de raids aériens au nord* (Richard Nixon, 2-I-1972). Les économistes appellent *chômage résiduel* celui qui subsiste, serait-ce très faiblement, dans les périodes de plein emploi. La *fatigue résiduelle* est celle que ni le repos ni des soins prolongés n'éliminent complètement ; elle résulte en général à la fois de l'excès de travail, des conditions de ce même travail et d'un environnement dépressif. Des enseignants observent, chez certains élèves, la tendance aux *fautes résiduelles :* on les croit disparues ; elles resurgissent de temps à autre, inopinément. (J. G.)

responsabiliser v. tr. Néologisme du modèle de *rentabiliser,* formé à partir de *responsabilité.* Signifie « donner conscience à autrui de sa responsabilité ». Le terme ainsi créé est lourd et inélégant ; on peut douter de sa nécessité. C'est ainsi que la phrase *Il faut* responsabiliser *les cadres* (*la Vie française,* 4-VI-1971) peut être avantageusement remplacée par : « Les cadres doivent prendre conscience de leurs responsabilités », ou « Les cadres doivent assumer leurs responsabilités ». (P. P.)

rétro adj. et n. f. Abréviation de *rétrospectif, -ive : Notre mode rétro, comprenant des modèles d'inspiration 1925, a remporté un immense succès.* Substantivement, on peut parler d'une « *rétro* des années folles ». (J. R.)

révolution n. f. *Révolution verte.* Cette expression, de même type qu' « Europe verte » ou « Amérique verte », désigne en langage imagé un grand phénomène économique : la mutation expérimentale et scientifique de la production agricole, seule capable d'élever le niveau de vie des masses rurales dans les pays sous-développés, Amérique latine, Inde, Pakistan... Son promoteur est l'Américain d'origine norvégienne Norman Ernest Borlaug, prix Nobel de la paix en 1970. Professeur au Centre international d'amélioration de la qualité du blé et du maïs (Mexico), le Dr Borlaug dirige des recherches de laboratoire qui ont fait apparaître de nouvelles variétés de céréales susceptibles, par leur valeur nutritive et leur rendement, de mettre fin à la sous-productivité et de combattre efficacement la faim dans le monde. En l'espace de vingt-cinq ans, grâce à la *révolution verte,* le Mexique, qui importait la moitié de son blé, est devenu exportateur alors qu'il nourrit maintenant une population doublée. (J. G.)

rez-de-jardin n. m. Mot composé à l'image de *rez-de-chaussée.* Désigne, dans le langage des promoteurs immobiliers, les appartements, studios ou chambres qui donnent de plain-pied sur un jardin ou un « espace vert » dans les constructions modernes.

L'expression a été créée régulièrement à partir du mot *rez,* équivalent de « ras », qui signifie « au niveau de ». Elle a un cachet pittoresque et bucolique qui fait souhaiter qu'elle subsiste dans le langage particulier aux constructeurs et vendeurs d'immeubles, si toutefois le besoin s'en fait sentir.

L'immeuble totalise cent deux appartements, du studio au cinq-pièces, ... [et] comporte aussi des chambres en rez-de-jardin (1971, *le Journal du dimanche*). [P. P.]

rien n. m. Peu de chose, mais qui a son importance : *Un petit rien qui change tout.* « Il y a un troisième modèle présent dans la rhétorique du vêtement, et qui ne participe ni au sublime ni au futile de la mode, parce qu'il correspond sans doute de très près à une condition réelle (économique) de la production de mode. Son signifiant est constitué par toutes les variations métaphoriques de détail : trouvaille, complément, idée, raffinement, note, grain, accent, gage, brin, *rien*... » (Roland Barthes). *Un collier hippie, un badge sur l'épaule, un blue-jean au bas effrangé : des riens, mais aussi, dans l'empire de la mode, des signes de reconnaissance.* (Faut-il rappeler que *rien* a pour origine *res,* « chose » en latin? Le *rien* est une chose...). *D'imperceptibles riens qui font un ineffable tout* (Hélène Lazareff, *Vogue,* 1971). [J. R.]

robotiser v. tr., **robotisé** adj. Au sens propre, *robotiser* un intérieur : l'équiper en *appareils-robots* pour gagner du temps et épargner de la fatigue. Aux *robots de cuisine,* aspiro-batteurs, cafetières, hacheurs, lave-vaisselle, mixeurs, moulins, s'ajoutent les aspirateurs, les machines à laver, les sèche-cheveux...

Au figuré, *déshumaniser.* C'est l'homme qui devient *robot,* soit qu'il accomplisse au long de son existence professionnelle une tâche unique impitoyablement cadencée, soit qu'il assure une fonction d'obéissance stricte : *De nombreux criminels de guerre se sont défendus d'avoir été autre chose que des exécutants contraints et robotisés.* Au sujet des « forces de l'ordre » inquiètes de l'image de marque qui leur est faite et désireuses de voir leur mission « reconsidérée » et « redéfinie », Georges

Montaron se demande : *Qui en a fait aujourd'hui des prétoriens robotisés? (Hebdo-T. C.,* septembre 1971). [J. G.]

ro-ro n. m. invar. Abréviation de l'expression anglaise *roll-on/roll-off.*

Le *roll-on/roll-off* est une technique de manipulation horizontale, qui consiste à utiliser des rampes spécialement aménagées pour faire passer directement du quai aux navires spécialisés des chargements tels que véhicules automobiles, semi-remorques, conteneurs sur châssis, wagons, etc.

Ces transferts peuvent se faire selon deux méthodes différentes. Ce qu'on appelle le *roll-on/roll-off direct* concerne les mouvements de charges qui peuvent se mouvoir par elles-mêmes, telles que toutes les voitures, tous les engins sur roues ou sur chenilles : semi-remorques, remorques, camions, tracteurs, autobus, caravanes, chars de combat, etc., ainsi que les hélicoptères, les grues, les bateaux de plaisance amphibies, etc.

Le *roll-on/roll-off indirect,* au contraire, concerne toutes les charges qui ne peuvent se mouvoir par elles-mêmes ; elles sont alors fixées sur des remorques. On peut ainsi embarquer des charges unitaires de plusieurs centaines de tonnes.

Le principe du *ro-ro* peut être appliqué à des chargements très divers. Une annonce publicitaire d'une grande compagnie a présenté des éléphants vivants accédant à l'intérieur du navire par une passerelle... Ce qui revient à considérer Noé comme un précurseur en la matière. (P. P.)

rouge adj. *Pétrole rouge.* Expression qui, dans le vocabulaire des spécialistes, désigne le *pétrole* vendu illégalement à la suite d'une spoliation. La presse l'a fait connaître au grand public à propos du différend pétrolier franco-algérien : *Il est peu probable que nous puissions interdire la commercialisation du pétrole rouge* (1971, *Combat*). *Notre pétrole est rouge, parce qu'il est mélangé avec le sang de nos martyrs* (le président Boumediene). [J. R.]

route 128. Expression empruntée au vocabulaire américain contemporain.

La route nº 128, ou *route 128,* est une route annulaire autour de Boston (Massachusetts), qui dessert un ensemble d'universités, de laboratoires de recherche et d'usines d'industries de pointe, et assure ainsi une excellente diffusion des inventions et des idées par l'interpénétration des industriels, des techniciens et des savants.

Par extension, ce terme a été repris en matière d'équipement technique et industriel par de nombreuses personnalités politiques françaises, notamment au sujet du groupement en des lieux assez voisins d'écoles, d'instituts et de laboratoires tel qu'il est envisagé dans la région de Saclay, d'Orsay et de Palaiseau.

On pouvait lire, dans *les Échos* du 28 janvier 1971, la phrase suivante : *À Lille, on réclame la création d'une route 128.* (P. P.)

safarien, enne adj. Se dit des vêtements inspirés de ceux que portent les amateurs de *safari,* tenue « coloniale » eût-on dit il y a trente ans. Le safari, chasse aux grands fauves africains, a pris place, depuis quelque temps, dans la mythologie du prêt-à-porter féminin. Des mannequins vont poser, sur un fond de savane, dans des attitudes martiales, fusil en main. À propos de shorts : *Chez Pierre Faivret, il est proposé en peau ou daim, ou noir, pour le week-end, à porter avec blouson et bottes en cuir, tenue très safarienne* (1972, *Elle*). [J. R.]

saganesque adj. Mot formé à partir du nom propre de l'écrivain Françoise Sagan, et de la désinence *-esque,* à l'image de *clownesque, romanesque* ou *simiesque.* Ce néologisme a été cité par Françoise Sagan elle-même, pour qualifier le monde assez artificiel dans lequel se sont jusqu'ici déroulés ses romans et ses pièces : monde futile, composé d'oisifs aux ressources importantes, si la cadence en est parfois irrégulière et les rentrées aléatoires, où la difficulté d'être semble surtout celle de passer le temps, en dépit du recours au whisky, aux voitures rapides et, incidemment, à l'inceste...

Le dernier ouvrage de la romancière, où elle se montre sous un jour qui rappelle le mémorialiste — sinon le moraliste —, comprend encore de telles individualités. Comme l'écrit un critique littéraire, *si elle* [Françoise Sagan] *prend quelque distance avec le petit monde* saganesque, *comme elle l'appelle elle-même, il n'a pourtant pas disparu* (1972, *l'Aurore*). [P. P.]

salarisation n. f. Néologisme formé à l'image de *paupérisation.* Désigne la tendance suivant laquelle les ressources de membres des professions libérales se transforment progressivement en *salaires,* en ce qui concerne notamment leur régularité, leur mode de versement et leur composition ; désigne aussi l'état auquel aboutit cette tendance.

Le propre des rémunérations des professions libérales consiste, au moins en principe, dans la fixation, par un accord bilatéral librement consenti, des honoraires versés par le bénéficiaire au praticien pour le règlement d'un acte professionnel dûment caractérisé et limité. De ce choix, comme de la cadence d'exécution de tels actes, résulte le caractère irrégulier des rentrées correspondantes. Or, l'appel au crédit, sous toutes ses formes, conduit les organismes prêteurs à rechercher des garanties à l'égard des emprunteurs, garanties auxquelles une notoriété, même unanimement reconnue, n'apporte qu'un soutien parfois mis en question, ou en échec ! Cette notion apparaît particulièrement dans l'octroi de *cartes de crédit* à la clientèle d'un groupe bancaire. L'assurance que le titulaire d'une telle carte est régulièrement rémunéré permet de délivrer ce document et de garantir les dépenses qu'il couvre, avec une sûreté plus grande : *La salarisation* [de leur clientèle] *rassure les émetteurs* [de cartes de crédit] (1972, *la Vie des cadres*). [P. P.]

salopette n. f. Ce vêtement, fait pour être sali et se laver, a passé du dos de l'ouvrier à celui de la femme et, de la femme, a conquis la clientèle masculine « dans le vent ». Aller et retour assez rare, mais non unique dans les annales de la mode. (J. R.)

samizdat n. m. Terme emprunté au russe et formé de la racine *sam,* soi-même, et de *izdat,* abréviation de « édition », « éditer ». Désigne en U. R. S. S. les textes littéraires qui circulent sous forme polycopiée ou ronéotypée, en raison de l'impossibilité pour leurs auteurs de les faire éditer de façon régulière et ouverte du fait de leur caractère politique ou social.

Le « dégel » qui suivit le Congrès de 1956 en U. R. S. S. fut de courte durée pour les littérateurs et les poètes russes. Le gouvernement soviétique ne pouvait méconnaître l'influence de l'écrivain sur la nation ; seule une littérature « engagée » et conforme à l'orthodoxie du marxisme-léninisme pouvait être diffusée dans un pays où toute activité repose à tout le moins sur l'approbation tacite des organismes d'État.

C'est ainsi que des auteurs tels que Soljenitsyne et Evtouchenko, après une brillante percée, furent réduits au silence par le refus opposé à l'édition de leurs œuvres. Alors naquit et se développa une forme clandestine de diffusion sous forme ronéotypée ou polycopiée circulant sous le manteau.

On peut se souvenir que ce procédé fut employé en France entre 1940 et 1944 pour de nombreux textes politiques, littéraires ou poétiques. De même, avant la guerre, certains écrits du père Teilhard de Chardin furent ainsi diffusés, en raison de l'extrême réserve que certains éléments de la hiérarchie manifestaient à l'égard des thèses du savant : *Août quatorze... connaît maintenant une grande célébrité dans le* samizdat, *la littérature clandestine polycopiée* (1971, *le Figaro*). [P. P.]

sanctuaire n. m. Lieu inviolable, le plus souvent par accord tacite. Ainsi, pendant la guerre du Viêt-nam, le Cambodge est demeuré longtemps un *sanctuaire,* dont profitaient les belligérants. La Ruhr, pendant la guerre de 1914-1918, a été respectée par les Alliés, et l'on a parlé d'elle comme d'un *sanctuaire : Chacun sait qu'aujourd'hui un sanctuaire est un refuge en territoire neutre, une Sorbonne, une banque suisse, enfin un lieu d'asile généralement quelconque et foncièrement dépourvu de tout caractère sacré, comme le célèbre « bec de canard » cambodgien* (André Frossard, *le Figaro,* 13-VI-1971). [J. R.]

sauvage adj. De plus en plus à la mode pour : *abusif, illicite, insolite, qui échappe aux règles* (v. *les Mots dans le vent,* t. I). Citons encore :

— *Affichage électoral sauvage :* celui qu'assurent des équipes nocturnes motorisées.

— *Cabanonniers sauvages :* les pêcheurs qui installèrent en 1970, sans autorisation ministérielle, leurs « cabanons » dans les calanques proches de Marseille.

— *Camping sauvage :* hors des terrains ; sans autorisation des propriétaires ; sans carte de campeur.

— *Capitalisme sauvage* : « Les Français ne veulent pas d'un libéralisme sans contrôle, d'un *capitalisme sauvage* » (Jean Matteoli aux assises de l'U. D. R., Strasbourg, 19-VI-1971).

— *Concurrence sauvage* : celle que, d'après certains journaux, se livraient naguère encore nos deux chaînes de télévision.

— *Crise sauvage* : provoquée à l'intérieur même d'un gouvernement de coalition par l'un des partis au pouvoir : « M. Colombo est bien décidé à empêcher une *crise sauvage* au sein du gouvernement italien » (1972).

— *Mariage sauvage* : mariage contracté par un religieux tenu au vœu de célibat et qui n'a pas été relevé de ce vœu par l'autorité ecclésiastique compétente. Les adhérents d'« Échanges et dialogue », selon leurs membres, sont 1 200, dont *300 sont mariés, soit par mariage* sauvage, *c'est-à-dire sans autorisation de l'Église, soit régulièrement après retour à l'état laïque* (1972, *l'Aurore*).

— *O. P. A. sauvage* : « Pourquoi les *O. P. A. sauvages* ont-elles cessé ? » (*le Monde,* 16/17-I-1972). Les O. P. A. sont à la Bourse les « offres publiques d'achat », instruments de relance des enchères et des surenchères.

— *Stationnement sauvage* : « L'installation de parcomètres à Paris n'a pas empêché le *stationnement sauvage* imputable aux automobilistes abusifs ».

— *Valeur sauvage* : Dubuffet, le peintre « monu-mental », veut nous révéler les *valeurs sauvages* de l'art qui « émergent de la grisaille quotidienne », en exposant dans son atelier-usine des machines abracadabrantes, un « monument-fantôme », un « cabinet logologique », le « sublime sensoriel » des « texturologies », etc. (Jacques Michel, *le Monde,* 17-XI-1971).

— *Village sauvage* : celui qu'en août 1971 de jeunes campeurs « antiracistes » installèrent à proximité d'un village de l'Hérault. La police les expulsa, non sans incidents. (J. G.)

scénario n. m. En futurologie, vision spontanée, toute imaginative, d'un certain futur. Il s'agit d'un exercice de quasi-voyance. On interroge, l'un après l'autre, un certain *panel* de sujets, tous très ignorants des méthodes de la futurologie, et on leur pose une question, comme celle-ci : « Pensez au Paris de l'an 2000. Comment le voyez-vous ? » Imaginons que, sur 80 personnes interrogées, 60 aient de ce Paris une image optimiste, que ces 60 personnes se rencontrent sur certains caractères, comme : « Beaucoup de monde, des trolleybus miroitants, des arbres, des pelouses, de petits immeubles blancs, aux stores rayés, des voitures silencieuses, lentes, qui parfois se heurtent comme pour s'amuser, des sonneries de cloches... » On pourra en conclure que ce Paris-là est dans le désir collectif des Français de 1973, que c'est par conséquent dans ce sens qu'il faut construire un *modèle* de grande ville, soumis à la *qualité de la vie,* devenu facteur primordial, etc. : *Il serait bon que les Français s'habituent à jouer, il faudrait que l'on puisse dire* « *arrêtons-nous et délirons un peu...* » *C'est cela, les scénarios... Lorsque l'État fait étudier un scénario possible, on dit :* « *C'est un scénario de gouvernement...* » (*Halte à la croissance,* 1972, enquête auprès des membres du Club de Rome). [J. R.]

scénographie n. f. Néologisme formé à partir de *scène,* à l'image de *chorégraphie,* par union d'un terme latin et d'un suffixe grec. Désigne, dans la tendance du théâtre contemporain selon laquelle les mouvements des acteurs ont une part essentielle dans l'expression scénique, l'ensemble des notations qui constitue la « partition » plastique de l'œuvre représentée.

Le théâtre classique ne comprenait pratiquement pas d'indications de mise en scène : bonne aubaine pour nombre de réalisateurs contemporains qui profitent de cette absence pour imprimer leur marque à des chefs-d'œuvre incontestés en les tirant parfois vers une interprétation bien éloignée des desseins de l'auteur. Le théâtre moderne est souvent l'objet d'une description de la mise en scène et du comportement des acteurs très détaillée fournie par le dramaturge ou le vaudevilliste lui-même : témoin les pièces de Georges Feydeau.

Des troupes théâtrales contemporaines ont entrepris d'associer au texte, parlé ou chanté, des activités corporelles qui relèvent de la danse, du mime ou de la gymnastique, des groupements d'acteurs sur des plans différents, une architecture du décor qui rompt délibérément avec la « boîte à trois côtés » que constitue la scène classique. L'ensemble des mises en place et des mouvements est alors noté comme une sorte de chorégraphie, en fonction des intentions de l'auteur — ou du metteur en scène — et des possibilités du local où se déroulera la représentation : *Les directeurs du théâtre* [à Lyon] *se demandent s'ils pourront jouer, car il leur faut reconsidérer toute la* scénographie *à laquelle ils travaillent depuis deux mois* (1971, *le Monde*). [P. P.]

schéma n. m. D'après le *Grand Larousse encyclopédique* : « Dessin ne comportant que les traits essentiels de la figure représentée.

Fig., plan d'un ouvrage littéraire, d'un projet. » Au concile dit Vatican II, exposé du sujet qui sera débattu, véritable *status quaestionis*, « état de la question », auquel succèdent des propositions numérotées et, en fin de chapitre, des notes explicatives et complémentaires assorties de citations des Écritures, des Pères, etc.

*Dans son aspect antérieur, précise l'*Osservatore romano *(1er mars 1963), un schéma est un opuscule d'environ $18,5 \times 27$ cm [...]. Il est édité par la « Polyglotte vaticane » et porte en frontispice la mention* sub secreto. *Le nombre de ses pages est plus ou moins élevé, selon l'importance du sujet et l'abondance des notes explicatives. Chaque opuscule contient un schéma complet de décret ou de constitution.*

Le professeur Oscar Cullmann, invité au concile, racontait, au cours d'une conférence en Sorbonne, le 31 janvier 1963, comment on lui avait remis, *comme aux Pères du concile, les textes imprimés secrets sur lesquels on discutait, et qu'on appelait* schémas. *Ce terme a été singulièrement revalorisé par le concile. C'est celui qu'on entendait le plus souvent [...]. À la maison, nous nous préparions en annotant ces schémas, en les confrontant avec la Bible et les décisions des conciles antérieurs.* (J. R.)

schizophrène n. et adj. Ce terme de psychiatrie (du gr. *skhizeîn,* fendre, et *phrên, phrênos,* pensée), désignant la rupture de l'unité mentale, prend, depuis quelque temps, le sens figuré de division, de séparation préjudiciable à l'équilibre d'un groupe, d'une communauté, d'une personne, sans que l'on puisse parler d'une maladie mentale. Ainsi Jung, traitant de l'inconscient collectif, voyait en Berlin une ville que le mur qui la partage rend *schizophrène.* De même l'une des oratrices des états généraux de la femme (1971) exprimait ses craintes qu'une certaine façon de se vêtir « par morceaux », l'ancienne robe tout d'une pièce reculant aujourd'hui devant le *mix-and-match,* ne fît de la femme une *schizophrène.*

À propos des choix électoraux, M. J. D. Lafay, maître de conférences à la faculté des sciences économiques de Poitiers, examine la conception *schizophrénique* de l'individu qui distingue l'individu consommateur et l'individu citoyen (1973, *le Monde*). [J. R.]

sectoriel, elle adj. En économie, qui appartient à un *secteur,* par extension du sens primitif, qui est mathématique et qui concerne des « figures en forme de *secteurs de cercle,* ou associées à une division de la sphère » : *Dressant un premier bilan, le ministre a indiqué que vingt-quatre contrats sectoriels avaient jusqu'à présent été signés* (1972, *le Monde*). [J. R.]

sécularisation n. f. Ce terme ne s'est longtemps appliqué qu'à l'acte par lequel on rend *séculier* ce qui était régulier, tant pour les biens que pour les personnes. Depuis Vatican II, il peut désigner une sorte d'alignement des pratiques ecclésiastiques sur les usages du siècle. Seraient, par exemple, tout à fait *sécularisés* une église établie dans un garage, un prêtre officiant auprès d'une vieille carrosserie servant d'autel, lui-même en bleu de travail et recourant dans son sermon au langage politico-syndical.

Parlant en audience publique, le 4 septembre 1969, le pape a mis en garde les fidèles contre une certaine mode de *sécularisation : Sans doute a-t-on dépassé les limites de ce qui est permis dans l'effort, louable en soi, d'insérer le prêtre dans la société en faisant subir à son vêtement, sa façon de vivre et de penser, une totale sécularisation.*

Cependant, à Lourdes, Mgr Coffy, évêque de Gap, plaide pour une *sécularisation* qui, à son avis, vaut mieux que le maintien de la dualité ou dichotomie Église-monde, « comme si le monde n'était pas l'Église, et l'Église le monde ». De même, le P. jésuite hollandais Shoonenberg voit en la *sécularisation* non « la reconnaissance d'un monde sans Dieu, mais plutôt la découverte de Dieu dans le monde », ce qui est, selon lui, « au centre de la spiritualité jésuite ». (J. R.)

séculier, ère adj. Le *christianisme séculier* est celui qui subsiste après sa *sécularisation*. Tandis que certains, comme Mgr Coffy (v. SÉCULARISATION) pensent qu'un tel christianisme peut conserver l'essentiel de son message et sacraliser le siècle, le P. Bernard Lambert O. P. le juge animé par la seule foi en l'homme : *Le christianisme séculier prend comme norme intellectuelle fondamentale le monde moderne sécularisé. À partir de là, il conclut à l'irréalité de Dieu, à la nécessité de rejeter l'Église traditionnelle et, avec elle, tout ce qui est transhistorique ou surnaturel... Il est partisan de la démythologisation absolue.* (J. R.)

sécuriser v. tr. En psychologie, apporter, donner un sentiment de *sécurité* à quelqu'un. De là a dérivé l'adjectif *sécurisant*, qui figure dans *les Mots dans le vent* (t. I).

Sécuriser a été récemment repris avec une acception qui semble différente, et qui correspond *grosso modo* à « mettre en sûreté ». C'est ainsi qu'on a pu lire dans une récente publicité (1971, *le Figaro*) la phrase suivante : *Le placement X... sécurise votre capital,* comme si cette froide entité du capital avait au fond d'elle-même des sensations, des inquiétudes, voire des angoisses, et qu'il soit nécessaire, par voie thérapeutique ou autre, de la *sécuriser.* (P. P.)

sélénaute n. m. (du gr. *selênê,* lune et *nautês,* marin). Le *sélénaute* est, dans l'esprit des utilisateurs de ce terme, un explorateur qui parcourt la surface lunaire après y avoir été transporté par un engin. Si l'on comprend que l'on parle d'*astronaute* à partir du terme *astronautique,* navigation parmi les astres, le terme de *sélénaute* semble moins nécessaire. Il risque d'ouvrir la voie à d'autres néologismes moins bien venus quand l'homme explorera les planètes du système solaire autres que la Terre. De même qu'il paraît inutile d'employer *alunir,* puisque dans le verbe *atterrir* le radical terre désigne le sol ferme, par opposition à la surface liquide d'un lac ou d'un océan, et non notre géoïde : *Le moral des trois* sélénautes *dépasse tout ce qu'on pouvait attendre* (1969, *le Parisien libéré*).

Quant au terme *sélénovision,* il désigne une prise de vues de *télévision* effectuée à la surface de la Lune et retransmise sur Terre : *Une caméra de télévision permettra une* sélénovision *en direct et à laquelle plus de quatre cents millions de téléspectateurs terrestres assisteront* (1969, *le Nouvel Observateur*). [P. P.]

sémiologie n. f. (du gr. *sêmeion,* signe, et *logos,* traité, science). D'abord synonyme de *symptomologie* en médecine, ce mot entra en 1908 dans le vocabulaire de la linguistique, lorsque Ferdinand de Saussure, professant à l'université de Genève, rattacha cette science à une autre, « plus générale, la *sémiologie,* qui a pour objet les systèmes de signes, dont la langue est le type le plus important ».

La *sémiologie* est par conséquent, dans toute la diversité des milliers de langues passées ou actuelles, qu'il s'agisse de l'expression orale ou écrite, l'étude des *signes* arbitraires, mais intelligibles, par lesquels nous manifestons nos sentiments et nos pensées. Elle comprend deux branches : l'une, *des significations* (où entre notamment la sémantique), l'autre, *des communications,* c'est-à-dire du système social de transmission des idées par le circuit des mots et de la parole. *C'est l'importance des moyens de communication linguistiques eux-mêmes qui confère à la* sémiologie *de la communication son principal intérêt* (Luis J. Prieto, *le Langage,* encycl. de la Pléiade, p. 94).

Cette science sans limites des signes — phoniques, graphiques, représentés par l'image, par nos conduites... — intéresse également, d'après certains musicologues, l'analyse de l'articulation musicale, dont Mallarmé aurait eu la prescience intuitive. (J. G.)

sémique adj. (du gr. *sêma*, signal). *Les faits concrets qui constituent le point de départ des recherches du sémiologue* (v. ci-dessus SÉMIOLOGIE) *se trouvent dans ce qu'on appelle l'acte sémique* (Luis J. Prieto, *le Langage,* encycl. de la Pléiade, p. 95). Celui-ci peut se manifester par la voix (demander son chemin à un passant), par le bruit (frapper à une porte, le coup de sifflet d'un agent), par des mots et/ou des chiffres lus (l'horaire des départs et des arrivées à Orly), par un code (signalisation routière) ou par un objet (la carte d'abonnement montrée au contrôleur d'autobus, la canne blanche de l'aveugle). L'*acte sémique* manifeste la présence d'un signal parmi tous ceux — le plus souvent fugitifs — dont l'homme est entouré. (J. G.)

senseur n. m. (de l'angl. *sensor*). Détecteur miniaturisé *sensoriel,* utilisé sur « le champ de bataille électronique » de l'Asie du Sud-Est par les forces armées des États-Unis. Parachuté ou déposé, d'un camouflage facile — et muni d'un dispositif d'autodestruction pour le cas où il serait découvert —, il détermine, aux bruits, aux mouvements, au rayonnement thermique et même aux odeurs l'emplacement exact d'ennemis en uniformes ou non. Des stations aériennes ou fixes recueillent les données qu'il fournit et les transmettent à des « centres d'interprétation ». L'aviation n'a plus qu'à intervenir.

Le sénateur Barry Goldwater a salué dans le *senseur* « l'un des progrès les plus considérables accomplis dans l'art de la guerre depuis l'invention de la poudre à canon ». D'autres, parlementaires ou journalistes, calculent avec effarement ce que coûterait cette automatisation généralisée de la puissance opérationnelle américaine. La réalité dépasse presque la science-fiction. Équivalent proposé : RENIFLEUR. (J. G.)

Septembre noir. Mouvement d'action des extrémistes palestiniens : *À Munich, Septembre noir semble avoir voulu démon-*

trer que les commandos palestiniens n'étaient pas, comme l'avait dit le général Dayan au lendemain de l'attentat de Lod, d' « éternels enfants » et des « sous-développés » (1972, *le Monde*). *Frapper n'importe où, quelles que soient les victimes, c'est le mot d'ordre des commandos de Septembre noir* (1972, *France-Soir*).

C'est en septembre 1970 que le roi Hussein a commencé de décimer les fedayin palestiniens établis en Jordanie. (J. R.)

sérigraphie n. f. Représentation par signes graphiques disposés en séries narratives. Branche de l'édition qui concerne les bandes dessinées : fascicules, feuilletons, publicité en images. Tour à tour puérile, sentimentale, érotique, « westernisante », « tarzanesque », d'espionnage, de science-fiction ou humoristique, la *sérigraphie* réutilise les vieux stéréotypes à l'exception notable des *Aventures d'Astérix le Gaulois*.

On assiste, toutefois, depuis quelque temps, à une double évolution : la recherche d'un public non plus seulement enfantin ou juvénile, mais adulte ; et, pour gagner cette clientèle, la *politisation* des sujets et des personnages ; les « visages à la mode » sont pris pour têtes de Turcs. Ainsi, on « ridiculisera gentiment le vide de certains discours » prononcés par des « vedettes » de tout bord, en accumulant les lieux communs — procédé déjà cher aux chansonniers. On n'oubliera ni « le vieux prof » demeuré, ni « le sergent Laterreur », enfant spirituel de l'adjudant Flick, ni les forces de l'ordre, ni ces dames du « Mouvement de libération de la femme ». Bref, la *sérigraphie* nouvelle vague, sorte de *littérature sauvage,* « vend de la politique drôle » en laissant à d'autres « la responsabilité et les difficultés de faire de la politique » (N. J. Bergeroux, *le Monde,* 8-XI-1971). [J. G.]

sériosité n. f. Néologisme plaisant créé par Pierre Daninos à partir de *sérieux,* à l'image de *généreux-générosité.* Désigne, sous la plume de l'auteur, la tendance que manifestent actuellement nos contemporains à tout prendre au sérieux, tant les êtres que les événements ou les choses : *Pierre Daninos... déshabille* *le monde qu'il trouve tragiquement saisi de* sériosité (1972, *le Figaro*). [P. P.]

seuil n. m. En psychologie, moment précis où un phénomène, un état apparaissent dans leur plus petite manifestation. Équivalent de *valeur liminaire* (du latin *limen,* seuil, au sens propre). Johann Friedrich Herbart a, le premier, appelé *Bewusstseins-schwelle* (*seuil* de la conscience) l'apparition de la conscience de vivre chez l'enfant et l'animal nouveau-nés. Le *seuil de la vieillesse* se présente chez l'homme à des âges très différents et pour des raisons qui ne sont pas uniquement physiologiques. Du point de vue historique, les régimes, les institutions, les formes de gouvernement, les théories économiques, les mouvements artistiques et littéraires atteignent tôt ou tard un *seuil d'usure,* signe annonciateur d'un besoin de renouvellement.

Lorsque, parlant des contrats antihausses qui déterminent les maxima des prix industriels et de détail prévus pour 1972, certains journaux titrent : « Deux *seuils* à ne pas dépasser », le mot paraît impropre, s'agissant de limites fixées à des tolérances. Une *limite* est tout le contraire d'un *seuil.* (J. G.)

sexplosion n. f. Mot-centaure formé aux États-Unis avec *sex* et *explosion.*

L'évolution des esprits aux États-Unis, notamment chez les intellectuels et parmi les jeunes générations, a contribué depuis vingt ans à ébranler les structures d'un comportement « victorien » propre aux sociétés protestantes anglo-saxonnes. Parmi les sujets les plus profondément tabous figurait la vie intime des individus et des couples, sujet dont le caractère clandestin renforçait l'influence sur le subconscient des adultes, ainsi qu'en font foi — paraît-il — les mille et une histoires lestes, osées, licencieuses ou pornographiques qui viennent « égayer » des réunions sans façon après les deux ou trois premiers verres.

Le déferlement littéraire, pictural, théâtral et cinématographique après la rupture de la digue du puritanisme sexuel a été d'une telle violence que les Américains l'ont qualifié d'explosif, d'où *sexplosion.*

Le terme est apparu au plus tard en 1968 dans la langue courante américaine ; il vient d'être employé dans la presse française, comme en fait foi la citation suivante. Décrivant un ouvrage appelé *Des sous-hommes et des supermachines,* un critique du *Figaro* écrit, le 17 juin 1971 : (une) *sorte de Disneyland intellectuel où voisinent Saint-Exupéry, l'acide désoxyribonucléique et la sexplosion, le tout baignant dans une atmosphère de semi-science-fiction...* (P. P.)

shopping n. m. Terme emprunté à l'anglais et signifiant « action d'aller d'un magasin à un autre pour regarder les vitrines, les étalages et faire des achats » (*G. L. E.,* Suppl.).

Le mot *shopping* vient du verbe anglais *to shop* — où l'on retrouve notre *échoppe* —, qui a d'abord signifié (1583) « enfermer », « mettre en prison », signification devenue maintenant argotique ; puis, en 1688, ce verbe prend le sens de « mettre en vente dans un magasin », et enfin (fin du XVIIIe siècle) « faire des achats ». *Shopping* est attesté depuis 1764 dans son sens actuel. Bien que « faire des achats » traduise assez fidèlement « faire du *shopping* », « achat » a un sens plus restreint que *shopping ;* le terme inclut également cette sorte de valse-hésitation qui précède l'achat de l'objet convoité... Lorsque l'achat ne conclut pas le *shopping,* le lent examen des vitrines et des étalages est désigné en anglais par *window-shopping,* que le français familier rend par « lèche-vitrines ». (P. P.)

shopping-center n. m. Néologisme repris de l'anglais et qui désigne un centre commercial à magasins multiples installé dans la banlieue d'une grande ville, ou au centre de gravité d'un ensemble d'agglomérations satellites d'un grand centre urbain. Dans cette terminologie, le *shopping-center* semble être généralement l'émanation d'un grand magasin de type classique. Il fonctionne cependant selon des normes différentes : heures d'ouverture plus tard dans la soirée, aires de stationnement des voitures, etc.

Le groupe [des Galeries Anspach] *a été le premier à se lancer dans les shopping-centers* (1971, *les Échos*). [P. P.]

signé, e adj. Marqué d'un signe qui en fait connaître l'origine : *Des trench-coats, des tailleurs, des sahariennes en crêpe de laine ou en satin de couleur vive, toujours signés par des surpiqûres style « jeans ».* Ne pas confondre avec *griffé,* qui porte la « griffe » d'un couturier. (J. R.)

silencieux, euse adj. Marino Gentile invitait il y a une dizaine d'années ses collègues italiens à entreprendre *la réforme silencieuse* de l'école, la reconsidération individuelle, intérieure des méthodes et de l'aspect culturel de la mission enseignante, plutôt que celle des programmes et des structures ; il leur demandait, en somme, de se pencher sur eux-mêmes. Démarche initiale sans doute insuffisante, mais bien nécessaire pour « rebâtir » l'éducation.

On a opposé, en langage politique, aux « minorités agissantes » la *majorité silencieuse* (bien difficile à évaluer), faite « d'hommes et de femmes responsables » qui, loin des forums, « là où ils sont, construisent, en travaillant, la nouvelle société » ; leur effort s'articule « autour d'une cellule de base, la famille, première école des vertus sociales », d'après Bernard Henry (*Un jour,* octobre 1970).

Les *silencieux de l'Église,* mouvement présidé par M. Debray, ont récemment affirmé leur position, que l'on pourrait qualifier de « centriste » : « ni modernisme ni crispation sur le passé ». D'autre part, Marcel Loichot, président de l' « Union pancapitaliste », estime qu'une *mutation silencieuse* oriente en ce moment les Français vers la « participation », réforme à son avis capitale si l'on veut ouvrir une brèche « dans le mur qui sépare les classes » (*le Monde,* 3-XI-1971).

Le mot *silencieux* attire ainsi notre attention sur des activités peu visibles, peu bruyantes, qui, poussant leur chemin à l'écart des tribunes et des empoignades verbales, prétendraient à une efficacité discrète et à long terme.

Mais les économistes parlent aussi de la *dévaluation silencieuse* de la monnaie, continue et, par là, peu spectaculaire, qui, de jour en jour, dégrade le pouvoir d'achat érodé par la hausse des prix... (J. G.)

silhouetter (se) v. pr. Acquérir la silhouette désirée, par un régime, des exercices : *Silhouettez-vous avant la plage* (1971, *publicité*). [J. R.]

sincérisation n. f. Néologisme créé par M. Edgar Faure lors de la réunion du Comité d'étude pour un nouveau Contrat social au début de mars 1972. Désigne l'opération par laquelle on tend vers la *sincérité* en matière financière, économique ou fiscale.

Ce néologisme suppose l'intervention d'un verbe tel que *sincériser,* créé à partir de *sincère-sincérité,* avec adjonction du suffixe *-ation,* qui désigne « l'action de... ». On doit reconnaître que, dans les dérivés d'un substantif, se manifestent en français certaines lacunes. Les mécanismes qui permettent de les combler sont bien connus et viennent aisément à l'esprit d'un sujet parlant qui se heurte au cours d'une improvisation à l'absence du mot adéquat. On peut cependant regretter que des locuteurs d'une haute culture se trouvent ainsi acculés à une création instantanée, faute d'avoir construit leur phrase selon une architecture qui leur aurait permis d'éviter de tels monstres.

Il semble, dans le cas présent, que « recherche de la *sincérité* » aurait été plus acceptable, d'autant que la presse parlée, puis la presse écrite donneront au néologisme une diffusion qu'il ne mérite vraiment pas. (P. P.)

singulatif, ive adj. Mot formé à partir de *singulier,* à l'image des couples *imagination-imaginatif,* ou *démonstration-démonstratif,* en supposant un improbable substantif du modèle de *singulation.* Ce néologisme a été créé par Gérard Genette, et paraît, sous sa plume, s'opposer à « itératif », en prenant le sens de « singulier » : qui ne se passe, ne se déroule, qu'une fois.

Il semble qu'il y ait là une sorte de balancement artificiel entre *itératif* et *singulatif,* comme en témoigne le passage suivant : *Aussi le rythme du récit dans la Recherche* [du temps perdu, de Marcel Proust] *repose-t-il essentiellement non plus, comme celui du récit classique, sur une alternance du sommaire et de la scène, mais sur une autre alternance, celle de l'itératif et du singulatif* (1972, *le Figaro*). [P. P.]

sinistrologie n. f. De l'adj. *sinistre* et du suffixe *-logie,* discours, science. Déduction prémonitoire, à partir de données existantes ou imminentes, sur le proche avenir écologique de notre planète. Cette sorte de prophétisme rationnel est d'un pessimisme absolu. « Nous avons sous les yeux tous les indices d'une crise planétaire », écrit Gerald Leach, adepte de M. Sicco Mansholt, dans le journal *The Observer.* D'après ce point de vue, commente (sous le titre *Sinistrologie*) *Matulu* dans son numéro de novembre 1971, « la voracité des pays riches finira par donner au pillage de la planète Terre son inévitable achèvement catastrophique ». À tort ou à raison, la *sinistrologie* tire la sonnette d'alarme. (J. G.)

sinistrologue n. m. Futurologue atteint non pas de *sinistrose* — comme l'écrit *Matulu* — mais de *sinistrologie* (v. ci-dessus). Rappelons que *sinistrose* vient du n. m. *sinistre* (v. *les Mots dans le vent,* t. I).

Le *sinistrologue* est une sorte de technocrate funeste, de prophète de malheur qui, pour sauver notre espèce, préconise les remèdes de cheval d'un malthusianisme draconien et veut bloquer la croissance de notre qualité de vie. M. Mansholt est, en somme, le chef de file de cette école ; et Vigny, Thiers, Arago furent, à l'époque des premiers chemins de fer, les précurseurs de la *sinistrologie*. (J. G.)

sinophilie n. f. Amitié pour la *Chine* et ce qui concerne ce pays. Les États-Unis en donnent l'exemple depuis peu. D'après l'hebdomadaire *Time,* la « chinoiserie » fait fureur dans les boutiques des villes de l'est, qu'il s'agisse de la mode vestimentaire (en particulier du « complet populaire » à la Mao), des produits de beauté (le maquillage « visage de soie chinoise » — c'est d'autant plus amusant que les Chinoises ne se maquillent pas) ou de l'artisanat. Bref, un véritable new-look.

On attachera peut-être un intérêt plus durable à des études

comme celle qu'a publiée *la Nouvelle Critique* dans son numéro d'octobre-novembre 1971 : « De la Chine et des racines de la *sinophilie* occidentale » ; et l'on estimera que la *sinophilie* consiste d'abord à ne pas juger le peuple chinois « avec des yeux partisans », comme le souhaitait dès 1950 Jean-Jacques Brieux dans son livre : *La Chine, du nationalisme au communisme* (Seuil, p. 423). [J. G.]

sit-in n. m. (locution anglaise ; littéralement, « s'asseoir là »). Manifestation non violente, qui consiste à s'asseoir par terre, dans la rue ou dans un autre lieu public. En 1971, des lycéens, pour manifester en faveur de l'un des leurs qu'on jugeait en cour d'appel, ont pratiqué le *sit-in,* à Paris, boulevard Saint-Michel. On a vu, par milliers, garçons et filles assis sur la chaussée, bloquant la circulation, sous les yeux d'une police assez surprise par cette manifestation toute nouvelle, visiblement importée des États-Unis. Quelques jours plus tard, à Moscou, des juifs russes réclamaient par le même procédé leur droit au départ pour Israël. Le lieu de leur *sit-in :* l'antichambre redoutée du Comité central : *Comment peut-on dire sit-in en Russie?* (1971, *le Monde*). [J. G., P. P.]

sitologie n. f. Mot formé à partir de *site* — néologisme — et qui désigne la science des *sites* en ce qui a trait à l'étude et à la conservation de leurs qualités esthétiques et au respect de leurs principales lignes de force.

De nombreux exemples, dont certains ont donné lieu à de graves discussions entre autorités intéressées, ont montré depuis vingt-cinq ans à quel point des réalisations architecturales diverses, autoroutes, ouvrages d'art, ensemble d'habitations, monuments publics, étaient de nature à défigurer un *site* préexistant par la seule raison que leur volume ou leurs lignes directrices, parfaitement acceptables sur une maquette dissociée du cadre dans lequel elles seraient insérées, ne s'harmonisaient pas avec le *site* destiné à les recevoir. C'est pour étudier les moyens de remédier à ces conséquences désastreuses que s'est fondée une nouvelle science nommée *sitologie*. Son but est de permettre aux constructeurs, promoteurs et urbanistes de mettre au point des programmes qui réalisent l'accord entre les œuvres de la nature et celles des hommes.

Le spécialiste de la science des *sites* se nomme *sitologue :*
Après avoir étudié les constituants des sites..., les relations qui en fondent l'harmonie et déterminé leur amplitude (gamme des couleurs, par exemple, ou texture dominante du site) le sitologue présente son rapport (1972, *Réalités*). [P. P.]

situationnisme n. m. Mouvement gauchiste ainsi nommé parce qu'il recommande d'agir à partir d'une *situation* donnée, en termes de possible, répondant à une urgence, sans se référer, comme les communistes, aux impératifs d'une doctrine et sans la tentation cégétiste de « globaliser ».

L'internationale *situationniste* a été fondée en 1957 par des artistes « expérimentaux » et des militants fortement influencés par les traditions surréalistes, dadaïstes, rimbaldiennes, ainsi que par ces grands solitaires : Sade, Fourier, Lautréamont.

L'un de ses slogans : *changer la vie,* emprunté à Rimbaud, s'est multiplié en 1968 sur les murs du Quartier latin et a fait fortune : *La théorie situationniste élargit singulièrement l'aire de la lutte des classes en faisant appel aux forces inconscientes, esthétiques de l'individu...* (R. Gomblin, *la Nef,* 1972). [J. R.]

sloganiser v. tr. Mettre en *slogans,* ou fabriquer des *slogans,* notamment publicitaires : *Tout s'affiche, tout se « sloganise ».*
« On écoute une pièce de Shakespeare entre une suggestion de fromage et une invitation au shampooing » (Paul Vincent, *le Dauphiné libéré,* 20-IV-1971). La concurrence mène sur les ondes une petite guerre d'amplifications, de distinguos, de rythmes hédonistes et de micro-hymnes à la joie qui constituent autant de variations sur des thèmes communs. *Sloganiser* la publicité, c'est-à-dire, toujours d'après Paul Vincent, « l'art de rendre indispensable même l'inutile », devient une sorte de *designing* audio-visuel ou une façon de suggérer, en s'adressant uniquement à l'oreille, l'image matérielle et fonctionnelle du produit. (J. G.)

socio-critique n. f. Sorte de critique qui considère l'œuvre en tant que phénomène social : *Les marxistes ont, les premiers, tenté une socio-critique des littératures européennes.* Sous ce titre « Pour une socio-critique », Claude Duchet, dans le numéro 1 de *Littérature* (nouvelle revue éditée par la Librairie Larousse), écrit : « S'il fallait une définition, elle serait militante, irait dans le sens d'une sémiologie critique de l'idéologie, d'un déchiffrage des non-dit, des censures, des « messages ». Il s'agirait d'installer la sociologie, le logos du social au centre de l'activité critique et non à l'extérieur de celle-ci, d'étudier la place occupée dans l'œuvre *par* les mécanismes socio-culturels de production et de consommation... » Analysant ce premier numéro de *Littérature, le Monde* constate que *l'on commence à beaucoup parler de socio-critique; et non seulement d'en parler, mais d'en faire...* (28-III-1971). [J. R.]

soft technology (américanisme : technologie « adoucie », « adaptée », « tempérée »). Le besoin d'humaniser les applications de la recherche industrielle aux États-Unis s'est exprimé notamment en juillet 1971, en Hollande, au cours d'un symposium sur « les Jeunes Scientifiques dans la société contemporaine » organisé par la Fédération mondiale des travailleurs scientifiques. Dès 1961, Robert M. Mutchins avait dénoncé les mythes de « l'orgueil satisfait », de « la mécanique aveugle » et des slogans : « Appuyez sur le bouton, nous nous chargeons du reste » ou : « Soyez digne de votre automobile ». « Nous vivons aujourd'hui, ajoutait-il, comme les Turcs de l'Antiquité, que leurs esclaves dominaient. »

La *soft technology* veut tempérer, humaniser l'utilisation des matières premières et des produits fabriqués. Elle se donne pour objectifs : le sauvetage de l'environnement ; « la mise en place dans les pays du tiers monde des structures nécessaires à l'application optimale des sciences et de la technique du développement » (P. Drouin, *le Monde* 6-V-1972) ; enfin, l'autonomie de la recherche, actuellement soumise à des règles bien connues de spécialisation excessive qui morcellent et compartimentent les résultats au lieu de leur donner le feu vert.

La conclusion de Pierre Drouin : « Le monde peut croître et embellir si l'homme ne joue pas les « apprentis sorciers » rejoint celle de Lewis Mumford : « Ne nous laissons pas diriger par l'intelligence mécanique. Réintégrons le facteur humain. » (J. G.)

solipsiste adj. et n. m. Néologisme philosophique, formé à partir de la racine latine *ipse,* que l'on retrouve dans l'*ipséité* chère à Jean-Paul Sartre.

Le *solipsiste* est le philosophe ou l'écrivain prisonnier de son intériorité, enfermé dans son propre texte et sans contact avec la réalité (ou les apparences) du monde extérieur : *Le pacte conclu entre les sciences humaines et la linguistique pour faire voler en éclats la littérature traditionnelle... la plupart du temps aboutit à un roman solipsiste* (1971, *le Figaro*). [P. P.]

sommeil n. m. *Marchand de sommeil,* logeur sans scrupule des ouvriers migrants : *À huit dans une pièce, dans huit lits qui ne s'arrêtent pas de « travailler » de jour et de nuit, parfois entassés dans des caves où les réchauds allumés menacent les dormeurs d'asphyxie, voici les victimes des marchands de sommeil.* (J. R.)

sous-mariner v. intr. Naviguer, se déplacer en profondeur comme un *sous-marin* en plongée. « Submergée par le flot de musique pop' », la chanson française *sous-marine tristement,* même s'il lui arrive « de refaire surface le temps d'un succès météorique » (*Matulu,* mars 1971).

Pourquoi ne pas dire, au sens propre, des *sous-mariniers* qu'ils *sous-marinent?* (J. G.)

sous-minable adj. Superlatif absolu d'infériorité. Expression fréquente, dans la langue parlée et même écrite, pour qualifier ce qui est encore au-dessous du médiocre, du piètre. Nous avons entendu, par exemple, durant l'émission d'un journal télévisé régional, cette énorme bévue : « *la statue* (pour : *le statut*) de la capitale ». *C'est du sous-minable!,* s'écria-t-on d'une seule voix. (J. G.)

sovkhoze (mot russe, abréviation de *sovetskoe khoziastvo,* exploitation soviétique). Tandis que le *kolkhoze* est une exploitation collective, assurée par les kolkhoziens eux-mêmes, qui en répartissent les revenus selon la qualité et la quantité du travail fourni par chacun, le *sovkhoze* est une ferme d'État gérée comme une entreprise industrielle. Le *sovkhoze* est divisé en plusieurs *otdelenie* (fermes spécialisées) dirigées par des gérants : *À l'inverse des kolkhozes, le nombre des sovkhozes n'a cessé de croître* (1973, *Par-delà,* Bruxelles). [J. R.]

sponsoring n. m. Anglicisme, venu du verbe *to sponsor,* patronner, et qui désigne l'aide apportée à un sport, dans un dessein publicitaire, par une firme ou un secteur commercial.

Le verbe anglais *to sponsor* vient directement du latin *spondere,* qui signifie « promettre, cautionner ». Le substantif *sponsor* désigne celui qui promet, celui qui cautionne, celui qui patronne. Dans le langage des États-Unis, le *patron* sera le client attitré de tel ou tel établissement, qu'il n'hésite pas à prôner, à recommander à ses relations. *Sponsoring* est l'action de *patronner,* et pourrait sans inconvénient être remplacé par *patronage,* dans le sens de « protection ».

Le *sponsoring* s'apparente à ce que l'on appelle parfois les « émissions compensées », dans lesquelles on fait l'éloge d'un produit : artichaut de Bretagne, poire, pruneau d'Agen, sans indiquer les firmes qui le commercialisent. En matière sportive, le *sponsoring* est courant, qu'il s'agisse de courses cyclistes ou d'autres épreuves sportives dont les équipes sont financièrement soutenues par des fabricants d'articles de sport, quand ce n'est pas de stylos à bille ou d'eaux minérales... (P. P.)

sportswear n. m. Mot venu de l'anglais *sports,* au sens large de « détente », « jeux et activités de loisirs », et *to wear,* porter. Vêtement féminin, d'inspiration américaine, qui se veut pratique, souple, léger, le *sportswear* s'apparente tantôt à l'uniforme marin et tantôt à la tenue de scoutisme, avec une large fantaisie dans les chaussures, dans les « chapeaux de brousse », ainsi que dans les enjolivures : ceintures, fermetures à glissière.

Il cherche la variété des tissus, des formes, des couleurs, des assemblages ; par exemple, blouson — ou caban — et pantalon-cheminée, chemise paysanne et robe safari, jupe plissée et blazer, veste-chemise à mancherons et pantalon à plis, ensemble écossais.

Le sportswear, *c'est la mode sportive de Madame-tout-le-monde. Non pas une mode de technicienne, mais une mode de confort et d'aisance qui descend aussi bien dans la rue qu'elle s'en va aux champs* (le Dauphiné libéré, 29-III-1972). Souhaitons cependant que le *sportswear* français s'affranchisse de la copie pure et simple du « goût américain ». (J. G.)

staff n. m. (mot angl.). En anglais, *staff* désigne proprement un bâton, un appui, un support, puis ceux qui vous entourent, vous soutiennent, un personnel, un ensemble de collaborateurs, un état-major. On peut parler ainsi du *staff* d'un ministre, d'un chef de parti : *Le staff de M. Defferre, député et maire de Marseille, reste essentiellement local.* (J. R.)

stagflation n. f. Américanisme, mot-centaure composé à partir de *stagnation* et d'*inflation*.

Ce néologisme désigne un état économique qui tend en ce moment à s'installer dans certaines économies occidentales, aux États-Unis en particulier, état dans lequel l'inflation intervient à une cadence telle qu'elle ne peut relancer l'activité commerciale et industrielle du pays en cause, qui reste en état de stagnation.

Le mot est apparu dans la grande presse américaine vers le début du second semestre de 1970.

Si la France est elle aussi secouée par la bourrasque, comme tout le monde, du moins ne connaît-elle pas tous les maux à la fois : elle ne connaît pas pour l'instant la stagflation, *cocktail déprimant de hausse des prix et de piétinement de la production* (1971, l'Express). [P. P.]

stop and go ou **stop-and-go** m. en français. « Arrêts-départs », *stop-and-go-driving,* équivalent plus concret de « conduite en ville ». « Chaque fois que je dois traverser la capitale au volant », affirmait un humoriste londonien, « j'emporte un roman policier ; et je l'ai achevé depuis longtemps lorsque j'arrive à destination. »

La production économique dite *stop and go* ne progresse pas de façon continue, mais par saccades, par à-coups, par alternances de freinages et d'accélérations. Les chefs d'entreprise espagnols se disent *déconcertés par la politique du* stop and go, *et incertains de l'avenir* (Charles Vanhecke, *le Monde*, 28-I-1971). [Le mot devient ici synonyme de « valse-hésitation ».] (J. G.)

structure n. f. Mot scie, qui a donné toutes sortes de dérivés, comme *structural, structuration, substructure, déstructuration, structuralement,* etc. Dans un certain langage religieux contestataire, il désigne, dans un sens péjoratif, l'organisation de l'Église, ses bureaux, sa hiérarchie, ses traditions. On parle des *structures périmées de l'Église,* on dénonce *le quadrillage par des structures paralysantes...* Le pape Paul VI a mis en garde les fidèles contre *le péril représenté par l'altération et la démolition des structures de l'Église,* car il est clair que ces attaques contre des *structures* souvent en effet vieillies visent à l'abolition de toute Église institutionnelle, que remplacerait une Église charismatique, c'est-à-dire sans lendemain, « car, comme le disait Mgr Weber, d'Église charismatique, il n'y en a jamais eu... » (J. R.)

subsidiarité n. f. *Principe de subsidiarité.* Expression employée particulièrement dans les textes qui traitent de la doctrine sociale de l'Église. Il signifie, d'après le cardinal Journet (1969), que « les instances et organismes supérieurs doivent respecter et favoriser les capacités, la compétence et les tâches des individus et des communautés, en théorie et en pratique ». (Ce principe ne recouvre pas la notion de délégation de pouvoir, où l'autorité commet un échelon subordonné pour l'accomplissement de telle ou telle tâche.)

Dans les sphères de l'État et des organismes internationaux, le principe de *subsidiarité* est souvent recommandé : *Appliquer le principe de subsidiarité, c'est au fond respecter et même favoriser à tous les niveaux le partage des compétences et des responsabilités* (1972, bulletin de la Fédération mondiale des villes jumelées). [J. R., P. P.]

suicidologie n. f. Néologisme mixte formé à partir de la racine *suicide,* d'origine latine, et du suffixe *-logie,* d'origine grecque ; désigne la science qui se consacre à l'étude des divers aspects du *suicide :* technique, causes, évolution à travers les âges, répartition géographique ou sociale, rapports avec tels événements, etc. (ce terme est apparu dans *le Point* du 5-X-1972). [P. P.]

suite n. f. « Faux ami qui, sous sa mine française, cache un anglicisme assez subtil » (Comité de linguistique de Radio-Canada). Lorsque, en effet, nous lisons dans les annonces immobilières : « Suites personnalisées », « Suites avec jardins privatifs », le français reprend à l'anglais un mot (parmi d'autres) que celui-ci lui avait emprunté, au sens de *cortège :* la *suite* d'un prince. D'où : pièces en enfilade, à la *suite;* appartement. Par une deuxième extension : mobilier d'une pièce. Se dit couramment, dans les pays anglophones ou soumis à la pression de l'anglais, d'un ensemble de pièces, chez soi ou à l'hôtel ; il en va de même d'un bureau, qui peut comprendre plusieurs pièces. Dans les annonces citées, il s'agit d'un véritable appartement, distingué du mini-appartement appelé *studio.* (J. G.)

suivi n. m. Emploi, en tant que nom, du participe passé *suivi,* de *suivre* (v. tr.), dans le sens de « fait de suivre, de surveiller de façon continue » : *... assurer [...] le* suivi *des prestations auprès de chaque entreprise par un agent technico-commercial* (1971, *Entreprise*).
    Les substantifs créés à partir d'une forme verbale sont légion. Le *lever* de Louis XIV, le *mordant* d'une réplique, le *passé* du duc de Talleyrand, et tant d'autres... La création de *suivi* peut donc se référer à de nombreux exemples, d'autant que *suivi* est depuis bien des années entré dans la langue en tant qu'adjectif.

Mais tout créateur se doit — ou se devrait — de se demander si sa création est nécessaire. Dans le cas présent, n'eût-il pas été plus simple d'écrire : « *suivre* les prestations », en utilisant la forme verbale au lieu d' « assurer le *suivi* », qui est à la fois long, lourd et incorrect? (P. P.)

super-gadget n. m. On demande au *gadget* d'être inédit, ingénieux (l'antivol par téléphone), apparemment illogique (la serrure sans clef), ou poétique, ludique, un peu absurde. Ainsi, sa dernière vague est celle des « joyaux de cuisine » : la fourchette à gâteaux vrillée en bague, les cuillers à café enroulées en bracelet. D'objet utile, il devient article de mode et ornement.

Le *super-gadget* désigne tout autre chose : l' « espion » invisible « dans le vent ». Un briquet, une montre-bracelet, une pipe, un rasoir, une lampe peuvent dissimuler un micro-appareil photographique, un dispositif enregistreur ou émetteur : « Une olive dans un apéritif, un morceau de sucre, un jeu de cartes, une cigarette, un talon de chaussure » sont les emballages discrets de « grandes oreilles en exercice par millions dans les ambassades » — et ailleurs (M. Saint-Setiers, *Dernière Heure lyonnaise,* 10-XII-1971). *La Guerre secrète du pétrole, la Guerre scientifique, l'Espionnage industriel* (titres d'ouvrages ou d'enquêtes récemment parus) seraient ainsi les domaines d'intervention du *super-gadget.* (J. G.)

sur-booking n. m. Néologisme franglais formé à partir de *sur* (au-dessus de, en excès), correspondant à l'anglais *over,* et de *booking,* qui correspond à ce qu'on nommait autrefois en Suisse, et maintenant en France, la *réservation.* Ce mot désigne, dans le langage des compagnies commerciales aériennes, la pratique condamnable de certaines agences de voyages qui réservent sur plusieurs vols à même destination un nombre de places supérieur à leurs besoins totaux pour la journée ou la demi-journée en cause. Les places en excédent sont annulées en dernière minute, en général trop tard pour que les compagnies puissent les offrir à des clients de dernière heure. Cette pratique nuit au coefficient de remplissage des avions de ligne, et contri-

bue ainsi à grever des budgets, pourtant déjà très vulnérables.
(P. P.)

surface n. f. *Grande surface*. Expression qui tend à s'implanter dans la langue pour désigner de façon générale les points de vente type du « supermarché » et « hypermarché ».

L'ensemble comprend, généralement hors d'une agglomération, une vaste esplanade destinée au stationnement des voitures de la clientèle; celle-ci, en effet, réserve une demi-journée ou une soirée («nocturne») à ses achats de la semaine, et a donc à rapporter un volume important qu'elle transportera en voiture; une surface couverte étendue, sur un seul niveau, où l'organisme commercial cherche à regrouper, sans frais inutiles de présentation ou de personnel, les produits les plus divers nécessaires à la vie quotidienne : alimentation, épicerie sèche, articles d'habillement, de loisirs, ameublement, outillage, etc., en choisissant de préférence des produits de bonne qualité marchande et d'une marque connue qui dispense d'une publicité onéreuse.

La prolifération de *grandes surfaces* concurrentes au voisinage de certaines grandes villes (Creil, par exemple) s'est parfois soldée par un échec, outre les tensions inévitables qu'elle fait naître chez le petit commerce traditionnel, qu'elle menace tout particulièrement : *Aujourd'hui, les buts sont atteints, la concurrence s'exacerbe; les structures de la distribution ont craqué; les marginaux ont disparu. Les grandes surfaces sont nées* (1971, *le Monde*). [P. P.]

syncrétisme n. m. D'un mot grec qui veut dire *union des Crétois* (*sun,* avec) ou, d'après Lalande, « de deux Crétois », ce qui, étant donné la mauvaise réputation de ceux-ci, pourrait bien signifier « union de deux fourbes ,contre une victime de leur choix » (*Vocabulaire de la philosophie*). Quoi qu'il en ait été, on entendit par *syncrétisme* — du deuxième au neuvième siècle environ de notre ère — une recherche de conciliation entre doctrines religieuses. Ce mot a pris dans la suite le sens d'un libéralisme très large qui, en dégageant les éléments communs à des systèmes philosophiques et à des croyances hétérogènes, s'attache à les rapprocher. *Toujours généreux, le syncrétisme a quelquefois reposé sur des comparaisons superficielles.* Au sens moderne, *syncrétisme* est synonyme de « coexistence non seulement pacifique, mais amicale ». D'après le quotidien sénégalais *le Soleil,* le général Amin Dada, président de l'Ouganda, a fait le pèlerinage de La Mecque alors que ses deux fils se préparent à la prêtrise dans un séminaire catholique : exemple de *syncrétisme familial.* (J. G.)

tachygraphe n. m. (du gr. *takhus,* rapide, et *graphein,* écrire, inscrire). D'abord synonyme (antérieur) de *sténographe* pendant la seconde moitié du xviiie siècle. Aujourd'hui, nom officiel de la *boîte noire* qui permet de contrôler strictement la vitesse des camions et des véhicules pour transports en commun, ainsi que les temps de repos des conducteurs. L'emploi de cet appareil va devenir obligatoire, en commençant par les grands autobus, les omnibus et les véhicules transporteurs de matières dangereuses.

Le ministère des Transports comme les organisations syndicales estiment que le tachygraphe (ou « mouchard » en argot de métier) introduira une réglementation dont la sécurité routière ne pourra que bénéficier. (J. G.)

talent-scout n. Américanisme assez ancien dans les milieux professionnels du cinéma, du théâtre et de la presse (« découvreur de vedettes »). L'élément *scout* est pris dans une acception inspirée de la langue maritime ou militaire : appareil de reconnaissance, patrouilleur, vedette. Une maison d'édition parisienne engageait il y a quelque temps sa *talent-scout,* chercheuse de romanciers inconnus dignes d'être révélés au public et de faire carrière (Mme de Saint-Phalle). Pierre Dux procède de même quand il produit trois nouveaux auteurs à la Comédie-Française. (J. G.)

teach-in n. m. (« enseigner dedans »). En Amérique, leçon, débat, séminaire avec orateurs invités auxquels on pose des questions, organisés librement, le plus souvent en plein air, « sur le tas ». C'est, d'après le Comité de linguistique de Radio-Canada, « un phénomène particulier à la nouvelle génération contestataire ». Cependant, ne commence-t-il pas avec la délicieuse leçon hors les murs qui, dans l'*Intermezzo* de Giraudoux, courrouce l'inspecteur contre l'institutrice Isabelle?

À Los Angeles, « dans l'immense université d'État, j'ai suivi des cours donnés sur le gazon à de petits groupes nonchalants, assisté à des réunions publiques, sans excès, dans des salles confortables et bien aérées. Sur le campus, il n'y avait jamais d'encombrement » (A. Fabre-Luce, « la Révolution culturelle américaine », *le Monde,* 17-VII-1970). [J. G.]

technicologique adj. Qui concerne la science *(logos)* de la *technique,* mais employé le plus souvent dans le sens de « technique », par un abus que dénonce P. Agron, secrétaire général du Comité d'étude des termes techniques français, dans *Vie et langage : Quant à « technique », il est balayé par « technicologique ». Faites l'expérience, chaque fois que vous trouverez « technicologique », mettez le mot « technique » à la place, la phrase en sera plus claire et plus exacte* (numéro de janvier 1972). On peut essayer la substitution dans cette phrase de Pierre Gascar, d'ailleurs excellent écrivain, tirée des *Nouvelles littéraires* du 8 mai 1972 : *L'exemple nous venait des États-Unis où beaucoup d'étudiants ont décidé de ne plus se déplacer qu'à bicyclette, moins par hygiène que pour marquer leur opposition à la société technicologique.* (J. R.)

technocratisme n. m. Néologisme formé à partir du mot *technocratie* et du suffixe *-isme,* qui marque la doctrine ou le système ; doctrine de celui qui subordonne toute évolution sociale, politique ou économique aux impératifs techniques dont l'inhumaine mise en œuvre constitue ce qu'on appelle la *technocratie.*

Le terme de *technocrate,* créé ces dernières années à l'image de *ploutocrate* ou d'*aristocrate,* traîne avec lui un relent péjoratif. On l'applique volontiers dans les débats économiques et sociaux (où la politique est sous-jacente) à une élite fière de son mécanisme intellectuel, peu habituée à se mesurer au mauvais vouloir des êtres et des choses, et qui donne tort à la réalité lorsqu'elle s'écarte du raisonnement sans faille du *technocrate.*

Dans son ensemble, la classe des *technocrates* constitue la *technocratie*, dont le système est maintenant baptisé *technocratisme* : *Face à l'isolement réformiste du Programme commun de la gauche, il* [Michel Rocard]·*n'oppose que des critiques de détail·où le technocratisme se mêle au verbalisme de gauche* (1972, *les Échos*). [P. P.]

télécran n. m. Écran de télévision, ce que nomme A. Rigaud « les étranges lucarnes ». Il s'agit là d'un mot-valise, ou mot-gigogne, fait de *télévision* et d'*écran*. A propos de la formule « Au théâtre ce soir », la *Semaine Radio-Télé* (1972) parle du public du *télécran,* «beaucoup plus vaste que celui du Marigny ». (J. R.)

télé-film n. m. Film destiné à la télévision : *On pouvait voir dans le télé-film (puisqu'il faut l'appeler ainsi) de Philippe Ducrest le modèle de tout ce qu'il ne faut pas faire à la télévision* (1972, *France-Soir*). [J. R.]

télégénie n. f. Néologisme formé à l'image de *photogénie,* à partir du préfixe *télé-,* pour *télévision,* et du suffixe *-génie,* qui engendre. Désigne l'ensemble des caractères qui produisent à la télévision un effet favorable égal ou supérieur à l'effet produit au naturel.

En matière de photo et de cinéma, on connaît déjà *photogénie* attesté en 1920 et qui exprime la qualité de ce qui est *photogénique*. Ce dernier adjectif a déjà une longue existence. Arago l'employait en 1839, et les Goncourt l'ont repris dans le sens étymologique, « qui produit de la lumière ». Puis, vers la fin du XIXe siècle, il a pris le sens de « qui donne une image nette, bien contrastée en photographie », enfin : « qui donne une image plus flatteuse que l'original ».

Le mot de *photogénie* suppose donc un embellissement, un accroissement de la puissance de séduction grâce à l'intermédiaire de la photo ou du cinéma. Celui de *télégénie* implique la même nuance, avec en outre l'accroissement de la puissance de conviction dont bénéficie la personnalité télévisée, ainsi qu'en témoigne un titre d'article tel que celui-ci : « la *Télégénie* des candidats à la présidence » (1969, *Journal du dimanche*). [P. P.]

téléonomie n. f. (du gr. *télos*, but, et *nomos*, loi). État d'une matière vivante dotée d'un but, d'un « projet ». Ce mot de la biologie s'est répandu par le livre du professeur Jacques Monod, *le Hasard et la nécessité : Tous les êtres vivants sont dotés d'un caractère propre qui les distingue de toutes les autres structures, de tous les autres systèmes présents dans l'univers : la téléonomie.*

La *téléonomie* est l'affaire des protéines, alors que les acides nucléiques se chargent de l'*invariance*, cet autre caractère fondamental des êtres vivants. (J. R.)

téléphonite n. f. Abus — encouragé — de la communication *téléphonique*. « Maladie grave » d'origine américaine, estime *Circuit fermé*, l'organe de *Radio-Canada* (15-III-1970). Aux États-Unis, « tout se fait par *téléphone*. Ainsi, trouve-t-on un service de « télé-prière », de « télé-rendez-vous » ou bien de « chiens perdus ». Vous pouvez également apprendre comment l'on se procure un permis de mariage ou tout simplement un mari... ». La Société Radio-Canada a elle-même installé un service bilingue d'informations *téléphoniques* qui fonctionne vingt-quatre heures sur vingt-quatre.

La *téléphonite* devient un fléau contagieux auquel les Français ont de plus en plus de mal à se soustraire. Peut-être trouvera-t-elle ses limites — comme la circulation routière — dans la saturation par encombrement du réseau : faudra-t-il établir des priorités et des voies de dégagement...? (J. G.)

télérendum n. m. Néologisme plaisant formé à partir du préfixe *télé-*, emprunté à *télévision*, et d'un tronçon du mot *référendum*. Désigne les émissions qui ont été consacrées à la présentation *télévisée* des différentes opinions lors de la campagne qui a précédé le *référendum* du 23 avril 1972.

C'est dans un grand quotidien parisien qu'est né *télérendum*. Un des principaux collaborateurs rendait compte chaque jour, non sans malice, des émissions de la veille qui avaient été consacrées aux ténors des divers partis politiques : analyse du fond de leur intervention, certes, mais aussi opinion d'un spectateur qui juge les hommes politiques sur leurs aptitudes à « crever l'écran », à « passer la rampe » ; bref, sur leurs qualités scéniques — pour ne pas dire d'acteurs.

Il est douteux que le terme passe dans la langue commune, ne fût-ce que parce que la procédure de référendum n'est à utiliser qu'avec une certaine discrétion. Mais il est bien formé, ce centaure des temps contemporains! Et il prouve qu'il est possible à qui sait sa langue de témoigner des capacités de création et de renouvellement qu'elle offre, avec parfois un certain sourire... (P. P.)

télescopage n. m. Rendu familier par la rubrique des accidents de circulation, ce mot est également pris au figuré. Il exprime alors le désarroi mental que peut engendrer une suite précipitée d'images ou d'évocations contradictoires où les mille visages du monde actuel sont présentés à la manière d'un kaléidoscope incohérent. La *dolce vita* et le tiers monde (ou le *quart monde*), la publicité en rose de la société de consommation et les drames de la misère, les offres alléchantes d'emplois et la montée des « populations actives disponibles » (en chômage) sont des exemples parmi d'autres de « séries » audio-visuelles qui s'emboutissent comme des voitures ou des wagons sous l'effet d'un choc initial répercuté. Forme exacerbée de l'agacement qui nous saisit parfois au contact de la *surinformation* déversée sur nous par les *mass media,* ce *télescopage* provoque des traumatismes psychiques chez les hypersensibles : « L'homme, être tumultueux et fragile, a besoin d'unité dans les sentiments pour se sentir en équilibre. Trop cruellement meurtris par un siècle dérisoire et funèbre, des lycéens se suicident par le feu. D'autres, plus agressifs ou moins désespérés, cherchent dans une violence élémentaire l'illusion divine de ne pas subir sans cesse l'absurdité. »

C'est *le télescopage contemporain des valeurs* (Gilbert Comte, *le Monde,* 22-V-1971). [J. G.]

téléthèque n. f. Néologisme formé à partir du préfixe *télé-*, abréviation de *télévision*, et du suffixe *-thèque* (du gr. *thêkê*, coffre, lieu de dépôt). À l'image de *bibliothèque*, *téléthèque* peut désigner soit le meuble où un amateur d'enregistrements de *télévision* classe et conserve les bandes magnétiques qui lui permettront de restituer un spectacle de son choix sur l'écran de son appareil récepteur, soit l'organisme ou les locaux où seront conservés, répertoriés et archivés les éléments enregistrés des émissions de *télévision* réalisées par de grandes stations publiques ou privées. Ces deux acceptions différentes se retrouvent aussi dans le mot de *bibliothèque*, semblablement formé, en ce qui concerne les documents imprimés destinés à la lecture.

Dans le même esprit, on a récemment signalé *ludothèque*, qui désigne les salles existant dans certaines collectivités et qui réunissent des jouets que leurs jeunes utilisateurs peuvent mettre en œuvre sur place sans obliger leurs parents à les leur acheter. Ce terme pourrait également désigner — de façon un peu précieuse — le fameux coffre à joujoux qui reste pour beaucoup d'entre nous l'un des beaux souvenirs d'enfance... (P. P.)

théologie n. f. *Théologie de la parole*. C'est la *théologie* qui s'appuie essentiellement sur des textes, considérés comme « parole de Dieu », et qui est transmise par la prédication : *Pour une théologie de la parole, l'événement par excellence est un événement de parole... Pour une théologie de l'histoire, au contraire, l'événement par excellence, c'est ce qui est arrivé* (J. Lacroix, *le Monde*, 12-III-1972). [J. R.]

toboggan n. m. Nom d'origine canadienne qui désigne : 1° un traîneau individuel sur lequel le voyageur, couché à plat ventre, se dirige à l'aide du poids de son corps et freine avec les pieds, munis ou non de crampons ; 2° une attraction publique, analogue aux montagnes russes, sur laquelle se déplace un chariot transportant une ou plusieurs personnes.

Par extension, ce mot désigne un dispositif métallique de

franchissement d'un carrefour, qui permet aux véhicules qui se dirigent dans une certaine direction de passer au-dessus des autres files de voitures, simplifiant ainsi les problèmes de circulation.

Le nom officiel du *toboggan* est *autopont,* où *auto* représente le type de véhicule empruntant le dispositif en cause : terme construit à l'image d'*autocanon, auto-école,* etc., en contradiction avec une autre famille du genre *autoporteur, auto-amorçage, autopropulsé,* etc. (P. P.)

toiletter v. tr. Désigne, notamment dans le langage des « soins de beauté pour animaux de luxe », le fait de mettre un chien de race au mieux de sa condition esthétique en le lavant, le tondant, le frisant, lui dégageant les ongles, etc.

Un substantif a été formé de même : *toilettage,* là où *toilette* aurait suffi... Par extension, les mots *toiletter* et *toilettage* ont débordé du domaine des soins esthétiques canins, ou félins, pour désigner la présentation flatteuse d'un objet que l'on désire vendre ou mettre en valeur ; on les retrouve dans la publicité de certains produits d'entretien pour automobiles.

Curieuse évolution de ce descendant de *tela* (« toile », en lat.), qui, après avoir désigné la petite nappe ouvrée sur laquelle on disposait des objets de lavage et de coiffure, a désigné l'opération même de se laver et de se coiffer, puis la manière de s'habiller ou le vêtement que l'on porte. (P. P.)

tolérance n. f. *Société de tolérance.* Se dit d'une société qui *tolère,* surtout en matière de mœurs. On parle aussi de *société permissive,* plus libérale encore que la précédente puisque permettre, c'est accepter formellement, sans restriction alors que *tolérer* implique la modération d'un pouvoir qui ne veut pas abuser de sa force, « laisse faire ». À propos des films *underground* de Hubert Selby, Jacques Cabau écrit dans *l'Express* du 21 janvier 1973 : *En dix ans, l'authentique inspiration de Selby s'est égarée. Peut-être parce que la société de tolérance, récupérant tous les fantasmes, est désormais en train d'encourager une obscénité de convention.* (J. R.)

tout-en-un (collant) n. m. Collant recouvrant le corps entier, des pieds au cou, et fermé par une glissière. Il forme le « fond » idéal aux robes-chasubles, aux jupes fendues, aux capes et manteaux. — Synonyme : BODY STOCKING. (J. R.)

tralalère n. m. Abus systématique du *tralala* pour meubler le decrescendo final d'une chanson. Ce procédé commode à l'auteur et au chanteur devient rapidement fastidieux à l'écoute.

L'œuvrette gagnante à l'Euro-Festival se caractérise invariablement par « un air facile, contagieux, sentimental », qu'interprète « un Achille en jupons » avec *le tralalère de la fin.* Ces rengaines nous éloignent fort de « la chanson populaire de qualité » (*Triunfo,* périodique espagnol, avril 1971). [J. G.]

transidéologique adj. Qui franchit (préfixe *trans-*) les barrières politiques et sociales séparant les pays occidentaux de ceux de l'Est (on trouve aussi *interidéologique*). Chaque fois que ces États concluent des accords scientifiques, culturels, industriels, commerciaux malgré les divergences fondamentales qui les opposent, c'est au bénéfice de l'intérêt supranational, de la confiance et de la paix ; du moins peut-on l'espérer.

D'après l'Américain Samuel Pisar, auteur des *Armes pour la paix : ouverture économique vers l'Est,* la timidité qui entrave encore les échanges *transidéologiques* fera place un jour au vrai « dégel ». On verra l'économie « s'engouffrer dans de nouvelles canalisations sociales et politiques, pour mener la société vers un autre seuil ». Cet objectif à long terme, qui dépasserait de loin la coexistence pacifique, est-il une marche lente, mais sûre, ou une vue de l'esprit ? (J. G.)

transnational, e, aux adj. Se dit du caractère d'un organisme, d'une entreprise, dont la composition, les attributions et la zone d'action ne sont pas bornées aux frontières d'un seul État.

Le développement des liens internationaux dans les domaines militaire, scientifique, économique et technique — et particulièrement la constitution d'ensembles tels que la Communauté économique européenne — a conduit nombre d'organismes et d'entreprises à conjuguer leurs efforts et à élargir leurs structures au-delà des barrières des frontières nationales. L'Union postale, l'Union internationale des chemins de fer, pour n'en citer que deux, sont des exemples de cette transformation.

Transnational présente un sens différent de *multinational*. Ce dernier terme s'applique à la juxtaposition de personnes ou d'organismes de pays différents, au sein d'un même ensemble, alors que *transnational* s'applique plus, semble-t-il, à la structure interne, aux objectifs et à l'esprit d'un organisme ainsi constitué : *La création d'unités transnationales permettrait à la fois une économie de moyens et le développement d'une mentalité européenne* (1971, *Trente Jours d'Europe*). [P. P.]

traversée du désert. Se dit, en matière politique, d'une période d'effacement, par allusion à la traversée du désert d'Arabie par les Hébreux en marche vers la Terre promise. Ainsi, le général de Gaulle a connu, jusqu'à ce qu'on le rappelât, en 1958, sa *traversée du désert* sans quitter Colombey, et c'est après sa *traversée du désert* que M. Georges Pompidou s'est porté candidat à la présidence de la République et a été élu : *Au printemps de 1958, la démarche du général de Gaulle vers le pouvoir avait paru aussi oblique et incertaine que devait l'être celle de M. Pompidou pendant sa traversée du désert* (P. Viansson-Ponté, *le Monde,* 28-I-1970). En 1973, M. Chaban-Delmas songeant à se présenter à la présidence de l'Assemblée nationale s'entend demander par M. Pompidou : *Votre traversée du désert a-t-elle été assez longue?* (J. R.)

tribu n. f. Au sens ancien, groupe ethnique assez large occupant un espace déterminé : *La grandeur patriarcale des douze tribus d'Israël.* Associé ensuite par des siècles de littérature coloniale aux « mentalités primitives » : *Les coutumes, les mythes, les rites, le fétichisme, les chants, les conduites gestuelles de la tribu.* D'où, au figuré : *« Quelle tribu! »* dira-t-on de ces groupes fermés, desséchés, repliés sur la seule défense de leurs intérêts et de leurs façons conservatrices de vivre qui, dans certains romans contemporains, donnent du « cercle de famille » une image grise et mesquine, non exempte de crises de rébellion juvéniles ou même plus tardives.

C'est pourquoi, semble-t-il, de nombreux hippies américains entendent revaloriser ce terme. Puisque, d'après eux, son champ affectif étroit condamne la famille traditionnelle à l'égoïsme, ils veulent faire de leurs groupements libérés des « tabous », de grandes familles où, comme dans les communautés tribales d'autrefois, la fraternité des relations instaurera des rapports généreux, l'entraide, le partage et l'éducation collective : *Si tu veux être digne de la* tribu, *jeune ou vieux, aime les enfants et prends soin d'eux, qu'ils soient ou non les tiens !* (J. G.)

tripolaire adj. On avait *bipolaire* — qui se partage entre deux influences prépondérantes — *(l'U. R. S. S. et les États-Unis font notre monde bipolaire)*, voici *tripolaire*, qui suggère difficilement une image adéquate, les « pôles » allant généralement par deux : *La Chine s'est séparée de l'U. R. S. S. et s'est opposée à elle. Le marché a ainsi pris une structure tripolaire, ce qui n'a pas manqué de créer pas mal de confusion* (général Beaufre, *le Figaro*, 10-VI-1971). [J. R.]

tropézien n. m. Parisien de *Saint-Tropez*. Le mariage d'une personnalité, arrêtée depuis, ainsi que sa femme, pour trafic de drogue, *avait été l'occasion de festivités dont les Tropéziens, pourtant blasés, se souviennent encore (le Parisien libéré,* 2-XII-1971). *Le* Tropézien *de la* dolce vita *dépense sa fortune sur la Côte d'Azur. Il appartient au monde des noctambules. Il sait organiser les distractions du Tout-Paris mondain, artiste, littéraire et parfois politique* (1971, *le Monde*). [J. G.]

ufologie n. f. Néologisme d'origine américaine formé à partir du sigle *U. F. O.* (*u*nidentified *f*lying *o*bjects) et du suffixe *-logie,* d'origine grecque ; science dont l'objet est l'*étude des objets volants non identifiés* — désignés par O. V. N. I. en français et par U. F. O. en anglais —, étude scientifique et critique des différentes manifestations de ce que l'on a un temps appelé les « soucoupes volantes ». Depuis la fin de la Seconde Guerre mondiale, ont été recueillies dans différentes parties du monde, de nombreuses observations qui peuvent laisser croire à l'existence d'objets volants ; ceux-ci paraissent doués de propriétés physiques : forme, couleur, vitesse de déplacement, rayonnements annexes, etc., qui semblent en contradiction avec les connaissances actuelles des milieux scientifiques traditionnels.

Ces observations ont fait l'objet d'études systématiques par des comités *ad hoc,* constitués notamment aux États-Unis, et dont les conclusions sont périodiquement remises en doute. Il n'empêche que certains des savants qui ont participé à ces études possèdent maintenant la conviction que ces observations sont dignes de foi. L'un d'eux, le Dr Hynek, conseiller pendant vingt ans de l'Armée de l'air américaine dans ce domaine, a inauguré un cours universitaire qui traite de ces phénomènes : *...A la Northwestern University, le Dr Hynek a inauguré le premiers cours mondial d'ufologie* (1972, *Sciences et avenir*). [P. P.]

ultra-gauche n. f. Ensemble des mouvements gauchistes distingués de la gauche traditionnelle qui possède une histoire, des structures stables et le sens de la discipline dans le souci de la légalité. L'*ultra-gauche* est au contraire « spontanée, naturelle et élémentaire » ; mais les travailleurs de Renault estiment que par ses méthodes d'action elle « fait courir de grands dangers au mouvement ouvrier et à l'ensemble de l'opposition » (Maurice Duverger, « l'Ultra-gauche et la gauche », *le Monde,* 7-III-1972).

Immédiatement repris par la télévision, ce mot a de grandes chances de ne pas traverser le vocabulaire politique à la manière d'un simple oiseau de passage. Il est heureux en tant que désignation collective de la nouvelle extrême gauche (« gauchisme » évoquant surtout une mosaïque de tendances et même de « poussières » de groupes, de « miettes »), et aussi parce que le préfixe, le nom et l'adjectif *ultra* s'appliquaient antérieurement aux seules formations et façons de penser et d'agir de l'extrême droite conservatrice, souvent répudiée par la droite « classique » en raison de ses excès. (J. G.)

ultra-libéralisme n. m. Dans son ouvrage *Socialisation de la nature,* Philippe Saint-Marc désigne par ce mot la liberté excessive de « démantèlement du patrimoine public par la propriété privée » — celle de « la France riche », dont la « marée d'argent » emporte « les règles protectrices des sites, des forêts et des campagnes » ; d'où un mésusage dangereux des espaces libres.

A Cervières, l'un des plus hauts villages de France, dans le Briançonnais, cent paysans défendent leur patrimoine collectif et leur unique source de revenus — des milliers d'hectares de pâturages semés de chalets — contre l'assaut coalisé des sociétés immobilières, des promoteurs et des « autorités ». Le jour où l'*ultra-libéralisme* des gratte-ciel hôteliers et touristiques et des boîtes de nuit les aura dépossédés, fermiers de l'État, paysans sans terres, ils veilleront sur un « troupeau » réduit à quelques bêtes... (J. G.)

unbundling n. m. Néologisme d'origine anglaise formé à partir du verbe *to bundle,* empaqueter. Désigne, dans le langage de l'informatique, l'opération qui consiste à facturer séparément la fourniture (location ou vente) de l'ordinateur et de ses matériels annexes, d'une part, et la fourniture des programmes et des méthodes destinés au fonctionnement de cet ordinateur, d'autre part. *Unbundling* a le sens de « déliement », « déballage » ; son équivalent en français, dans l'acception en cause, est *facturation séparée*.

Pendant toute une période, les constructeurs d'ordinateurs ont cherché à fournir à leur clientèle un ensemble « mécanique plus matière grise » *(hardware* plus *software),* dans lequel le matériel, vendu ou plus souvent loué, conditionnait la forme même sous laquelle les programmes lui étaient soumis. Puis le développement de l'informatique a conduit à un accroissement des investissements dans le perfectionnement et la construction des machines, cependant que le nombre croissant de leurs utilisations possibles entraînait les constructeurs à développer peut-être plus loin qu'il était souhaitable leurs services d'établissement des programmes. Parallèlement, des sociétés non constructrices d'appareils se créaient et se développaient dans le seul secteur d'étude et de vente des programmes.

Cette évolution a amené un certain nombre de gros constructeurs de réputation mondiale à séparer la facturation du matériel de celle de la matière grise : programmes modulaires, documentation automatique, programmes de télétraitement, etc. : *Dans ce contexte, quelles conséquences aura l'*unbundling *?... il n'est pas sûr que, dans les premiers temps, elles soient très apparentes* (1972, *les Échos).* [P. P.]

understatement n. m. (anglicisme). Amoindrissement des faits sur lesquels on rend témoignage : *That would be an understatement,* dire cela serait au-dessous de la vérité *(Harrap's Standard Dictionary).* Tendance qu'ont les personnes de bon ton, les timides, les avisés à édulcorer la narration d'un incident, d'un dialogue ou à user de précautions oratoires et d'euphémismes. L'*understatement* peut être un calcul chez un diplomate, un homme politique, un journaliste, un professeur qui ne veut pas décourager un élève faible mais méritant.

Dans le roman de Georges Buis *la Barque,* un jeune officier qui n'a pas l'habitude de mâcher ce qu'il pense dit d'un attaché d'ambassade : *C'est un type bien. Par malheur, il est neutralisé par un contrôle excessif de lui-même et par le snobisme de l'understatement.* Dans sa bouche, ce mot « prend une résonance de vice honteux ». (J. G.)

unisexe n. m. et adj. L'*unisexe,* c'est la mode faite pour l'un et l'autre sexe : *L'unisexe est apparu en 1965, provoquant l'amusement, la surprise ou la fureur.* Les « jeunes » ont voulu effacer tout ce qui, dans le vêtement, la coiffure, soulignait la différence des sexes. Les femmes ont osé s'habiller en débardeur, en soldat, en chasseur, en charbonnier ; les garçons ont osé laisser pousser leurs cheveux, porter des chemises à fleurs, se parer de colliers et de bracelets. Un jeune couple peut posséder la même garde-robe.

A propos de débardeur, dans son *Grand Dictionnaire universel,* Pierre Larousse note la fascination exercée sur la femme de son temps par certaines tenues masculines :

« La lorette, au déguisement facile, et pour qui la vie est un éternel carnaval, a essayé le bonnet rouge du pêcheur du Lido, la veste du pilote de l'Archipel, le chapska du lancier polonais, le dolman du hussard hongrois, le justaucorps de l'écolier du Moyen Age, l'écharpe des montagnards écossais, la culotte du postillon de Longjumeau... Mais ses affections les plus durables se sont concentrées sur le débardeur. » (J. R.)

unité n. f. *Unité pastorale.* Mode de regroupement des prêtres et des fidèles en fonction d'une réalité vivante et non théorique : *La paroisse ancienne correspondait en gros au village ou au quartier... La nouvelle unité pastorale devra saisir certaines réalités collectives : elle pourra correspondre à une réalité sociologique — les hôpitaux de la région parisienne, par exemple — ou géographique... L'expansion fulgurante des tissus urbains dépasse les possibilités pour la construction des lieux de culte. L'unité pastorale peut permettre la solution du problème* (*Informations catholiques internationales,* juillet 1971). L'*unité pastorale* est dite aussi « paroisse nouvelle ». (J. R.)

usance n. f. Archaïsme, en anglais comme en français, signifiant « *usage* reçu », « coutume » : *a l'usance et coustume,* expression du xvᵉ siècle (*Dictionnaire d'ancier français,* Larousse éd.). Jacques Cellard le remet à l'honneur lorsqu'il se dit tenté d'appeler *usance* d'un mot « la façon dont il est *usé* suivant le milieu social, l'âge, la région même du locuteur » (*le Monde,* 4/5-VI-1972).

Les *usances* ainsi comprises sont encore nombreuses, en marge de notre vocabulaire général, dans les langues des métiers comme dans nos dialectes locaux. Ainsi *patouiller,* d'*usance* solognote et repris par Balzac, est beaucoup plus expressif que *patauger.* Et « comment se fait-il que *lermuse,* qui désigne le petit lézard gris des murettes méridionales, ne soit pas encore naturalisé français » ? Bref, il s'agit « d'un foisonnement de mots et d'expressions qui, souvent, combleraient avec bonheur les lacunes du français et en enrichiraient délicieusement les nuances » (Jacques Valois, *le Chasseur français,* juin 1972).

Le mot *usance* va-t-il renaître, comme *nuisance* (v. *les Mots dans le vent,* t. I), mais de façon beaucoup plus agréable dans sa rusticité, grâce à la recherche d'un petit trésor linguistique injustement oublié ? (J. G.)

vélocitisation n. f. Néologisme venu d'un néologisme américain *velocitization,* de *velocity,* vitesse, et du suffixe *-ization.*
Désigne l'accoutumance à la *vitesse* qui s'établit chez un conducteur lorsqu'il a roulé un certain temps à une vitesse soutenue.

L'expérience montre que la notion de vitesse n'est pas perçue
en soi par l'organisme humain. Celui-ci n'enregistre en fait que
les variations de la vitesse, c'est-à-dire les accélérations et les
décélérations.

Dans la conduite automobile, l'appréciation de la vitesse —
hormis le recours au compteur de vitesse — est subjective : elle
dépend du bruit du moteur, des trépidations du véhicule, du
défilement des éléments du paysage, dont la vitesse apparente
est fonction de leur distance de la route, etc.

Le fait de rouler un certain temps à vitesse soutenue (110 à
130 km/h) sur une route sans défauts de surface ni incidents de
parcours crée une accoutumance qui amène l'automobiliste qui
ralentit dans une agglomération à estimer qu'il « se traîne » alors
qu'il est encore entre 80 et 90 km/h. C'est là l'un des effets de la
*vélocitisation. Le compteur de vitesse, ou tachymètre, est la
seule source d'information claire et précise qui puisse nous
protéger contre la vélocitisation* (1972, *la Prévention routière).*
[P. P.]

verte adj. *Europe verte.* Expression désignant l'entité créée au
sein de la Communauté économique européenne aux fins d'établissement d'un marché agricole commun aux neuf pays qui la
composent. Cette métaphore s'apparente à celles qui sont déjà
employées en économie générale : houille blanche (ressources

énergétiques d'origine hydraulique), or noir (produits pétro-
liers), etc.

Les difficultés propres à toute planification dans le domaine
agricole, où l'action des éléments échappe aux prévisions
humaines, le peu d'efficacité des mesures autoritaires en
matière de production et de vente des produits de la terre, et
l'individualisme marqué des paysans ont donné à l'expression
Europe verte des résonances qui ne sont pas près de
s'éteindre... (P. P.)

vespachienne n. f. Néologisme plaisant créé à Montpellier à
l'image de *vespasienne* et qui désigne des édicules particuliers
destinés à la satisfaction des besoins des chiens de la ville.
Hommage rendu à la mémoire de *Vespasien*, empereur romain
qui décida de frapper d'un impôt les latrines publiques et qui
professait, en réponse aux critiques, que « l'argent n'a pas
d'odeur ». (P. P.)

victimologie n. f. Néologisme formé à partir de *victime* et du
suffixe *-logie*, science. Désigne l'*étude* systématique de la
psychologie et du comportement des *victimes* de crimes.

Des assises ont été récemment tenues entre différents spécialistes de l'étude du crime, tant du point de vue social que sous
l'angle psychique. Il a été constaté à cette occasion que, dans la
plupart des cas, les réactions physiques et psychologiques de la
victime semblaient avoir une influence importante sur la décision et le déroulement de l'acte criminel.

L'étude systématique de cet aspect de l'acte criminel a été
baptisée *victimologie*, néologisme bâtard (ou mixte) qui unit une
racine latine à un suffixe grec. *C'est ainsi qu'est née une science
neuve, la* victimologie, *qui considère la victime comme un élément actif dans la dynamique de l'acte* [criminel] (1971, *le
Figaro*). [P. P.]

vidéo n. dont le genre n'est pas encore fixé (angl. *video*, en
lat. « je vois »). Ce mot signifie que « des installations et des
circuits relatifs à la transmission de l'image » s'ajoutent à l'*au-*

264

dio (lat. « j'entends »), qui concerne la transmission simultanée des sons (*Vocabulaire de la radio et de la télévision,* « Défense du français », Québec). Mais il a pris au Canada et commence à prendre chez nous une acception beaucoup plus large.

Dans les provinces, notamment, du Québec et de l'Ontario, on se rassemble en plein air devant *le* ou *la vidéo* comme on le faisait sur la place de village ou de quartier à l'époque du cinéma ambulant. Et les images projetées au magnétoscope ne sont pas « piquées » aux programmes de la télévision, mais cherchent au contraire à « démythifier », à « désacraliser » celle-ci, en rompant les barrages officiels ou administratifs qu'elle introduit entre le studio et la réception — au profit d'une communication populaire, donc « ouverte ». On écoute des élus municipaux ou des représentants des groupes les plus divers : commerçants, ouvriers, étudiants, sportifs, parents d'élèves, animateurs de loisirs... exposer leurs points de vue et leurs projets ; après quoi, l'on en discute. C'est ce que l'on appelle *free video* ou *vidéo libre,* suivant la communauté linguistique à laquelle on appartient. André Holleaux propose (dans *le Monde,* 24-V-1972) l'équivalent *vidéo sauvage.* Les quatre journées d'étude organisées à Vichy, par la commission française pour l'Unesco, sur « les Conséquences de l'emploi des techniques *vidéo* pour l'éducation et la culture » furent, à cet égard, très révélatrices pour les interlocuteurs des experts canadiens.

La popularité, prévisible en France, des nouveaux appareils *vidéo* aura-t-elle pour unique résultat de renforcer la commercialisation des programmes ? Ou bien conduira-t-elle aussi « les citoyens à la conquête de l'image » (Jean-Pierre Clerc, *le Monde*) — et à sa pratique d'enregistrement, dans un esprit de recherche et d'information spontanée, mettant au contact les uns des autres ceux qui ont quelque chose à dire et le plus grand nombre possible d'intéressés ? (J. G.)

vidéo-cassette n. f. Littéralement, petite boîte *(cassette)* contenant la bande magnétique d'un magnétoscope de type nouveau. Cet appareil, on le sait, enregistre simultanément le son *(audio)* et l'image *(vidéo)* ; il permet aussi de les rediffuser à volonté sur écran cathodique. La *cassette* offre des avantages pratiques par rapport à la bobine antérieurement utilisée.

Par métonymie (le contenant pour le contenu) et par analogie avec *transistor* et *mini-cassette,* on désigne de plus en plus par *vidéo-cassette* l'instrument fonctionnant avec la *cassette.* C'est, au magnétoscope « première formule », ce qu'est la « mini-cassette » au regard du magnétophone d'il y a vingt ans. Gene Youngblood l'appelle même *livre de poche* (audio-visuel).

Nous en sommes encore, en France, au stade du laboratoire et des essais ; certains problèmes techniques ne sont pas entièrement résolus. Pourrons-nous, dans un avenir assez proche, grâce à des appareils allégés, maniables, relativement peu coûteux, projeter chez nous, en classe, devant un cercle d'amis, en plein air, des « morceaux choisis » librement ou des « pages vécues » ? Ce serait au bénéfice de notre information, de notre culture, de notre plaisir. Le danger réside dans une commercialisation des programmes, dans l'enregistrement préfabriqué. (J. G.)

vidéo-disque n. m. Par anticipation (légère). « disque-image », entendu sur électrophone muni d'un tourne-disque spécial et relié à un écran : on entendra et on verra les « vedettes ».

Ce nouveau procédé de la commercialisation audio-visuelle est encore à l'essai au moment où nous écrivons. Il deviendra bientôt, sans doute, réalité. (J. G.)

vidéogramme n. m. Terme générique qui englobe l'ensemble des supports : disque, bande magnétique, etc., qui permettent d'enregistrer, de conserver et de reproduire un spectacle sonore et visuel.

Depuis plusieurs mois, divers procédés sont mis sur le marché, qui visent à permettre aux possesseurs d'un poste récepteur de télévision d'alimenter celui-ci avec des éléments de leur choix : émissions publiques précédemment enregistrées ou prises de son et de vues réalisées par des amateurs.

Ce procédé de stockage et de diffusion audio-visuel ne pouvait laisser indifférent le monde de l'édition sous sa forme traditionnelle, tant en ce qui concerne la dissémination d'œuvres complètes ou abrégées qu'en ce qui a trait à la protection des droits des auteurs et de leurs éditeurs. Afin d'aborder ce nouveau marché dans des conditions convenables d'efficacité et de sécurité, une grande société d'édition vient de s'associer à l'O. R. T. F. pour créer une société nouvelle, dont les fondateurs affirment qu'elle restera ouverte à d'autres. Cette société a pris le nom de Société française de *vidéogrammes*. (P. P.)

vidéo-party n. Mot composé de l'angl. *party,* groupe, cercle, association de quartier, et de *vidéo* (v. ce mot). Nom donné, aux États-Unis et au Canada, à des groupements de jeunes (surtout étudiants) ouverts aux parents d'élèves et aux techniciens. On s'y propose :
— d'apprendre à qui le désire le maniement des caméras *vidéo,* des magnétophones portatifs et autres appareils audio-visuels de type récent ;
— d'aider les communautés blanches ou noires à réaliser ainsi des programmes de spectacles, soit à leur propre usage, soit à l'intention des réseaux de télé-distribution, très nombreux en Amérique du Nord.
Par leur extension rapide et la variété des milieux utilisateurs, les vidéo-parties, *sortes d'« universités populaires » spécialisées, pourraient devenir bientôt une des activités américaines de loisirs les plus vivantes, grâce à l'esprit d'initiative et d'aide bénévole.* Gérard Métayer a proposé les équivalents *vidéo-animation,* au sens général, et *vidéo-animateurs,* pour les groupes et les personnes. (J. G.)

vieillesse n. f. *Veillesse sociale :* le *vieillissement* des petites gens, des « économiquement faibles », qui souvent souffrent aussi de leur solitude culturelle et, plus encore, affective. La longévité croissante de notre espèce rend ce phénomène de moins en moins marginal, donc préoccupant du point de vue démographique et social. *La vieillesse sociale précoce menace en particulier les veuves professionnellement inactives...* (J. G.)

visa n. m. Se dit, au figuré, pour « approbation », « carte blanche » : « patron » de journal qui   *donne le visa* » pour un reportage, une campagne de presse. Avec « *Visa* pour les rêves », étude sur le sommeil, sur « ce qui se passe durant votre repos » (parue dans l'hebdomadaire *Secrets pour la vie* en février 1972) et surtout avec les annonces touristiques *Visa pour...* (l'Orient, l'Afrique, la Polynésie, la Laponie...), le mot veut revêtir un sens magique, envoûtant. Le billet de voyage est présenté comme la clef des merveilles exotiques et des horizons sans fin renouvelés. (J. G.)

Visagiste n. m. ou f. Esthéticien, esthéticienne qui, dans un « institut de beauté », met en valeur par la coiffure, le maquillage et d'autres soins l'harmonie des *visages*. Lorsque, par extension, des fabricants spécialisés de portes et de fenêtres s'intitulent « les *visagistes* de votre maison », pourquoi en serions-nous choqués ? Les portes, les fenêtres ne sont-elles pas les yeux et les bouches de nos demeures, qu'elles contribuent à « personnaliser » ? (J. G.)

visiophone n. m. Néologisme mixte (ou bâtard) formé à partir du radical latin *visio-,* de *videre,* voir, et du suffixe grec *-phone.* Ce terme désigne un appareil, actuellement au stade des études, par lequel deux correspondants d'un réseau de télécommunications pourraient en même temps converser par un dispositif téléphonique et se voir par une liaison en duplex du type de la télévision, transmise sur le même circuit.

Le mot *visiophone* a notamment été employé par M. Robert Galley, ancien ministre des Postes et Télécommunications, dans un article fort documenté qu'il a publié dans le numéro spécial d'*Arts et manufactures,* revue des anciens élèves de l'École centrale de Paris, en date de décembre 1971 : *La création d'un réseau public de transport d'image* (visiophone) *est également envisagée... mais* [les] *exigences techniques font du* visiophone *un appareil cher, ce qui semble exclure à court et moyen terme la clientèle des particuliers.* (P. P.)

western-spaghetti n. m. Western tourné en Italie, souvent pâle imitation du western authentique : *Des chevauchées pour rire, un doublage invraisemblable, des « saloon cafeteria », bref le « western-spaghetti » auquel on s'habitue* (1970, *Combat*). [R. R.]

W. I. T. C. H. E. S. En anglais, « sorcières ». Sigle approximatif de *Women's International Terrorist Conspiracy to escape from Hell* (Conspiration terroriste internationale des femmes pour s'échapper de l'enfer) : à ne pas confondre avec le *Women's Lib* ou « Front de libération des femmes ».

Ce mot-pancarte incendiaire désigne simplement un mouvement très actif, en principe non politisé, de protestation contre la servitude dorée de la femme américaine, objet, animal, « gadget de luxe » et de publicité « sexiste » : *A l'occasion de l'élection de Miss America,* symbole de cet « esclavage », *les W. I. T. C. H. E. S. ont immolé dans un autodafé spectaculaire sous-vêtements, faux cils, blocs de sténo et magazines féminins* (les journaux, août 1970).

A ces démonstrations de masse s'associe plus discrètement le sentiment profond de nombreuses étudiantes, qui aspirent à l'indépendance budgétaire et à celle de la vie professionnelle. « Ce que nous voulons », nous ont-elles confié, « c'est accéder à des emplois qui nous sont encore presque fermés : médicaux, juridiques, scientifiques, technologiques, urbanistiques... We are fed up with it » (« Nous en avons *ras le bol* »). [J. G.]

zégiste n. m. et adj. Néologisme américain formé à partir de l'expression *zero growth* (« croissance nulle ») et du suffixe *-ist,* partisan de... Ce mot a été repris en français (1972) sous la forme *zégiste.* Désigne ou qualifie un partisan de la tendance de pensée qui s'est révélée récemment chez les économistes, et qui consiste à prôner un arrêt de la croissance sous toutes ses formes, en vue d'éviter à brève échéance une crise mondiale aux conséquences catastrophiques.

Un certain nombre d'économistes américains ont entrepris, dans le cadre du Massachusetts Institute of Technology (le fameux M. I. T.), une étude sur l'accélération de toutes les activités humaines et sur les risques de toute nature auxquels cette croissance exposait la Terre, « considérée comme un vaisseau spatial dont les passagers disposent de ressources limitées et doivent se débarrasser des éléments de pollution qu'ils produisent ». Les résultats de cette étude, parmi d'autres qui visaient un objectif analogue, sont assez pessimistes.

L'accroissement démographique à allure exponentielle, la pollution croissante de l'atmosphère et des eaux conduisent certains savants à demander que, dès maintenant, d'énergiques mesures soient prises à l'échelle mondiale pour arrêter toute croissance dans les domaines les plus divers. Faute de quoi ils prédisent que, dans un avenir proche, notre globe sera surpeuplé d'êtres faméliques, carencés, vivant dans un monde où air et eau seront rationnés tandis que notre environnement deviendra une vaste poubelle...

Zégistes, *les gauchistes qui refusent l'esclavage : métro-boulot-dodo,* zégistes *les barbus qui jouent de la guitare et redécouvrent les mérites des nourritures naturelles* (1972, *l'Express*). [P. P.]

zero growth. « Croissance zéro ». Devant la poussée démographique actuelle, comme devant le gaspillage des ressources naturelles de notre globe par la société de consommation, technologues et sociologues américains et autres s'interrogent sur ce que sera en l'an 2000 la condition économique de sept milliards d'humains. Il faut, estiment-ils, mettre fin à cette double escalade, d'une part, en stabilisant les naissances, d'autre part en maintenant la production au niveau de l'« utilité nationale brute ». Le *zero growth* néo-malthusien est la condition expresse de l'avenir de la race, le « remède de cheval » qui, seul, préviendra l'effondrement de la production par épuisement des ressources et la disette généralisée.

Les experts du M. I. T. (Massachusetts Institute of Technology), l'industriel-humaniste italien Aurelio Peccei et S. Mansholt sont les principaux protagonistes de cette politique draconienne et technocratique de prévention : « La société de demain, écrit M. Mansholt, ne pourra être axée sur la croissance, du moins pas dans le domaine matériel. » L'objectif primordial est « de sauvegarder l'équilibre écologique et de réserver aux générations futures des ressources d'énergie suffisantes », afin qu'elles jouissent du « bonheur national brut ». « Le problème est donc de se tourner davantage vers la satisfaction des services, des besoins immatériels et de mieux répartir les richesses, si bien que nous arriverons à une *croissance zéro* dans les pays riches » (Sicco Mansholt, extrait du *Monde*, 15-VI-1972). Cette thèse est vivement contestée dans les milieux français de gauche ainsi que par l'Américain Fremont Felix, qui, dans son livre *Market of tomorrow,* reproche au « club de Rome » animé par Aurelio Peccei ses « lourdes erreurs ». Le débat est très ouvert. (J. G.)

zippé adj. Muni d'une fermeture à glissière : *Combinaison-pantalon en pure laine W, zippée devant* (1970, *l'Express*). [J. R.]

zoning n. m. (anglicisme). Répartition des espaces urbains en *zones* délimitées par des lignes droites ; d'où, uniformité visuelle et affective des paysages de grandes agglomérations : *Les rues tirées au cordeau de Buenos Aires offrent un exemple déjà ancien de « zoning », dont le modèle a été repris.*

L'architecte Bernard Oudin, auteur du livre de choc *Plaidoyer pour la ville,* instruit le procès du *zoning,* « vision apocalyptique d'une banlieue généralisée », « ségrégation » des quartiers par secteur, « mort de la rue » traditionnelle en ce qu'elle pouvait avoir de pittoresque, omniprésence du « quadrilatère parfait », règne du « fonctionnalisme » géométrisé, donc impersonnel. (J. G.)

IMPRIMERIE HÉRISSEY 27 EVREUX. — Juillet 1974. — Dépôt légal 1974-3e.
No 15168. No de série Éditeur 6832.
IMPRIMÉ EN FRANCE *(Printed in France).* — 70 334-6-74.